KB069412

벽이 만든 세계사

벽이 만든 세계사

함규진 지음

❖ 을유문화사

벽이 만든 세계사

2020년 2월 20일 초판 1쇄 발행

지은이 | 함규진
펴낸이 | 정무영
펴낸곳 | (주)을유문화사

창립일 | 1945년 12월 1일
주소 | 서울시 마포구 월드컵로16길 52-7
전화 | 02-733-8153
팩스 | 02-732-9154
홈페이지 | www.eulyoo.co.kr

ISBN 978-89-324-7421-2 03900

서문

인류는 인류가 되었을 때부터 벽을 쌓기 시작했다. 『원시전쟁*War Before Civilization*』의 저자 로렌스 H. 킬리Lawrence H. Keeley에 따르면, 1만 4천 년 전에 방어용 울타리를 지은 흔적이 나타난다고 한다. 이때는 얼기설기 꾸민 목책이었을 것이고, 일부에서는 아직도 그렇다. 하지만 문명이 발달하면서 목책은 석축이 되었고, 일부에서는 그 석축을 높고 길게 쌓아서 성벽을 만들었을 뿐 아니라, 마침내 산 넘고 물 건너 광대한 지역을 벽 이쪽과 저쪽으로 갈라 버리는 '장벽'을 세웠다.

　기원전 제국들의 만리장성이나 하드리아누스 장벽부터 21세기의 난민 장벽이나 사이버 장벽에 이르기까지, 인류는 장벽을 통해 '자신들'을 '저들'과 구분 지었고, 그리하여 '우리'의 정체성을 확보했다. 그 과정은 때로는 숭고할 정도로 감동적이었고(성난 바다처럼 밀려드는 적군에게서 자신들의 고장을 지키고자 테오도시우스 성벽을 쌓고, 그 성벽의 일부가 되었던 콘스탄티노플 시민들, 사람 위에 사람 있는 현실을 거부하고자 바리케이드에 의지해서 최후의 한 사람까지 싸웠던 파리코뮌 전사들), 때로는 역겨울 정도로 파렴치했다(도시를 칼로 긋듯 벽을 쌓아 유대인들을 거대한 게토에 가뒀던 나치, 그 경험을 바탕으로 팔레스타인 사람들을 장벽의 포로로 만들어 버린 이스라엘).

아마도 부정적으로 장벽을 바라볼 일이 더 많으리라. 장벽은 세우는 데나 유지하는 데나 비용이 너무 많이 들었고, 군사적으로 점점 쓸모없어졌다. 그래서 오늘날에는 인종과 인종, 종교와 종교, 부자와 가난한 자를 구분 짓는 용도로 많이 쓰이는데, 보편적 인권이라는 개념이 거의 전 세계의 교과서에서 다뤄진 지 수십 년이 넘은 지금으로서는 그런 장벽에 보내는 눈길이 고울 리가 없다. 그래서 유명한 장벽들에는 '가장 긴 무덤', '수치의 벽' 같은 불명예스러운 별명들이 곧잘 따라붙었다.

오늘날에는 미국의 대통령 도널드 트럼프Donald Trump를 비롯해 현실 세계에서나 가상 세계에서나 장벽을 세우면 만사형통이라는 식의 정치 지도자들이 점점 많아지고 있다. 이는 세계 문명 발전의 쇠퇴 또는 파멸의 조짐이라고까지 여겨지기도 한다. 21세기를 앞두고 세계인들은 꿈에 부풀었다. 동서 냉전의 대립도 끝나고, IT 혁명이 새로운 가능성을 열어 주던 때, 세계화, 정보화, 그리고 범세계 민주화가 이루어져 모두 자유롭고 평등하게 더불어 살아가는 세상, 국경이나 이념, 인종의 차이에 상관없이 개인과 정보와 물자가 자유롭게 오가는 세계가 눈앞에 와 있는 것 같았다.

그러나 오늘날, 여러 나라의 국경에는 난민을 막는 장벽들이 부지런히 올라가고 있다. 사이버상에서는 정보의 자유로운 흐름을 막는 장벽이 가설되고 있다. 유일한 정답인 줄 알았던 세계 자유무역주의도 곳곳에서 장벽에 가로막히고 있다. 불과 10여 년 전보다, 우리는 더욱 폐쇄적인 세계에서, 불안과 불화가 많아진 세상에서 살고 있다.

그래서 이 책을 썼다. 이 책은 모든 역사를 다루지는 않는다. 그러나 반복되어 온 역사를 다룬다. 모든 장벽에 대해 이야기하지는 않는다. 그러나 기억할 가치가 있는 장벽들을 이야기한다. 이 내용에서 무엇을 인식하고, 아마도 자신의 눈앞이나 손끝에, 또는 마음속에 자리 잡고 있을 장벽에 대해 어떻게 바라볼지는 독자의 몫이다. 장벽을 새롭게 세울 것인가, 기존의 장벽을 무너뜨릴 것인가? 장벽 '이편'과 '저편' 중 무엇을 선택할 것인가?

이 책을 쓰는 데는 장벽을 짓는 만큼이나 많은 시간이 들었다. 출판사의 인내심을 두어 차례 바닥낸 다음에야 마칠 수가 있었다. 그런 점에서 죄송하지만, 한편으로 그러다 보니 장벽이 갖는 의미를 더 깊고 진득하게 새길 수도 있었던 것 같다.

마지막으로 이 책을 쓰기 위해 자료를 모으고 비평하는 데 많은 수고를 아끼지 않은 서울교육대학교의 류현주, 박도원, 이한림 학생(그때는 학생들이었고, 지금은 다들 교사나 그 밖의 일을 하며 사회에서 활동하고 있다)에게 큰 감사를 드린다.

성을 쌓는 자 망하고, 길을 닦는 자 흥하리라.
— 7~8세기, 돌궐의 명장 톤유쿠크가 비문에 남긴 말

2020년 함규진

차례

제1부   사람은 장벽을 쌓기 시작하고

1. 만리장성

쏴아아아.

그곳에 가면 언제나 바람이 분다.

머나먼 추운 초원에서 불어오는 바람, 아니 어느 곳에서가 아니라

켜켜이 쌓인 역사의 시렁 틈새에서 불어오는 바람.

가을, 겨울, 봄, 여름.

험준한 산자락은 철마다 피부색을 바꾸건만, 한 줄기 긴 흐름은 일관된다. 그 산자락을 꿰고 지나간다. 봉우리를 휘감고, 돌고, 구름과 안개를 뚫고, 강과 평원을 넘어, 보이지 않는 저 먼 곳으로 사라진다. 신이 대자연을 화폭 삼아 거대한 붓질을 남긴 것일까. 어마어마한 괴물이 대지를 질주하다가 그만 지쳐 쓰러져 흰 뼈대만 남은 것일까.

우리는 그것이 인간이 만든 것임을 안다.

압도적인 자연의 존재감에 뒤지지 않는 압도적인 인공물. 그것은 과연 인류의 불멸의 위업인가.

아니면 차라리 잊고 싶은 우행인가.

이 길고 긴 벽을 쌓은 최초의 사람들의 이야기가 잊히면서,

장벽을 바라보는 사람들의 시선도 바람 따라 바뀌었다.

혹은 감탄으로 커진 눈으로. 혹은 찌푸린 눈으로.

그러나 잠깐 있다가 사라질 저 수많은 시선에는 아랑곳없이,

장성은 오늘도 대자연에 항거하며, 또는 의지하며 대지를 가로지르고
있다.

수수께끼의 대장벽, 만리장성

천하의 장관을 영씨嬴氏의 진나라가 창시했으니	天下壯觀嬴秦始
우뚝 솟은 성이 길게 길게 만 리나 이어졌다	有城屹然延萬里
발해의 동쪽에서 안문의 북쪽까지 뻗쳤으니	瀚海之東鴈門北
긴 무지개 곧장 황하를 가로지르는 듯	長虹直跨黃河水
천 년 동안 중화와 오랑캐의 경계가 되었으니	千年爲標華夷界
중국의 울타리를 대체로 이루었다	中國藩籬蓋如此
옛날 진시황이 이 장성을 쌓을 때	憶昔秦皇之築斯
함곡관 밖의 장정들은 남김없이 징발되었다	關外丁男皆調起
운중에서 돌에 채찍질하니 파도소리처럼 시끄러웠고	雲中驅石如潮喧
삭남에서 실어 온 건초는 구름처럼 쌓였네	朔南輓芻如雲委
장정들은 영차 영차 장벽을 쌓아 올리고	壯者呼杵聲陾陾
힘이 약한 이들은 길을 가득 메우며 벽돌을 날랐네	弱者運甓行迤迤
징발된 사람 열에 아홉은 고향에 못 돌아갔으니	此行十去九不返
그들이 무슨 죄가 있어 피눈물을 흘려야 했던가?	彼何辜者血相視

그 아내들은 한숨을 쉬며 문을 나가 바라보지만	征婦歎息出門望
농상의 흐르는 물소리만 하염없이 들렸다네	隴上流水鳴不已
이에 어느덧 영웅의 뜻이 격동했으니	於焉牽動英雄志
호미와 곡괭이를 움켜잡은 그들은 누구였던가	鉏耰棘矜何姓氏
여산의 수졸들이 용감하게 떨쳐 일어나자	驪山戍卒倡勇敢
함양은 쓸쓸한 쑥대밭으로 돌아가 버렸다네	蕭瑟咸陽草萊裏
아아, 저 장성이야말로 재앙 덩어리였구나	嗟爾長城爲厲梯
한낱 지리적 유리함 따위를 어찌 든든히 여겼던가	區區地利安可恃
성인 군주 집의 섬돌은 다만 세 계단뿐이었고	聖人之階只三級
왕도의 성곽 또한 칠 리뿐이었다네	王都之郭亦七里
세 단의 계단과 칠 리의 성곽으로도	三級之階七里郭
오히려 나라를 만세토록 보존할 수 있었거늘	猶能保有至萬禩
방어력은 얼마나 험하게 지키냐가 아니라 덕에 있음을	不在於險在於德
진시황만 유독 오자吳子에게서 듣지 못했던가	秦皇獨未聞吳子
그대는 보지 못했나 도화원의 머리털 푸른 늙은이가	君不見桃花源裏綠髮翁
신기루 같은 장성을 돌아보고 비웃는 것을	回笑長城似海市

─조선 제22대 왕 정조,「장성행長城行」

장벽 중의 장벽!

인류가 세운 건축물 가운데 가장 유명한 것을 꼽는다면? 어쩌면 최고로 꼽
히는, 못해도 다섯 손가락 안에는 반드시 들어가는 만리장성이다. 그런데
'만리장성'이라는 이름 자체는 전통적으로는 잘 쓰이지 않았고 '장성長城'이
라고만 불리는 일이 많았으며, 그 실제 길이(정말로 만 리인가? 그보다

제1부 사람은 장벽을 쌓기 시작하고

는 짧은가? 아니면 훨씬 더 긴가?), 높이와 너비, 건축 재료, 건축 양식 등
도 일정하지가 않다. 가장 중요한 길이만 해도 2,500킬로미터, 5천 킬로
미터, 6천 킬로미터, 심지어 2만 킬로미터가 넘는다는 자료까지 있다. 그
리고 상식이지만, 지금의 만리장성은 진시황이 기원전 3세기에 쌓은 그대
로가 아니며 엄격히 말하면 진시황 이전에도 있었다. 이처럼 만리장성은
워낙 규모가 크고, 또 오래된 나머지 온갖 복잡함을 품은 채 굽이굽이 뻗
어 나가는, 불가사의한 건축물이기도 하다.

　　만리장성을 상상하거나 직접 가서 보고 지은 시가도 또 하나의 장성
을 이룰 정도로 많은데, 정조가 세손 시절 지었다는 「장성행」은 그 전형
을 보여 준다. 유희춘, 허목, 박지원 등이 지은 만리장성 시들도 벗어나지
않는 몇 가지 상투적인 언급이나 평가가 동아시아 전통의 만리장성 문학
에는 뒤따른다.

　　첫째, 만리장성은 진시황의 독단에 따라 지어졌다.

　　둘째, 만리장성은 중국을 지키는 방어선이자, 중화와 오랑캐를 나누
는 경계가 되었다.

　　셋째, 만리장성은 천하의 민중을 괴롭히고, 허다한 인명을 희생시킨
잔혹한 대역사였다.

　　넷째, 그리하여 인화人和가 깨지고, 반란이 잇따라서 진나라는 허무
하게 무너졌다. 결국 만리장성은 오히려 국가 안보를 저해했으며, 진시황
은 역사에 남을 바보짓을 한 것이다.

　　이는 오늘날까지도 대체로 이어지고 있는, 만리장성에 대한 통념이
다. 자, 과연 실제도 그랬을까?

인류 건축사에서 장벽 중의 장벽으로 손꼽히는 만리장성. 그 길이만큼 굽이굽이 복잡한 이야기를 품고 있다.

만리장성은 군사적으로 쓸모없었는가?

진나라가 천하를 통일한 다음, 몽염蒙恬을 보내 30만의 군대로 북쪽의 융戎, 저氐 족을 물리치도록 했다. 그는 그 족속들에게서 황하 이남의 땅을 빼앗고, 그 지형에 맞춰 험난한 곳을 이용해 장성長城을 쌓았다. 장성은 임조臨洮에서 시작해 요동으로 이어지며, 길이는 만 리를 넘었다.

기원전 2세기 무렵, 중국의 위대한 역사가 사마천이 지은 『사기』 「몽염열전」에 나오는 이 기록이 만리장성에 대한 가장 유서 깊은 기록이다. 이를 보면 만리장성이 진시황의 직접적인 작품이 아니며, 몽염이라는 한 장군의 뜻으로 세워진 게 아닌가 싶은 뉘앙스다. 그리고 그 자체의 계획에 따라 세워졌다기보다 북방 민족을 몰아내는 전쟁을 마무리하는 과정에서 나온 부산물처럼 보인다.

그러면 진시황은 공연히 '만리장성을 세운 사람'이라는 명예 내지는 불명예를 떠안은 것일까? 그렇기야 할까 싶다. 상하의 위계질서가 유난히 강력했던 진나라에서 이 정도 규모의 대역사를 한 장군의 뜻으로만 이룰 수 있을 것 같지 않기 때문이다. 옛날에도 이런 의문을 해소하려 했던지, 기원후 3세기경 편찬된 『수경水經』은 사마천의 기록을 대체로 따르면서도 만리장성의 건축 책임자를 몽염만이 아니라 진시황의 태자인 부소라고 언급하며 그 시작점은 임조이며, 요동이라고만 언급되었던 종착점은 갈석산이라고 보완했다. 태자가 공동 책임자였다면 만리장성은 황제가 최종 결재권을 가진 국가적 프로젝트였다고 보아야 한다. 그렇다고 해도 우리의 상식처럼 진시황이 만리장성이라는 아이디어를 내고 주위의 반대고 뭐고 상관없이 밀어붙인 것이 아니라, 장성이 반드시 필요하다는 몽염의 건의를 받아들여 추진했던 게 역사적 사실이 아닌가 싶다.

그렇다면 만리장성은 그것을 비판해 온 사람들도 인정하듯이, 북방 민족에 대한 방어선이자 중화와 오랑캐를 나누는 경계로서 지어진 것일까? 융족과 저족이 살던 땅을 빼앗고 그 너머에 세웠다고 한다면, 만리장성의 본래 의미는 방어보다 공격에 기울어져 있었던 것 같다. 사실 통념과는 달리, 험준한 지형을 바탕으로 세워진 성벽은 강력한 공격 수단이 된다. 성벽 안쪽에서 병력을 안전하게 단련한 후 성벽을 나와 초원의 적들을 공격할 수 있다. 이기면 그 땅을 차지할 교두보를 확보하며, 지더라도 후퇴해서 성벽에 기대 재정비할 수 있다. 이를 되풀이하다 보면 적의 전력은 그 수가 이쪽을 한참 웃돌지 않는 한 크게 감소될 것이다. 그런데 초원의 전사들은 사납고 날래지만, 숫자로는 중국에 본래부터 열세가 아닌가? 다시 말해서 애초의 만리장성은 '오랑캐의 침입에서 중화를 지키는 경계'라기보다 '오랑캐를 공략하기 위한 전진기지'였던 셈이다.

그렇지만 방어용으로도 장성은 쓸모가 있었다. 무엇보다 '험난한 곳을 이용해 장성을 쌓은' 덕분에 장성에 서면 먼 곳까지 보였다. 당연히 적들의 움직임을 멀리서 감시하고, 시의적절하게 대응할 수가 있었다. 5세기 말, 북위北魏 조정에서 장성을 중심으로 국방을 설계하자는 논의가 이루어졌을 때, 장성의 장점으로 언급된 것처럼 "성벽 위에 올라 적이 쳐들어오는 것을 보고, 적의 공격을 일찌감치 알아낼 수 있다".

만리장성이 방어벽으로 별로 효과가 없었다고 주장하는 사람들은 입체적인 방어 시설이 아니므로 한 곳을 집중 공격해 오면 뚫릴 수밖에 없었고, '험난한 지형'에 기대지 못하는 서쪽의 평원 지대 등에서는 위력이 대단치 않았다는 점을 든다. 하지만 바로 한 곳을 집중 공격해야만 뚫을 수 있다는 점이야말로 장성의 장점이었다. 여러 군데로 병력을 나누어 동시에 침공해 올 수 없었기 때문이다. 만약 철옹성 같은 몇 개의 성곽을 늘어서 두었다면 그 사이로 파고들 수 있었으리라. 또 적이 공략하는 동안 장성의 다른 지역 수비대와 후방에 배치된 병력을 돌릴 수 있고, 그러면 집중 공략이라 해도 쉽지 않았다. 서쪽 평원 지대는? 그쪽은 고비 사막과 파미르 고원이 지난다. 적이 침입하려면 온갖 자연의 방벽을 넘어야 했기에, 굳이 장성이 필요하지 않았다.

역사적으로 만리장성이 함락된 사례가 그리 많지 않고, 그때는 어김없이 국내정치가 혼란에 빠지고 국가기강이 무너지면서 성벽 방어의 의지와 병력 규모가 약해졌을 때였음이 이를 뒷받침한다(심지어 만주족이 북경의 길목인 산해관山海關의 장성을 돌파할 때는 단 한 차례의 전투도 없었는데, 수비 책임자가 자진해서 관문을 열어 주었기 때문이다). 저 칭기즈칸조차 금나라를 공략할 때 두 차례에 걸쳐 전력을 쏟고 나서야 겨우 돌파할 수 있었다.

그러면 만리장성 자체보다는 만리장성을 쌓고 유지하는 데 들어간 엄청난 비용이 그러한 정치 혼란을 불러왔고, 따라서 결과적으로 국방력을 약화시키는 화근이 되었다는 이야기는 어떻게 보아야 할까?

그러한 이야기는 '되도록 대규모의 건축을 자제해 민생의 수고를 최소화해야 한다', '인자무적仁者無敵(덕스러운 정치를 하는 것이 최선의 국방 정책이다)' 등의 전통 유가 이념과 맞물리며 꾸준히 되풀이되고, 강조되어 왔다. 유가에서는 상공업을 억제하고 농업에 전념해야 한다고 가르치는데, 농업이란 매년 생산량이 일정하기 마련이다. 그런 가운데 대규모 건축에 세금을 투입하거나 심지어 농번기에 사람들을 동원해 공사를 벌인다면 곧 백성을 굶어 죽게 만드는 일이 된다. 따라서 '세 단의 계단과 칠리의 성곽'을 내세우며 임금이란 모름지기 검소해야 한다고 강조한다.

또한 "백 리의 땅을 가지고도 왕도를 행하기에 부족함이 없다. (…) 왕도정치를 행하기만 하면 주변의 오랑캐들이 '제발 우리를 정벌해 주십

만리장성 건설의
대업을 이룬 진시황

만리장성 건설을 제안했던
진나라의 장군 몽염

시오' 하며 제풀에 복속해 오기 마련이다"라는 맹자의 말을 빌려, 내치가 국방에 앞선다고 한다. 조선 중종 때 유교적 이상정치의 선구자로 이름 높았던 조광조가 "교묘한 전술을 강구하기보다 선정에 힘쓰는 게 오랑캐를 물리치는 최선"이라며 여진족의 침입에 직접 대응하지 말 것을 역설한 일이나, 그에 앞선 연산군 시절, 여진족에 맞설 장성을 북방에 쌓자는 계획이 번번이 무산된 일이 모두 그런 유가 이념에서 비롯되었다. 당시 장성 쌓기에 반대하는 신하들은 만리장성을 들먹이며 '장성은 도리어 국가의 재앙'이라고 입을 모았다.

유가 이념에 근거해 만리장성을 잘못된 국방 정책의 표본처럼 비하했던 최초의 사람은 7세기의 당태종 이세민이다. 정력적인 지도자였던 그는 국방에서 장성을 필요로 하지 않았는데, 여러 이민족들 사이를 비집고 들어가서는 일부와 동맹을 맺고 다른 이민족을 공격해 정복하는 전략을 취했기 때문이다. 돌궐과, 나중에는 신라와 동맹을 맺고 고구려를 공략했던 것처럼(그의 당대에는 실패했지만).

또한 그는 모범적인 유가 군주라는 명성도 얻고 싶었다. 그래서 "진나라나 한나라의 황제들, 수나라의 양제 등은 참으로 어리석었다! 흙과 돌로 장성을 쌓아 나라를 지키려 했다니! 짐은 충성스럽고 용맹한 장수들을 믿노라. 그들이 나의 장성이니라"라고 호언했다. 구체적으로 명장이던 이적李勣을 가리켜 '짐의 만리장성'이라 부르기도 했다. 이 말은 좀 더 앞선 5세기의 남북조 시대, 남조 송宋의 명장인 단도제檀道濟를 숙청한 다음 나라가 망하게 되자 "단 장군을 해친 일은 스스로 만리장성을 허문 일과 같았다"고 송문제가 탄식했다는 일화와 겹치면서, 유명한 장군이 죽으면 '장성이 무너졌다'고 탄식하는 관행으로 이어졌다. 당나라의 유명한 시인 두목杜牧의 "현명한 인재賢才를 쓰면 무적이니, 이것이 곧 장성이다(用賢無敵是長城)"라는 시구도 종종 읊어졌다.

만리장성을 잘못된 국방 정책의 표본으로 보았던
당태종 이세민

그렇게 '사람이 중요하지 성벽은 중요하지 않다'며, 무리한 대역사가 오히려 백성을 도탄에 빠트림으로써 민심이 떠나게 해 나라를 망치고 만다는 이야기는 만리장성을 둘러싼 '맹강녀孟姜女 전설'에서 절정에 이른다.

맹강녀는 만리장성을 무너뜨렸을까?

맹강녀는 기량紀良이란 사람의 아내였는데, 남편이 만리장성을 쌓는 노역에 끌려갔다. 달이 지나고 해가 지나도 남편이 돌아오지 않자, 기다리다 못한 그녀는 직접 산 넘고 물 건너 건설 현장으로 찾아가 남편을 수소문했다. 그런데 기량은 이미 죽었다는 것이 아닌가? 그것도 성을 쌓다가 돌이 무너지는 사고를 만나 죽었는데, 시신이 깊이 파묻혀 할 수 없이 그 위로 성을 계속 쌓았으므로 시체조차 찾을 수 없다는 것이었다. 기가 막힌 맹강녀는 장성 앞에 엎드려 목 놓아 울었다. 그러자 장성의 한 귀퉁이가 저절로 와르르 무너지더니, 기량의 시신이 드러났다고 한다.

이 애틋한 이야기는 오랫동안 많은 사람의 가슴을 아리게 했으며, 오늘날에도 그녀를 기리는 석상과 전설을 기록한 석비가 만리장성 산해관의 외곽에 서 있다. 비석에는 북송의 명재상 문천상이 썼다고 알려진 글월이 새겨져 있다. "진시황은 지금 어디에 있나? 만리장성, 곧 켜켜이 쌓인 원한만 남겼다네. 강 씨 여인도 죽었으나 오히려 죽지 않았으니, 천년 된 조각돌에 정절을 남겼다네." 또 그녀는 '망부석望夫石 전설'과도 연관되는데, 기적적으로 남편의 시신을 찾아 장례를 마친 그녀가 사무치는 슬픔을 못 이겨 그 자리에서 돌이 되었다는 것이다. 이 밖에도 전통 악기 비파琵琶가 본래 장성 쌓는 괴로움을 덜기 위해 노역자들이 만들어 낸 악기라는 전설이 있다. 또 진나라 때 어떤 나그네가 과부 집에서 하룻밤을 묵

었다가 분위기에 취해서 그 과부에게 혼인하자는 약속을 해 주고 동침했
는데, 그다음 날 아침 "이 고을의 모든 장정은 만리장성 노역에 징발되어
야 한다"며 관리들이 들이닥쳤다. 나그네는 자신은 이 고을 사람이 아니
라고 항변했으나 "저분은 우리 남편이다"라는 과부의 증언을 뒤집지 못
해 그대로 관리들에게 끌려갔으며, 그에 따라 "하룻밤에 만리장성을 쌓
는다"는 속담이 나왔다고도 한다. 어떤 이야기나 만리장성 건설이 당시
백성들에게 큰 고통을 주었음을 나타내고 있다. 실제로 성을 쌓다가 죽은
사람은 따로 무덤을 만들 여유가 없어 성벽 옆에 묻어 버렸기 때문에 (심
지어 시신의 뼈를 갈아 벽돌을 조합하는 모르타르로 썼다는, 끔찍한 전설
까지 있다) '만리장성이야말로 세계에서 가장 긴 무덤'이라는 이야기까지
나왔다. 후대의 어떤 기록에서는 "나라 백성의 절반이 성을 쌓다가 죽거
나 굶어 죽을 위기에 처했다"는 언급마저 나올 정도였다.

　　그러나 전설은 대개 과장되고, 엇비슷한 이야기끼리 중첩되거나 혼
동되기 마련이다. 맹강녀가 통곡하자 성벽이 무너졌다는 이야기는 『열녀
전』에 나오는 '기량紀梁의 아내' 이야기와 비슷하다. 다만 그는 통일 시대
가 아니라 춘추 시대 제나라의 대부의 아내였으며, 남편의 억울한 죽음
을 두고 열흘 동안 통곡하자 성(당연히 만리장성은 아니다)이 무너졌다
고 한다. 여기서 남편의 이름은 앞의 맹강녀 전설에 나오는 이름과 한자
가 하나 다른 기량인데, '범칠랑范七郎'이라는 이름도 전해진다. 아니, 심지
어 맹강녀 본인의 이름조차 불확실하다. 성이 맹 씨이고 강은 이름인 것
같지만, 어떤 기록에는 소蘇 씨, 또는 허許 씨이고 맹강이 이름이라고 한다.
또는 강이 성이고 이름은 불명이며, 맹이란 '큰며느리'를 뜻하는 말이라고
도 한다('기량'과 '칠랑', '소'와 '허'는 중국어 발음상 비슷하다. 오랫동안 입
으로만 전해지던 이야기를 아주 나중에 문자로 옮겼음을 엿볼 수 있다).

　　망부석 이야기도 본래는 맹강녀처럼 건설 현장에 달려간 게 아니라

돌아오지 않는 남편을 하염없이 기다리기만 하다가 돌이 된 여인에 대한 별개의 전설이었던 것 같고, 맹강녀의 최후 이야기도 제각각이다. 돌이 되었다, 장례를 마치자마자 물에 뛰어들어 자결했다, 심지어는 진시황이 순행을 나왔다 맹강녀를 보고는 한눈에 반해 후궁으로 들이려 했지만, 필사적으로 도망친 끝에 자결했다…… 그런데 왜 남편을 앗아간 정권에 대한 한을 품은 채 새 가정을 꾸미고, 천수를 다했다는 버전은 없는 것일까.

맹강녀의 통곡으로 성벽이 와르르 무너져 내렸다는 이야기도 의심스럽다. 그런 초자연적인 일이 있을까 보냐 싶어서 의심스럽다는 게 아니다. 진시황 당시의 만리장성은 벽돌로 지어진 게 아니라서다. 만리장성은 판자 사이에 주변의 흙과 돌을 붓고, 반죽해 다져서 한 층 한 층 쌓아 올린 것이다. 판자로 모양이 잡힌 토석층 사이사이에는 짚을 넣어, 토석층이 하나의 결이 되어 금이 가거나 부서져 내리지 않도록 했다. 이 판축板築 공법은 춘추전국 시대의 성벽부터 오늘날 중국의 시골 담벼락까지 두루 쓰여 온 방법이다. 장성을 쌓은 땅의 흙빛깔이 붉었기 때문에 성도 붉게 지어져 '자새紫塞'라는 별명으로도 불렸다고 3세기의 『고금주古今注』에 기록되어 있다. 따라서 벽돌이 무너지는 일도 없었을 것이고, 정조의 시에서처럼 "길을 가득 메우며 벽돌을" 나르는 일도 없었을 것이다. 그런 상상은 대개 16세기에 지어진 명나라의 벽돌 장성을 보고 일으킨 것들이다.

이렇게 현지의 재료를 써서 만들고, 그나마 하나부터 열까지 신축한 것이 아니라 전국시대 열국의 북쪽 장성들을 활용했다고 하며, 심지어 산세가 아주 험준한 곳은 굳이 장벽을 잇지 않은 채 두기도 했다는 게 문헌과 고고학 자료를 종합해서 나온 진시황 만리장성의 실상이다. 정확한 기록이라고 보기는 어렵지만, 진시황대의 만리장성이 완성되는 데는 겨우 10년이 걸렸다고 한다. 진시황의 무덤을 만드는 데 38년이 걸린 것에 비하면 믿을 수 없을 정도로 빨리 완성된 셈이다.

만리장성 건설이 당시 백성들에게 큰 고통을 주었음을 보여 주는 맹강녀 전설

그렇다면 그렇게까지 백성들에게 부담 되는 일은 아니지 않았을까? 민심이 나빠져 나라가 망할 정도로까지?

명나라의 만리장성은 벽돌로 신축했기 때문에 진나라의 장성과는 비교도 안 될 만큼 비용이 많이 들었다. 그래도 대략 100만 냥 정도인데, 만력제의 능 조성 비용이 300만 냥, 임진왜란에 명나라 군대를 파병하며 들어간 비용이 350만 냥 정도다. 물론 100만 냥도 큰 비용이고, 여러 비용과 맞물리며 명나라의 멸망을 재촉했다고 하지만 만리장성 하나만으로 나라가 무너지고 백성이 도탄에 빠질 정도는 아니었다는 뜻이다.

하물며 진나라의 장성은? 진나라가 멸망하고 한나라의 천하가 된 직후에 나온 가의賈誼의 『과진론過秦論』에서는 진나라의 멸망 이유를 두고 "함곡관은 천혜의 요새이고 진시황은 철통같은 방어 체계를 설치해 더욱 견고하게 만들었다. 그러나 허무하게 함락되었으니, 진나라가 백성을 과도히 괴롭혀서 민심을 잃었기 때문이다"라 하여 유교의 '민본적 국방론'의 맥락이 강조된다. 그러나 『과진론』에서 만리장성은 "이로써 오랑캐에 맞설 근거를 확보한 일은 잘한 일"이라며 칭찬의 대상일 뿐이다.

만리장성이 백성의 부담이 되었다면, 그 이유는 그 건설보다 유지, 다시 말해서 수비를 위한 인력 동원 때문이다. 장성이 효과적인 군사시설이라 해도 병력이 상주하지 않는다면 그저 또 하나의 지형지물에 지나지 않는다. 어떤 기록에는 100만 명이 장성 수비에 필요했다고 한다. 그런데 진나라 장성의 수비군은 현지 주민들이었을까? 그렇지 않았을 것이다. 진나라는 열국을 차례차례 병합해 이제 막 통일 제국을 이룩했다. 당연히 각 나라의 주민들에게는 기존 국가에 대한 충성심이 짙게 남아 있을 것이다. 그런데 상당한 규모의 병력을 늘 현지 출신으로 구성해 유지한다면 반란군을 키우는 것이나 마찬가지 아닌가? 설령 그렇지 않다고 해도, 100만에 육박하는 대군이 하나로 뭉칠 수 있다면 조정에는 그것만 해도 엄청난 위협이 된다(실제로 후대 역사에서 명의 영락제는 장성의 수비병들을 주축으로 쿠데타를 일으켰고, 그에 앞서 고구려의 연개소문은 천리장성의 병력을 동원해 정권을 잡았다). 따라서 수비병들은 통일 중국 각지에서 끌려온 집단이었을 것이고, 거의 말도 서로 안 통할 정도의 혼성군이었을 것이다. 그리고 서로 친분을 쌓기 전에 교체 이동되었으리라. 만리장성을 쌓은 장본인이며 진나라의 북방 총사령관으로 공로가 혁혁했던 몽염이 진시황 사후 역모 혐의를 쓰고 처형당한 것도, 그가 정말로 역모를 꾸민다면 조정의 안위를 장담할 수 없었기 때문이다.

만리타향에서 강제로 끌려와, 낯설고 거친 고장에서 밤낮으로 장성의 수비를 맡아야 하는 신세! 생이별한 가족은 언제나 볼 수 있을지? 이 황량한 곳에서 어느덧 들풀처럼 말라 죽는 운명이 아닐지? 특히 진나라 당시와, 그 뒤 한나라의 장성은 북방 민족을 내몬 다음 그 강역에 설치된 것이었다. 따라서 장성의 북쪽이든 남쪽이든 사람 살기 힘든 황무지였으며, 농경민족이 삶을 꽃피워 나가던 온화한 대지와는 멀리 떨어진 변방이었다. 마치 지금 우리나라의 비무장지대 최전방처럼 오직 군사적 목적에서 사람이 살아가는 척박한 땅! 그래서 수비병들의 고통과 한은 그칠 줄을 몰랐다. 장성 수비병의 고단한 삶을 토해 낸 시와 노래는 넘칠 만큼 많다.

아마 맹강녀 이야기도 장성 건설에 동원된 부역자가 아니라 장성 수비병의 애환을 반영한 것이었을 가능성이 높다. 그런데 왜 건설 부역자로 바뀌었을까? 거듭 말하지만 '대규모 건축 사업은 악정惡政'이라는 유가적 사고방식 때문이었다. 그러면 왜 유가에서는 그토록 건설을 나쁘게 보았느냐 하면, 농민의 수고를 덜어 주려는 선의도 있겠지만, 왕권을 견제하고 지주로서의 자기 이익을 보호하려는 악의도 없지 않았다. 국가적인 건설 사업을 벌이면 왕이 지방 구석구석까지 실권을 행사하게 되고, 막대한 자금과 인력을 한 손에 쥐게 된다(명목상이 아니라 진짜로 말이다!). 자연히 명문 귀족들과 지방 호족들의 세력은 약화된다. 따라서 송나라에서 조선에 이르는 유가 관료-기득권층들은 입을 모아 만리장성의 폐단을 성토하고, 맹강녀의 전설을 입이 닳도록 되풀이하며 군주의 대규모 사업 의지를 꺾으려 했던 것이다.

진의 토성土城에서 명의 전성塼城까지

기원전 206년, 어쨌든 진나라는 최초의 만리장성을 남긴 채 역사 속으로 사라졌다. 항우와의 쟁패전에서 이기고 천하를 차지한 한나라는 진의 장성을 토대로 서쪽으로 더 길게 장성을 쌓았다. 흉노와의 대결, 서역 땅의 경략을 위해 필요한 조치였다.

그리고 수백 년 뒤인 서기 220년, 한왕조가 멸망하고 위진남북조 시대가 되면서 '오랑캐'들은 중원의 곳곳을 차지해 왕국을 만들어 갔다. 당연히 만리장성은 제 구실을 못했고, 버려진 채 차차 허물어져 갔던 것 같다. 만리장성이 다시 한 번 주목받고, 복원 내지 재건축되었던 때는 6세기의 북위 왕조에서였다. 이때는 일부 남아 있던 진-한의 장성도 활용했지만 북위 나름의 이해관계에 따라 새롭게 선을 그었다. 북위가 분열된 다음 세워진 북주, 북제도 장성을 쌓았다. 특히 북제의 문선제는 중국 화북 지방의 절반에 해당되는 영토의 대부분을 장성으로 둘러쳐, 총길이가 만 리를 훌쩍 넘어섰다 해서 '진시황보다 더한 인간'이라는 손가락질을 후대의 선비들에게 받았다.

6세기 말에 중국을 재통일한 수나라도 장성을 세 차례에 걸쳐 수축했고, 당나라는 앞서 이야기한 대로 공세적으로 북방 민족을 제압하고 그들 사이의 분열을 이용해 중원으로의 진출을 막는 이이제이以夷制夷 전략을 썼으므로 장성에 의존하지 않았다. 그러나 이는 시간이 지나며 최전방에서 활동하던 절도사들이 강력한 무력을 갖고 조정을 위협하는 상황을 초래했다. 755년에 일어난 안녹산의 난이 그랬고, 907년에 당을 멸망시킨 주전충도 절도사였다. 그리고 이후의 왕조들에서도 여러 절도사가 쿠데타를 반복해, 960년에 송이 통일하기까지 다섯 왕조가 번갈아 흥망하며 지방에서는 따로 열 개의 소국이 분립하는 오대십국五代十國의 형국이 되었다.

오대십국의 혼란기에 만주 지방에서 힘을 키운 거란족의 요나라는 중원의 혼란을 이용해 만리장성 남쪽에 든든한 거점을 마련하는 데 성공한다. 936년에 후당을 멸망시키고 후진을 세운 석경당이 그때 힘을 빌린 대가로 요에 '연운 16주'를 갈라 준 것이다. 당시 연운 16주에서 거두는 세액이 요나라의 남은 영토에서 거두는 세액을 훨씬 능가했다고 하니, 요나라가 힘 한 번 빌려 준 대가를 얼마나 비싸게 받았는지 알 만하다. 더구나 장성 일대의 땅이 북방 민족의 손에 있는 한 남쪽의 한족 왕조는 마음을 놓을 수가 없었다. 그래서 송나라는 전력을 기울여 연운 16주를 되찾으려 애썼으나, 결국 역부족이었다.

그러나 요나라는 1125년에 여진족이 세운 금나라에 멸망하며, 금나라는 여세를 몰아 남하해 송나라까지 휩쓸었다. 송나라는 양자강을 건너가 강남에서 명맥을 이었으며(남송), 화북 일대가 북방 민족의 땅이 되었다. 당연히 장성은 쓸모없어질 줄 알았는데, 금나라는 연운 16주 땅 가운데 지금의 북경 일대에 중도中都를 세우고 서울로 삼았다. 따라서 그 외곽을 감아 도는 장성을 수도 방위에 활용한 셈이었다. 또한 그 북쪽으로 빗금 긋듯 하는 장성을 두 군데 신축했다. 몽골족의 침입에 대비한 것이다.

만리장성이 정말로 쓸모없어진 때는 1234년에 금나라를 멸망시키고 화북을, 나중에는 남송까지 무너뜨려 전 중국을 장악한 몽골족의 원나라 때였다. 유명한 마르코 폴로Marco Polo가 '과연 정말로 중국을 여행한 걸까?' 하고 의심받는 까닭의 하나가 『동방견문록』에 만리장성이 전혀 언급되지 않는다는 점인데, 원과 금의 전쟁에서 곳곳이 파괴되고 오래 방치된 끝에 알아볼 수 없을 정도로 허물어져서 폴로의 관심을 끌지 못했기 때문일지 모른다.

이렇게 만리장성도 역사의 뒷길로 사라지는가 싶었으나, 몽골을 다시 북방으로 내몰고 오랜만에 한족 통일천하를 이룩한 명나라에 의해 화려하게 부활한다. 먼저 1407년, 남아 있던 장성의 수비병들에 힘입어 황제 자리에 앉는 데 성공한 영락제는 기존의 남경에서 북경으로 수도를 옮겼다. 그뿐 아니라 북경 주변의 장성들을 복원하여 수도 방위의 근거로 삼았다. 특히 개국공신이며 명장이던 서달이 새로 지어 두었던 산해관을 크고 위풍당당하게 개축했는데, 이로써 '천하제일관'의 중요성은 동쪽에 있던 거용관居庸關에서 산해관으로 옮겨 가게 되었다.

그러나 당태종을 본받고 싶었던 영락제는 장성 남쪽에 웅크리고 있지 않고, 직접 나서서 유목민을 정벌하려 했다. 다섯 차례나 오이라트부를 쫓아 사막을 달렸으나 이렇다 할 성과는 없었고, 그들의 남하를 저지하는 게 고작이었다. 그리고 1449년, 그의 후계자인 영종이 역시 몽골 친정에 나섰다가 참패하다 못해 아예 사로잡혀 버리는 '토목보의 변'을 겪게 되자, 이후 명나라는 장성에 의존하는 소극적인 방어 위주 전략으로 북방 민족을 상대하게 되었다.

그러나 워낙 대공사를 싫어하는 관료들의 끊임없는 딴지 때문에, 장성 중심의 방위 전략을 세우고서도 만리장성을 재건축하는 프로젝트는 좀처럼 시작되지 않았다. 토목보의 변이 일어난 지 반세기가 지날 무렵에 겨우 북경의 서북쪽에 새 장성을 연결하는 공사가 이루어졌는데, 그나마

만리장성 산해관

만리장성 가욕관

흙벽돌로 만든 조촐한 것이었다. 다시 1550년에 오이라트가 흙벽돌 장성에 구멍을 뚫고 북경 외곽에 난입하고 나서야, 왜구를 물리쳐 명성을 드날린 척계광 장군의 진언에 따라 비로소 견고하고 웅장한 명나라의 벽돌 장성이 지어지기 시작했다.

명의 장성도 전 구간이 신축된 것은 아니고, 수나라나 북제, 북주의 장성 유적들(판축 공법으로 만들어진)을 일부 손질해 재활용했다. 그래도 산해관에서 사마대司馬臺에 이르는 구간은 명나라에 의해 오늘날의 모습으로 위엄을 자랑하게 되었다.

벽돌로 축조된 구간은 단지 벽돌을 썼을 뿐 아니라, 그저 흙벽을 쌓아 올렸을 뿐이던 종래의 장성에 비해 체계적이고 정교하게 만들어졌다. 250 내지 500미터 간격으로 망루가 세워졌으며, 망루는 감시탑과 봉화대로, 그리고 병사들이 먹고 쉬며 무기를 저장할 장소로 쓰였다. 고대의 전쟁에는 없던 화기火器와 공성 기계들에 대항하기 위한 장치들도 설비되었다. 높이도 종전의 2.5~4미터에 비해 7~9미터로 높아졌다.

또한 명나라는 고비사막에 이르는 장성의 서쪽 끝에 산해관보다 더 웅장한 가욕관嘉峪關을 신축하고 '천하제일웅관天下第一雄關'이라는 이름을 붙여 주변의 황량한 사막을 제압하는 위용을 과시했다(이 또한 벽돌로 쌓았는데, 건축 설계자가 어찌나 치밀하게 계산을 했던지 완공한 뒤 사전 준비한 벽돌이 딱 한 장 남았더라는 전설이 전해진다). 그리고 산해관에서 가욕관에 이르는 만리장성을 아홉 개의 구간(구변진)으로 나누고, 각각 별도의 수비병대로 지키게 했다. 사실 상당 부분은 건축과 보수 등도 구간별로 책임지고 시행했다. 구간마다 뚜렷이 새겨져 있는 당시의 수비대장, 공사 감독관, 설계 담당자 등의 이름이 그것을 증명한다. 결국 구간들 사이에 더 잘 짓고 더 잘 지키자는 경쟁이 벌어지다 보니 구간 수비대장은 자기 사재를 털어 장성 건설 자금에 보태기도 했다. 만리장성 건설의 비용 부담과 수비병대가 하나로 통일될 때의 잠재적 위협을 이로써 모두 최소화했던 셈이다.

또한 명나라 만리장성은 진나라에서 수나라에 이르는 기존 장성에 비해 훨씬 남쪽으로 내려온 선을 따라 지어졌다. 다시 말해서 중원의 변경, 척박한 황야가 아닌 농경 지대에 지어졌다. 그 까닭은 변경 지대로 인력과 물자를 끊임없이 보충해 줘야 했던 기존 장성의 약점을 없애려는 데 있었다. 명나라 장성의 수비병들은 장성 근처 마을에서 가족과 함께 살며, 군량을 마련하기 위한 둔전屯田을 일궈 자급자족했다. 그리고 장성의 보초들이 비상 상황을 알리면 신속하게 맡은 구역으로 출두해 전투에 임했다. 또 다른 맹강녀가 나오지 않을 수 있게 배려한 셈이다.

그렇지만 그만큼 장성이 후퇴했기 때문에, 장성이 한번 뚫리는 날이면 곧바로 후방이 유린된다는 단점이 있었다. 또한 사방이 황야라서 도망갈 데도 없던 기존의 장성과 달리, 명나라 장성 수비병들은 자신과 가족의 목숨을 구하려 도망칠 여지가 컸다. 1642년에 산해관을 지키던 오삼계가 싸워 보지도 않고 청나라 군대에 관문을 열어 주었던 까닭은 북경에 두고 온 그의 애첩 진원원이 남의 손에 넘어갔다는 소식에 격분한 탓이라 하지만, 싸울래야 싸울 수 없는 상황이었기 때문일지도 모른다. 결국 치밀하게 설계되었지만 전쟁에서는 한 번도 쓰이지 못한 채, 명나라 만리장성은 군사시설로서의 역할을 마감하게 된다. 그러나 남은 역할이 있었다.

원나라에 이어 두 번째로 중국 전역을 접수한 북방 민족인 청나라는 만리장성을 관광 자원으로 활용했다. 조선을 비롯한 외국 사신들은 북경을 방문했다가 반드시 산해관과 팔달령 일대의 만리장성을 둘러보고 귀국하곤 했다. 안내인들은 '천하의 장관'에 입을 벌리며 감탄하는 외국인들에게 허풍도 쳤는데, 산해관은 명나라 서달이 축조했지만 나머지 장성은 수천 년 전 진시황이 이룩한 그대로라고 했던 것이다. 1793년에 청나라에 왔던 영국 사신 조지 매카트니George Macartney도 똑같은 설명을 들었다. 건륭제에게 푸대접을 받고 부아가 나 있던 매카트니는 귀국해서 중국적인 것은 하나같이 형편없다며 험담을 퍼부었지만 만리장성에 대해서만은 찬사를 늘어놓았다. "인간이 만들어 낸 가장 거대한 업적"이라고 단언한 그는 성벽과 망루에 총안銃眼이 갖춰져 있는 것을 보고 "수천 년 전에 이미 이들은 화약무기를 썼나 보다"며 더더욱 감탄했다고 한다.

만리장성에 대한 소문은 매카트니 이전부터 서양에 파다했다. 18세기의 유명한 계몽사상가 볼테르Voltaire가 "피라미드조차 만리장성에 비하면 어린애 장난일 뿐이다!"라고 격찬하기도 했다. 물론 만리장성의 진실, 전 구간이 벽돌로 지어진 것도 아니고, 전 구간을 한꺼번에 지은 것도 아니고, 수천 년 전 처음 지어진 그대로도 아니라는 진실을 모르고 나온 격찬이었지만.

20세기 중화인민공화국 시대로 넘어오면서 만리장성은 한 차례 시련을 겪기도 했다. 1966~1976년의 문화대혁명 시절, '옛것은 무엇이든 나쁘다'는 맹목적 신념에 불타던 홍위병들에게 일부 파괴된 것이다. 그리고 그때쯤에는 가정집에 쓰려고 석재를 빼 가는 주민들, 기념으로 표면에 낙서하거나 긁어서 가루를 담아 가는 관광객들(조선의 역관들도 귀한 약이 된다는 미신에 따라 그렇게 했다고 한다), 사격 시험대로 쓴 군인들 등에 의해 이미 많이 훼손되어 볼품이 없어진 상태였다.

그러나 1970년대 말부터 중국 당국은 만리장성을 중화민족의 자존심으로 내세울 뿐 아니라, 주요 관광 자원으로 활용하고자 대대적인 복원작업에 나섰다. 관광객들에게 개방된 구간은 대부분 복원을 거친 것으로, 오늘날도 만리장성의 벽돌에 몰래 자기 이름을 새기는 일은 끊이지 않지만 그 벽돌이란 사실 별로 오래된 물건이 아니다.

1907년, 청나라 말기의 만리장성

고르간 장벽

전근대에 지어진 방어 목적의 장벽으로, 만리장성 다음가는 장벽은 이란에 있다. 이름하여 고르간 장벽. 카스피 해변의 고메시안에서 시작해 동쪽의 피시카마르까지 이어지는 장벽의 길이는 195킬로미터. 장벽이 대체로 고르간강이라는 천연의 장벽을 보강하는 식으로 지어졌기 때문에 고르간 장벽이라 불린다. 고려의 천리장성은 420킬로미터 정도였다고 추정되니 훨씬 긴 셈이지만, 남아 있는 장벽으로서는 고르간이 단연 두 번째로 꼽힌다.

장벽이 세워진 때는 5세기에서 6세기이며, 세운 주체는 사산조 페르시아였다. 목적은 만리장성과 비슷했다. 북쪽 유목민들의 침공에 대비하려는 것! 구체적으로는 에프탈, 한자로는 엽달嚈噠족이 대상이었다고 하는데, 흉노족의 후예라고 하지만 피부색이 희어서 '백흉노'로도 불렸던 유목민족이다. 이들은 유연柔然에게 밀려 서쪽으로 진출하면서 페르시아를 비롯한 서아시아, 남아시아의 국가들과 충돌했고, 강성했을 때는 40여 개국의 조공을 받았다.

사산조 페르시아는 서쪽에서 중동 지역의 패권을 두고 로마와 줄기차게 싸우고 있었다. 따라서 북동쪽의 강적을 정벌할 여력도 없고, 초원 지대를 정복할 생각도 딱히 없다 보니 장벽에 의존했다. 그 재료는 벽돌과 모르타르인데, 붉은색 진흙을 구워 만든 벽돌을 주로 썼기에 '거대한 붉은 뱀'이라는 별명도 있다. 또 '알렉산드로스 장벽'이라는 이름으로도 불렸는데, 651년 사산조 페르시아를 무너뜨리고 이 장벽에 다다른 무슬림들이 '신기하다. 누가 이런 거대한 장벽을 세웠을까?', '아마 그 옛날 페르시아를 정복하고 인도까지 정벌했다는 알렉산드로스가 아닐까?' 해서 나온 이름이다. 그들이 수백 년 전인 알렉산드로스 시대에 지어진 걸로 착각했다는 것은 이미 그때는 그 장벽이 수비 병력 없이 버려져서 고대 유물 냄새를 풍기고 있었다는 뜻이다. 장벽을 세우게 만든 에프탈은 이미 그보다 100년 전쯤 멸망했기 때문일까. 아무튼 불과 수십 년 동안 북방 민족에 맞선 이후, 고르간 장벽은 한 번도 실질적 용도로 쓰인 일이 없다. 그런 점에서는 만리장성과 많이 다르다.

21세기의 세계, 만리장성은 무슨 의미일까?

오늘날 대국으로서의 중국의 자존심이 부풀어 오르는 데 비례해 만리장성에 대한 자랑도 커져만 간다. 닉슨Richard Nixon에서 오바마Barack Obama까지, 중국을 찾은 미국 대통령들은 하나같이 만리장성에 올라 '중국의 저력과 위대한 문화에 감동'했음을 취재진에게 표시해야 했다. 다른 나라의 국가원수나 귀빈들도, 마치 북한에 가면 김일성 묘에 참배해야 하듯 만리장성을 순례해야 한다. '달에서도 보이는 유일무이한 건축물'이라는 현대판 전설은 최근 좀 자제하고는 있으나(그래도 아직도 많은 소개글에 그대로 나와 있다. 이를 비꼰 우스개도 있다. '분명 만리장성은 달에서 보인다! 달에 만리장성 사진을 가져가기만 하면'), '숨어 있는 만리장성'에 대한 탐색 결과 장성의 길이가 자꾸만 길어지고 있다. 특히 산해관에서 그치는 게 아니라 요동반도까지, 나아가 한반도까지 장성이 이어져 있었다는 주장은 우리나라의 민족 감정과 충돌하며 긴장을 빚고 있기도 하다.

글로벌 대중문화에 맞는 판타지 소재로 쓰이기도 한다. 장이머우 감독이 2016년에 내놓은 영화 <그레이트 월>에서 만리장성은 타오티에饕餮라는 난폭한 식인 괴수들로부터 중국인을, 아니 전 인류를 지키는 최후의 보루로 등장한다. 물론 실제의 만리장성보다 몇 십 배나 높고 큰 장성이다. 그 장성을 빼곡히 메운 용감한 병사들은 온갖 판타스틱한 무기를 써서 괴수들과 사투를 벌인다.

한눈에 보기에는 넓은 대지를 장쾌하게 가르고 지나가는, 대자연의 힘에 맞선 인간의 불멸의 위업인 만리장성. 그러나 만리장성은 '한눈에' 볼수 없기 때문에 만리장성이다. 그 굽이굽이에는 온갖 복잡한 이야기들

　　　　　　　　　제1부 사람은 장벽을 쌓기 시작하고

이, 가장 고귀하고도 가장 잔혹한 인간성, 최고의 지혜와 어이없는 어리석음을 나타내는 이야기들이 깃들어 있다.

그런 이야기 가운데 하나, '만리장성은 엄청난 비용에도 불구하고 군사시설로는 효력이 적었다'는 이야기는 절반만 맞다. 만리장성은 남쪽 사람들이 도저히 흉내 낼 수 없는 북쪽의 기동력을 오랫동안 효과적으로 저지했다. 그러나 변방 황무지에 세워진 장성이나, 후방의 농경지에 세워진 장성이나 그 나름대로의 약점을 안고 있었다. 어느 경우에나 정치가 혼란에 빠지고 군기가 해이해지면 효력의 대부분을 잃었다.

『장성으로 보는 중국사』에서 "만리장성은 북방의 침입에서 중국을 지켰지만, 동시에 중국을 그 테두리 안에 가두기도 했다. 중국 특유의 자문화 중심주의와 폐쇄성은 만리장성의 부산물이다"라고 한 줄리아 로벨Julia Lovell의 이야기도 절반만 맞다. 왕조가 진취적인 기운으로 넘칠 때, 장성은 북방으로 한 걸음 나가기 위한 전진기지 역할을 했다. 중국을 (그리고 근세에 그 영향을 결정적으로 받은 한국을) 폐쇄적으로 만든 것은 만리장성보다는, 만리장성을 혐오하고 폄훼하면서 '외치는 내치에 포함된다', '민심을 안정시키고 고유의 문화를 발전시키면 충분하다. 굳이 머나먼 땅의 괴상한 사람들에게 관심을 가질 필요가 없다'고 강조한 유학자들의 책임이었다.

그러나 정조의 시에 나오듯, 적어도 명나라 이후 장성은 '중화와 오랑캐를 나누는 경계'로 상징되었다. 그것은 북방 민족의 입장에서 봐도 비슷했다. 울타리 바깥의 풀이 더 푸르다던가. 북방 민족들은 매일같이 장성을 바라보던 끝에, 그 너머의 풍요와 평화를 참을 수 없이 갈망하게 되었다. 그래서 본래 좀처럼 통일되기 어려운, 다종다양한 부족들이던 그들이 흉노족, 선비족, 몽골족, 만주족 등의 이름으로 하나로 뭉침으로써, 장성을 돌파할 정도의 숫자와 위력을 갖추게 된 것이다.

만리장성에 선 오바마 미국 대통령(2009년 11월 18일 팔달령 장성)

그리고 지금, 장성이 변방이 아닌 나라의 한가운데 있는 '기념물'
이 된 지금에, 그것이 던져 주는 물음은 '역사를 어떻게 이해하고, 미래
를 준비해야 옳은가?'이다. 포용인가 방어인가, 보편성인가 고유성인가,
세계와 하나로 어우러져야 하는가, 세계 속에 우뚝 서서 따라올 수 없는
경지를 추구해야 하는가? 만리장성은 그런 복잡한 수수께끼를 계속해
서 우리에게 던지며, 그 땅에 서 있다.

2. 하드리아누스 장벽

동양에 비해, 전통 서양에서는 성벽이나 장벽을 낮춰 보는 경향이 있었다. 고대 그리스나 이탈리아의 도시국가에서는 중산층 시민들이 갑옷과 창, 방패로 무장하고 밀집 대형을 이루어 평지에서 적을 몰아붙이는 '팔랑크스'를 전쟁의 기본으로 여겼으며, 기마병, 궁병, 그리고 성벽에 의지하여 싸우는 전투 방식은 '사나이답지 못하다'고 여겼기 때문이다.

그래서 매사에 '중용'을 추구했던 아리스토텔레스는 "성벽에 기대서 싸우는 일은 용맹하지 못하다며 멸시하는 경우가 많다. 그러나 소수가 다수를 상대로 싸우려면 역시 성벽이 유용하지 않을 수 없지 않은가? (…) 따라서 성벽 쌓는 일을 조롱하고 반대하는 사람들은 신중히 생각해야 한다"라는 말을 『정치학Politika』에 남겼으며, 그 몇 백 년 뒤, 교황 우르바노 2세Urbanus II가 1095년 클레르몽 공회의에서 역사적인 제1차 십자군 출정을 독려했을 때도 "저 이교도 병사들은 우리 유럽인에 비해 나약하고 비겁하다. 성벽 뒤에 숨어 화살이나 날리는 꼴을 보면 알 수 있다!"고 주장하며 기독교 기사들의 자신감을 돋웠다(궁병을 비겁하게 여기는 태도는 현대에 만들어진 영화, <300>에서도 기원전 480년의 스파르타 병사들이 "가까이 오지는 못하고 멀찌감치서 활만 쏴 대다니, 겁쟁이 놈들!"이라며 비웃는 장면에서 재현된다. 다만 묘하게도, 그들 300명의 용사는 협곡이라는 '천혜의 성벽'에 기대어 수적으로 상대가 안 되는 페르시아 군대에 맞섰다).

그러나 전근대 서양사에서 가장 거대한 군사적 승리를 거두었던 나라, 로마는 좀 달랐다.

고대 로마인들이 전쟁을 할 때 다른 호전적인 민족들보다 확연히 앞선 점이 있었다면, 바로 '공병 능력'이다. 이민족과 전쟁을 벌일 때마다 로마군은 건널 수 없으리라 여겨지는 강에 다리를 놓고 건너가 공격하거나, 진지 주변에 놀랄 만큼 빠른 속도로 목책을 쌓아 적의 습격에 대비하곤 했다.

이 능력을 가장 잘 활용한 로마 장군은 다름 아닌 율리우스 카이사르Julius Caesar다. 그는 기원전 1세기의 갈리아 원정에서 이민족들 눈앞에 하루 이틀 만에 거대한 목책 장벽을 뚝딱뚝딱 세워 보였다. 이는 적의 진로를 제한해 카이사르가 바라던 싸움의 흐름을 만들어 주었을 뿐 아니라, 적의 사기를 크게 꺾었다. 그때까지 자신들보다 체구가 작은 로마군을 비웃던 갈리아인, 게르만인들은 순식간에 솟아오른 방벽을 보고 '저게 사람이 할 수 있는 일이냐?'며 겁을 냈던 것이다.

장벽은 보통 방어용이라 여겨지지만, 그는 공격을 할 때도 장벽을 활용했다. 기원전 52년, 갈리아 반군의 우두머리였던 베르킹게토릭스Vercingetorix를 알레시아에서 포위했을 때, 카이사르는 적의 진지를 이중의 장벽으로 둘러친 다음 해자와 전침戰針(뾰족한 쇠붙이로, 땅에 뿌려서 적이 발을 다치도록 하는 도구)까지 총 일곱 단계의 방어선을 설치해 적이 뛰쳐나오지도, 적의 구원병이 들이닥치지도 못하게 만들었다. 갈리아인들은 진흙 덩어리를 목책 위로 던져 가까스로 제1장벽을 넘어도 곧바로 다음 장벽에 가로막혔으며, 그사이에 몰려든 로마군에게 쫓길 수밖에 없었다. 밖에서 달려온 구원병도 알레시아로 들어가지 못하고 격퇴되었다. 그렇게 적군을 꽁꽁 싸매다시피 하고 포위전을 치른 결과, 결국 베르킹게토릭스의 항복을 받아 내고 갈리아를 완전히 평정할 수 있었다.

로마의 건축술은 군사 쪽에서만 빛난 것이 아니다. 건축술은 로마 문명의 자랑이자 상징이었다. 오늘날 전 세계에서 수많은 관광객을 불러들이고 있는 원형경기장과 수도교, 로마인이 처음 발명했다는 콘크리트를 써서 웅장하고 견고하게 지은 석조 건물들, 역시 로마인의 창안이라는 아치가 수천 년을 넘어 아름다움을 뽐낸다. 특히 수도교는 동력 기관을 조금도 쓰지 않고 오직 낙차만으로 멀리 떨어진 수원지에서 도시 구석구석에 물을 공급했다. 돌과 돌 사이에 밀리미터 단위로 정밀한 차이를 두어 만들어진 낙차. 그야말로 털끝만 한 오차만 있더라도 물이 쉽게 말라 버리거나 넘쳐서 도시가 물바다가 될 수 있는, 참말로 고대 건축의 불가사의라고 할 만한 위업이었다.

그리고 군사 부문에서도 민간의 석축 기술을 한껏 활용한 사례가 바로 오늘날까지 남아 있는 하드리아누스 장벽이다.

제국의 끝에 서서

하드리아누스가 처음으로 80밀레에 달하는 성벽을 쌓아, 이로써 로마인과 야만인을 구분 지었다.

4세기쯤 씌어진 『로마 황제사*Augustan History*』에 유일하게 언급된 장벽의 연원이다. 사실 이 책이 발굴되기 전까지는 장벽을 처음 세운 사람이 누군지에 대해 논란이 많았다. 2세기에 이 지역을 통치했던 로마 총독 아그리콜라Agricola, 하드리아누스Hadrianus, 하드리아누스보다 200년 쯤 뒤의 로마 황제인 세베루스Severus 등 여러 의견이 분분했는데 세베루스 쪽이 더 우세했던지라 '세베루스 장벽'이라 불리기도 했고, 아예 이 장벽을 쌓게 만든 북쪽의 픽트족 이름을 따서 '픽트 장벽'이라고도 불렸다. 19세기 영국의 대문호 찰스 디킨스Charles Dickens도 자신의 책 『영국의 역사*A Child's History of England*』에서 이런 목가적인 장면을 묘사했다.

> 노섬브리아의 음산한 황무지를 가로지르는 세베루스 장벽은 이끼와 잡초로 뒤덮였음에도 여전히 든든하게 그 자리를 지키고 있다. 여름날이면 목동과 양치기 개가 성벽 위에 올라가 단잠을 자기도 한다.

그러면 왜 하드리아누스는 장벽을 세웠는가? 그 해답을 찾으려면 하드리아누스가 누구인지부터 알아야 한다. 그는 서기 76년에 태어났으며, 스페인의 부유한 귀족 가문 출신이었다. 트라야누스Trajanus 황제와 친척 관계로, 아버지가 죽자 자연스럽게 트라야누스의 궁정에서 살며 황제의 피후견인으로, 나아가 양자로 자랐다. 청소년 시절 학문에 열중하고 예술적 재능도 돋보여, 그리스 철학을 두루 꿰고 있던 한편 시도 쓰고, 조각, 건축 작품도 만들었다. 그러나 스스로에 대한 자긍심이 높다 보니 그만큼 속이 좁아졌던 것도 같다. 트라야누스에게 이런저런 건축 아이디어를 늘어놓는 그에게 당대 최고의 천재 건축가 아폴로도로스Apollodoros가 "아마추어는 제발 입 좀 다물게!"라고 한마디 한 것을 내내 가슴에 품고 있다가 황제가 되자마자 아폴로도로스를 처형했다니 말이다.

트라야누스는 하드리아누스를 총애하면서도 후계자로 낙점하는 일은 망설였는데(입양조차 정식으로 하지 않으며 미뤘다), 군인보다 학자 기질이 두드러진 그가 과연 황제감일지 확신할 수 없었던 것 같다. 그래서 117년, 트라야누스가 해외 원정 도중 병을 얻어 로마로 돌아오는 길에 세상을 떠났을 때 그의 다른 친척들의 이름이 거론되기도 하였으나(황제의 친자식은 없었다), 폼페이아 플로티나Pompeia Plotina 황후의 전폭적인 지지를 얻고 있던 하드리아누스가 (트라야누스가 숨진 '다음 날'에 정식으로 그의 아들로 입양되면서) 제위를 이어받았다.

하드리아누스가 즉위한 직후에 그를 반대하던 원로원 의원 네 명이 황제 암살 음모 혐의를 쓰고 처형당했는데, 충분한 재판 절차도 없이 허겁지겁 진행된 일이라 많은 이들의 경악과 분노를 샀다. 당시 로마 밖에 있던 하드리아누스는 '나는 그 일에 무관하다'고 맹세까지 했으나 '그가 손을 써서 정적을 처단했을 게 뻔하다'는 소문이 돌며 신임 황제에 대한 나쁜 평판으로 이어졌다.

그런데 사실은 트라야누스가 황제가 될 때도 마냥 평화로웠던 것은 아니다. 군인들 사이에서 지지가 두터웠던 그가 정치인 성향의 네르바Nerva 황제에게 후사가 없음을 노려, '나를 양자로 들여 달라'고 사실상 협박한 결과 가까스로 오를 수 있었던 황좌였다. 처음에 네르바는 트라야누스가 아니라 마테르누스Maternus라는 사람을 후계자로 점찍고 있었는데, 트라야누스 즉위 뒤에 마테르누스는 슬그머니 역사 기록에서 사라진다. 아마도 숙청당했으리라. 『로마제국 쇠망사The History of the Decline and Fall of the Roman Empire』를 쓴 에드워드 기번Edward Gibbon은 네르바, 트라야누스, 하드리아누스, 그리고 안토니누스 피우스Antonius Pius, 마르쿠스 아우렐리우스Marcus Aurelius로 이어지는 '오현제' 시대는 핏줄이 아닌 덕망으로 제위를 이었던 시대이며, 그 결과 '인류 사상 가장 행복했던 시대'가 되었다고 썼다. 하지만 그 이면에는 이런 살벌한 진실이 있었다.

트라야누스는 즉위 후 변방을 두루 순행하는 길에 나섰다. 그가 군의 지지를 업고 있다고는 하지만 모든 군대의 지지는 아니었으므로, 친히 다니면서 동향을 살피고 곳곳에 지지 세력을 심었던 것이다. 그리고 '군대를 오래 놀려 두면 반란만 꿈꾸게 된다'고 여겨, 한동안 수그러들었던 팽창 정책에 다시 불을 댕겼다. 오늘날의 루마니아에 해당되는 다뉴브강 북부의 다키아를 정복했고, 동방에서는 나비티아 왕국을 손에 넣었다. 그 스스로 용맹한 군사 지도자였던 트라야누스는 스스로 선봉에 서서 다뉴브강에서 티그리스강까지 말을 달렸다. 그리하여 그의 치세 중에 로마제국은 최대의 판도를 이룩하게 된다.

하드리아누스도 그 본을 받아, 즉위 직후 순행을 시작했다. 그러나 트라야누스의 관점까지 본받은 것은 아니었다. 그는 무인 체질도 아닌 데다가, 끝없는 팽창은 오히려 변방의 불안 요소를 늘려 가다가 결국 파국으로 이어질 것이라고 생각했다. 변방 사령관의 손에 병력을 계속 늘려 주다가는 언제 그가 딴마음을 먹을지 모를 일이다. 로마가 아무리 강해도 파르티아 같은 강국은 만만치 않으며, 그런 강적과 굳이 대결을 벌였다가 패배하는 날에는 걷잡을 수 없는 사태로 이어질 수도 있다. 그리고 지금도 이미 너무 커져서 중앙에서 통제하기 어려운 제국의 판도가 아닌가?

그가 첫 번째 순행길에 바다 건너 브리타니아를 방문했을 때, 그곳은 한창 반란이 일어나는 중이었다. 기원전 1세기에 카이사르가 처음 발을 디디고, 서기 43년 클라우디우스Claudius 황제에 의해 로마 영토로 편입된 브리타니아는 그 뒤 잊을 만하면 반란을 일으켰다. 로마는 이에 적극적으로 대응했고, 2세기 말의 아그리콜라 총독은 칼레도니아(스코틀랜드)까지 치고 올라가 한때 대브리튼섬의 끝에서 끝까지 점령하기도 했다. 그러나 본토에서 워낙 떨어진 지역이라 반란을 진압하고 영토를 확

하드리아누스 장벽을 건설한 로마의 하드리아누스 황제

장하기란 쉽지 않았다.

친히 브리타니아로 가서 반란을 진압한 하드리아누스는 '이 역시 트라야누스 시대의 적폐'라고 여겼다. 트라야누스가 다키아를 정복하는 과정에서 브리타니아에 보냈던 병력을 상당수 투입했고, 그 틈을 타서 대규모 반란이 일어났기 때문이다.

하드리아누스는 반란 진압 작전을 마무리 지은 다음, 새로 임명한 총독에게 지시를 내렸다. "장벽을 세워라!"

로마 유일의 석축 장벽, 그 특별한 의미

그렇게 해서 하드리아누스 장벽이 세워지기 시작했다. 완성되기까지 4년이 걸린 이 장벽은 동쪽 해안의 코리아(코브리지)에서 서쪽 해안의 루구발리움(칼라일)까지 118킬로미터에 이르며, 높이는 평균 5미터, 두께는 2.3미터다. 1.4~6킬로미터의 간격을 두고 보루를 설치했는데 17개도 되고 14개도 된다. 성벽에 붙어 있는 것만 따지면 14개이나, 성벽 조금 뒤에 떨어진 것으로 기존 건축물을 활용한 것까지 넣으면 17개이기 때문이다.

신축된 보루에는 옹성이 딸리고, 그 공간에 500명에서 1천 명의 병사들이 주둔했다. 구릉 지대에는 장벽만 짓고, 평야 지대에는 장벽 앞쪽에 폭 8미터, 깊이 2.5미터의 해자를 파서 방어력을 높였다. 장벽은 석회암에 심을 박아서 탄탄하게 쌓아 올렸다. 다만 서쪽 일부 지역은 축성에 필요한 석재를 구하기 힘들어서 흙을 다져 쌓고 그 위에 뗏장(흙이 붙어 있는 상태로 뿌리째 떠낸 잔디 조각)과 목재를 덮는 식으로 지어졌는데, 나중에 세베루스 황제가 석벽으로 개축했다. 아마도 이 때문에 이 장벽의 최초 건설자가 세베루스라는 이야기가 나온 것 같다.

로마의 석축 기술이 집약된 하드리아누스 장벽

하드리아누스 장벽을 개축한
세베루스 황제

이 '영국의 만리장성'은 길이 면에서 중국의 만리장성에 비하면 조촐하지만, 사실 로마가 쌓은 장성으로 가장 긴 것도, 최초의 것도 아니었다. 카이사르는 갈리아 원정을 시작하면서 헬베티족과 세콰니족을 갈라놓기 위해 레만 호숫가에 28킬로미터 길이의 성벽을 세웠다. 1세기 말에는 도미티아누스Domitianus 황제가 다뉴브강과 라인강 접점의 개척 지역을 게르만인에게서 보호하는 장벽을 설치했으며, 이는 후대 황제들에 의해 확장, 보강되어 하드리아누스의 손에서 완공되었을 때는 584킬로미터에 이르게 되었다. 당시 로마제국이 이곳저곳에 쌓아 올린 장벽의 길이를 모두 합치면 7천 킬로미터였으니, 만리장성과 견줄 정도였다.

그러나 '리메스'라 불리는 이들 장벽은 대부분 목책이었고, 일부가 뗏장 등으로 보강한 토벽이었다. 게르만 지역의 장성도 아주 일부만 석벽이었는데 그 부분은 '마의 장벽'이라고 불렸다. 석벽으로만 장성을 이룩한 것은 하드리아누스 성벽이 처음이자 마지막이었다. 그리고 리메스 가운데는 군사용이 아닌 게 훨씬 많았다. 거주민들 사이에 경계를 짓거나, 야생동물의 침범을 막거나 하는 용도였던 것이다.

그럼 왜 하드리아누스 장벽만 돌로 지었을까? 적병의 진격을 막는 효과는 석벽이나 목책이나 큰 차이가 없었다. 물론 충격에 버티는 강도는 석벽이 훨씬 강하지만, 당시 로마의 적들에게는 공성 기구라고 할 게 없었으므로 특별히 방벽의 강도를 높이려고 애써 돌로 쌓을 필요는 없었다. 다만 목책은 내구성이 덜하다. 불에 탈 수도 있고, 오래 두면 썩어서 무너질 수도 있다. 결국 빠르게 구축하고, 목적이 다하면 또 빠르게 해체할 수 있는 임시 방벽이 목책이다. 하드리아누스가 브리타니아를 석벽으로 양분하라고 지시했다면, '이는 임시적인 게 아니고 영구히 보전할 경계선이다'라는 의미를 담았다고 할 수 있다.

왜 영구한 경계선을 만들었을까? 먼저 군사적인 의미를 생각할 수 있다.

나라를 둘로 나눌 만큼 긴 장벽을 쌓았다면 그것을 관리하고 수비할 병력도 항상 상당수가 필요하다. 당시 브리타니아의 로마군은 네 개 군단으로 나뉘어 있었다. 본래는 한 개뿐이다가 정복 지역이 넓어지면서 점점 증원되어 네 개 군단까지 된 것인데, 이들은 각각 에스파냐, 갈리아, 게르마니아 등 다른 지역에서 차출된 군단이었다. 로마 군단은 본래 로마 시민들만으로 이루어진 민병대라는 성격을 가졌지만, 원래의 도시국가에서 너무도 큰 규모로 팽창해 버린 시점에는 불가피하게 현지 주민들 가운데 선발한 병사들이 다수를 차지했다. 로마 시민이라 해도 에스파냐나 갈리아에서 태어나서 이탈리아는 평생 가 본 적이 없는 사람도 많았다. 당연히 군단들 사이에 동질감이 적고, 여기에 군단장들 사이의 경쟁의식까지 겹치며 손발이 맞지 않는 경우가 많았다. 브리타니아가 바람 잘 날 없었던 데는 그런 까닭도 없지 않았던 것이다.

그래서 하드리아누스는 순행길에 따라온 게르만 지역의 6군단으로 그동안 무공이 특히 뛰어났던 에스파냐 9군단을 '대체'하도록 했다. 대체라면 9군단은 다른 지역으로 가서 주둔했어야 하는데, 이상하게도 이후의 기록에 9군단은 나오지 않는다. 한 가지 추측은 9군단을 브리타니아에서 빼 버리지 않고, 해체해서 나머지 세 개 군단에 분산 배치하지 않았는가 하는 것이다. 사실 이후 브리타니아 주둔 로마 군단은 세 개 군단만 나타난다.

이렇게 '부대 뒤섞기'를 하고서, 다시 세 개 군단에서 일정 병력을 일정 기간 차출해 함께 장성을 수비하도록 함으로써 또다시 여러 군단의 병사들이 섞일 수 있도록 했다. 장성이 있는 한 그런 혼합 편성은 계속된다. 그리하여 브리타니아 로마군의 결속을 다지고 불협화음을 최소화하는 수단으로 장성이 활용된 것이다.

또한 '우리 제국이 수비해야 할 영토는 딱 여기까지'라고 확정적인

제1부 사람은 장벽을 쌓기 시작하고

선을 그었다는 의미가 있었다. 앞서 보았듯, 브리타니아의 로마령은 계속 불안정했다. 로마군이 잘나갈 때는 스코틀랜드 깊숙이 쳐 올라갔다가, 그렇지 못할 때는 잉글랜드 남쪽까지 밀렸다. '영토를 지켜야 한다'와 '정복지를 넓혀야 한다'라는 개념이 뒤범벅되어 있다 보니 전략과 작전을 세우기도 어려웠다. 그래서 하드리아누스 장벽은 조금 더 북쪽으로 세웠어도 될 것을, 스코틀랜드 전역을 포기하면서 브리튼섬의 중부에서 약간 올라간 선에 세워졌다. 만리장성은 초원 지대와 농경 지대를 가르는 선이라고도 할 수 있었으나, 하드리아누스 장벽의 북쪽과 남쪽은 자연환경이나 주민 구성 등에서 그렇게 큰 차이가 없었다. 정복욕이 앞서는 트라야누스였다면 저승에서 '뭐하는 짓이냐!' 하며 분개했을지도 모르지만, 하드리아누스는 '확실하게 지킬 수 있는 데까지만 지키고, 그 이상의 욕심을 내지 말자'는 입장이었다.

색다른 시각도 있다. 군사적 목적보다는 행정적 목적에서 장벽을 세웠으리라는 시각이다. 브라이언 돕슨Brian Dobson은 '주로 평지에 세워진 장성은 대규모로 침입해 오는 적에게는 별로 효과적인 방어 시설이 아니다'라는 점을 들며 장성 남쪽 지역을 확실한 영토로 인식시켜 그 거주민들의 관리와 세금 징수를 수월하게 하고, 북쪽에서 남쪽으로, 또는 그 반대로 오가는 사람들에게 통행세를 거두는 것이 주된 목적이었으리라고 본다.

이는 하드리아누스 장벽의 군사적 의미를 지나치게 평가절하한 것으로 보인다. 니시노 히로요시西野廣神는 만리장성의 방어력이 대단치 않았다는 주장을 반박하며 "북방 민족은 말을 타고 번개처럼 농경 지대를 습격하곤 했다. 장성은 그들의 발걸음을 확실하게 멈추게 했다"라고 했다. 하드리아누스 장벽도 비슷한 역할을 했을 것이다. 2세기에서 3세기에 활약한 로마 역사가 카시우스 디오Cassius Dio는 스코틀랜드의 픽트족에 대해 "전차와 작은 체구의 말을 타고 바람처럼 돌진해 온다. 보병대 역시

로마의 브리타니아 침공

무척 빨리 달리며, 사납기 그지없다"라고 썼다. 그렇게 보면 재빠른 습격을 장기로 했던 모양이다. 장벽은 그들의 장기를 상당히 무력화했으리라.

어쨌든 '로마의 영토는 여기까지'라는 가시적이고 견고한 경계선이 되었다는 점에서는 돕슨의 주장도 일맥상통한다. 이후 남쪽의 로마와 북쪽의 픽트족은 한 번 이상 이 경계선을 크게 무시했다. 138년에 하드리아누스가 사망하고 그의 양자 안토니누스 피우스가 즉위했는데(이번에는 별다른 정치적 소요가 없었다), 그는 하드리아누스 장벽의 의미를 무시하고 142년에 롤리우스 우르비쿠스Lollius Urbicus를 파견해 성벽을 넘어 브리튼 북쪽을 공략했다.

우르비쿠스는 큰 성공을 거두었고, 하드리아누스 장벽보다 110킬로미터쯤 북쪽에 새로운 장벽을 세웠다. 클라이드강과 포스강의 하구를 잇는 이 장벽은 '안토니누스 장벽'으로 불렸는데, 64킬로미터 길이에 전 구간이 흙과 뗏장으로 지어져서 하드리아누스 장벽에 비하면 간단한 공사였고, 방어보다 전진기지로서의 의미가 컸다. 그러나 불과 20년 만에 로마군은 안토니누스 장벽을 포기한 채 남쪽으로 쫓겨 내려왔고, 그 뒤에는 내내 하드리아누스 장벽을 경계로 삼았다.

3세기에는 로마의 중앙 정치가 혼미에 빠졌으며, 브리타니아 총독이던 클로디우스 알비누스Clodius Albinus가 황제가 되려는 야심을 품고는 대부분의 병력을 거느리고 갈리아로 건너갔다. 그 사이에 픽트족은 하드리아누스 성벽을 넘어 로마령 브리타니아를 유린했다. 그렇지만 208년, 알비누스를 쓰러트리고 황제가 된 세베루스가 바다를 건너와 맹공을 퍼붓자, 그들은 다시 장벽 너머로 돌아갈 수밖에 없었다. 세베루스는 장벽을 보강하고, 어지러워진 브리타니아의 체제를 정비하는 데 전력을 기울였다. 얼마나 애썼던지 병을 얻어, 로마로 돌아가지 못한 채 3년 뒤 브리튼 땅에서 눈을 감는다. 윈스턴 처칠Winston Churchill은 "그가 에보라쿰(요크)에서 숨을 거둔 뒤, 100년 동안 하드리아누스 장벽에는 평화만이 깃들었다"고 썼다.

그러나 4세기로 넘어갈 무렵이 되자 로마 자체의 힘이 쇠약해져 갔다. 더 이상 단일 제국으로 유지되지 못해 동-서로 갈라지고 그 가운데 또 둘로 분화되어 네 개의 로마가 있게 되었다. 4세기 초반에는 콘스탄티누스Constantinus가 황제가 되어 동로마의 콘스탄티노플을 중심으로 로마를 재통합하고 제국의 면모를 일신했으나, 이미 국력의 쇠퇴를 막을 수 없어 새로운 수도를 꾸밀 조각과 건축물을 아테네나 로마에서 가져와 재활용할 정도였다. 이 와중에 동쪽에서는 사산조 페르시아가 부딪쳐 오고, 북쪽에서는 게르만 민족이 이동해 와 외환이 끊이지 않는 가운데 잊을 만하면 지방 총독이나 군 사령관 가운데 '내가 황제다' 하며 반란을 일으키는 자가 속출하는 등 내우가 겹쳐, 4세기 말에는 콘스탄티누스 대제가 합쳐 놓았던 제국이 다시 동서로 분열했다.

이런 상황에서 브리타니아 역시 평온할 턱이 없었다. 브리타니아 총독으로 407년에 황제를 선언한 콘스탄티누스(콘스탄티누스 대제와는 전혀 별개 인물로, 스스로 콘스탄티누스 3세라고 칭했다)가 갈리아에서 호노리우스Honorius에게 패배한 뒤로는 총독이 새로 선임되지 않았고, 하드리아누스 장벽을 지키던 병사들을 포함해 로마군에게는 더 이상 봉급도 나오지 않았다. 그런데 그것은 브리타니아에서만의 문제는 아니었고, 서로마 전역에서 제국은 재정적, 행정적으로 말라 죽어 가고 있었다. 병사들은 하나둘씩 장벽을 떠나, 현지인들 사이에 섞여 들어 농민이나 상인으로 살아갔다. 이미 오래전부터 그들 중 대다수는 현지인 출신이기도 했다. 이제 로마의 지배권은 거의 명목일 뿐이었고, 마침내 409년에는 브리튼인들이 로마의 행정관들을 추방한다. 이리하여 대체로 410년을 전후로, 거의 370년에 이르는 로마의 브리튼 지배는 막을 내리게 된다.

　　　　　　　제1부 사람은 장벽을 쌓기 시작하고

세르비우스 성벽

장벽으로서의 리메스는 대개 흙과 나무로 만들어졌지만, 로마인들이 하드리아누스 이전에 석벽을 짓지 않은 것은 아니다. 또한 로마인들이 다른 고대 서양인들과 달리 성벽이나 장벽을 처음부터 중요시했던 것도 아니다.

오늘날 로마에 가면 아직도 곳곳에 돌로 쌓은 10미터 정도 높이의 성벽 흔적이 남아 있다. 이것이 세르비우스 장벽인데, 세르비우스Servius는 기원전 6세기에 로마를 통치한 로마의 제6대 왕의 이름이다. 그가 처음으로 로마의 일곱 개 언덕을 두르는 성벽을 세웠다고 세르비우스 성벽이라 하는데, 세르비우스는 다분히 전설과 역사가 뒤섞였던 시대의 인물이므로 명확하지는 않다. 그런 것이 있었다 해도 목책 정도였을 것으로 보인다. 왜냐하면 시간이 꽤 지나, 기원전 4세기에 로마를 침공한 갈리아인에게 로마가 유린되는 일이 반복되었기 때문이다. 그리하여 세르비우스 성벽을 석벽으로 재건축(또는 비로소 건축)하게 되었다.

이 석벽은 과연 효과가 있었다. 갈리아인뿐 아니라 그 뒤에 로마로 쳐들어온 여러 적을 물리쳤는데, 가장 대표적인 적이 바로 로마를 거의 멸망시킬 뻔했던 포에니 전쟁의 명장, 한니발Hannibal이다.

이로써 장벽의 효용성을 뼈에 새긴 로마인들은 침략 전쟁에서도 장벽을 즐겨 쓰게 된다. 그리고 기원후 3세기, 기존의 세르비우스 성벽으로는 이제는 너무 커져 버린 로마를 지키는 데 무리가 따르자, 로마 황제 아우렐리아누스Aurelianus가 새로운 성벽을 쌓을 것을 명한다. 이렇게 해서 세르비우스 성벽 바깥에 지어진 '아우렐리아누스 성벽'은 19킬로미터 길이에 높이 10미터, 두께 3.5미터였으며 383개의 감시초소를 갖추고 있었다.

그러나 한국과 중국의 성리학자들이 좋아했을 말로, '성벽보다 인화'였던가? 이후 점점 나태와 쇠퇴에 빠진 로마제국은 5세기에 들어 여러 이민족의 침입에서 로마시를 지키지 못했으며, 마침내 멸망을 맞이한다.

로마, 그 이후

로마는 떠나고, 하드리아누스 장벽은 아무도 지키지 않는 을씨년스러운 유적으로 남았다. 그래도 그 기능이 완전히 사라진 것은 아니었다. 영국이 점점 독립 왕국으로서의 모습을 갖춰 가는 과정에서, 이 장벽이 스코틀랜드와 잉글랜드를 나누는 경계선이 되었기 때문이다. 8세기에 오랜 분열을 딛고 잉글랜드를 하나로 통일한 오파Offa 왕은 웨일스와의 경계에 하드리아누스 장벽을 본떠 240킬로미터에 달하는 장벽을 세워 (흙과 펫장으로 지었고, 험준한 지역에는 굳이 건설하지 않았으므로 실제 길이는 많이 못 미쳤다. 그리고 오늘날에는 대부분 사라졌다) 두 나라의 경계선을 긋기도 했다. 하지만 그런 경계선들을 쳐부수고 브리튼섬을 하나의 국가로 통일하려는 야심도 만만치 않았다. 13세기 말의 에드워드 1세Edward I가 대표적이었다. 그는 웨일스를 힘으로 짓밟은 뒤 스코틀랜드까지 병합하려고 끈질기게 시도했으나, 야망의 끝을 보지 못한 채 1307년에 숨졌다. 다시 1314년, 그의 아들이자 후계자인 에드워드 2세가 안토니누스 장벽 근처인 스털링까지 쳐들어왔다. 그러나 로버트 1세Robert I의 스코틀랜드군이 배넉번 전투에서 에드워드를 결정적으로 격파한 뒤, 대략 하드리아누스 장벽을 스코틀랜드와의 경계선으로 인정하게 되었다.

다만 로마 시대처럼 실질적인 방어선 역할을 한 것은 아니었다. 이미 그 시대의 전사들은 5미터 정도의 돌담 따위는 우습게 돌파할 수 있었기 때문이다. 게다가 다수의 병력을 성벽에 상주시키지도 않아, 다만 상징적인 경계선으로만 남게 된 하드리아누스 장벽은 조금씩 무너져 갔다. 비와 바람과 이끼 탓도 있지만, 만리장성이 한때 버려졌을 때처럼, 주변의 민가에서 집 건축에 쓰려고 돌을 빼 갔기 때문이다. 18세기에는 새 도로를 닦기 위해 무더기로 돌을 빼 가는 바람에 장벽의 모습이 완전히 사라질 위

제1부 사람은 장벽을 쌓기 시작하고

기까지 있었다.

그런데 이런 위기는 국가가 아니라 한 개인의 힘으로 극복될 수 있었다. 존 클레이턴John Clayton이라고 하는 변호사는 고색창연한 고대의 유적이 무관심 속에 사라지고 있는 모습에 충격을 받고, 자신의 인생을 걸고 이를 막으려고 결심했다. 1834년부터 그는 전 재산을 던져 장벽의 훼손이 가장 심한 지역의 토지를 사들였다. 그 토지란 대개 목초지였는데, 그 땅에서 목장을 운영한 결과 의외로 소득이 좋았다. 그 이익금으로 더 많은 장벽 소재 토지를 사들이고, 무너진 성벽을 다시 쌓았다. 이미 땅에 묻혀 버린 장벽의 일부를 발굴해 냈으며, 함께 발견된 로마 시대의 조각상이나 병사들의 흔적 등을 전시하기 위한 박물관도 세웠다. 1890년에 그가 죽자 재산은 친척들에게 돌아갔다가, 도박 등으로 날려 버림으로써 정부가 맡게 되었다. 그때부터 차차 하드리아누스 장벽의 문화재적 가치를 되새기는 분위기가 조성되었고, 클레이턴이 맡지 못했던 부분에 대해서도 복원이 이루어졌다. 클레이턴이 복원에 힘썼던 하우스스테즈 지역의 장성에는 '클레이턴 장벽'이라는 별명이 붙었다. 1987년에는 세계문화유산에 등재됨으로써, 하드리아누스 장벽은 소멸할 걱정 없이 편안히 쉬게 되었다.

이제 성벽은 영국의 관광 자원 또는 고고학적 연구 자료일 뿐이다……. 아니, 꼭 그렇지만은 않다. 아일랜드해에서 북해까지 줄시어 선 이 낡은 돌무더기들을 바라보며, 아직도 스코틀랜드 독립이라는 생각을 떠올리는 사람들이 있다. 그들은 「스코틀랜드의 꽃」을 휘파람으로 불고, 그 노래의 배경인 배넉번 전투를 생각한다. 자신들의 조상이 잉글랜드의 오만불손한 침략자들을 하드리아누스 장벽 너머로 몰아붙였던 때를.

그런 감상은 1973년 이래 노섬벌랜드 지역의 성벽 발굴 과정에서, '빈돌란다 요새'와 그 가운데 묻혀 있던 로마 병사들의 여러 목판 '편지'가 발견되면서 더욱 부풀려졌다.

"양말이랑 샌들 좀 빨리 보내 줘, 여기가 얼마나 추운지 알아? 얼어 죽겠다!"

"내가 이미 전지가위 돈을 냈거든? 그런데 왜 아직 도착을 안 하는가?"

"나는 건강히 지낸다네. 그런데 돈이 급히 필요하다고 여러 번 편지를 보냈는데, 아직 오지 않는군!"

"무정한 사람, 왜 대답이 없나요? 정말 나를 잊은 건가요?"

쓸쓸하고 차디찬 변방에서 근무를 서던 로마 병사들이 곱은 손을 후후 불며 적고, 애타는 마음으로 후방의 친지들에게 보낸(보내려던) 편지들. 그 가운데는 생활의 필요도 보이고, 애끓는 사랑도 보인다. 이 편지 무더기가 발견되자 영국인들을 비롯한 세계인들은 놀라움과 의아함에 사로잡혔다. 그런데 적어도 대한민국 사람들만은 그렇게 의아해하지 않았다. 휴전선 철책 근무가 일상의 한 부분인 이상, 친숙할지는 몰라도 의아할 부분은 적으니까.

아무튼 그리하여 이 장벽은 영국인들에게, 그리고 아마도 더 많은 사람들에게 고대 로마인의 삶과 죽음을, 또는 검과 마법의 판타지를 떠올리게 하는 영감의 원천이 된다. 이 장벽은 인기 TV 시리즈 <왕좌의 게임>에서나, 영화 <드래곤하트> 등에서 본연의 또는 상상이 덧붙여진 모습으로 출연했다. 또한 영국 시인 W. H. 오든W. H. Auden이 지은 「로마 성벽의 블루스」에서, 이역만리 멀리 떨어진 음습한 땅에 불려와 하염없이 장벽을 지키는 수천 년 전 로마 병사의 혼잣말로 표현되기도 한다.

제1부 사람은 장벽을 쌓기 시작하고

헤더 가득히 핀 언덕 위로 축축한 바람이 불어오네.

내 튜닉 안에는 이가 설설 기고, 콧구멍 안에는 콧물이 줄줄 흐르네.

후두둑후두둑 하늘에서 떨어지는 빗방울아.

나는 장벽을 지키는 병사란다. 왜 지켜야 하는지는 나도 몰라.

안개는 단단한 잿빛 돌덩이들 위로 기어오르고,

내 여자는 퉁그리아에 있단다. 난 홀로 밤을 보내지.

아울루스가 그녀 주변을 맴돌고 있대.

나는 그 녀석의 태도가 마음에 안 들어. 얼굴만 봐도 싫지.

(…)

3. 테오도시우스 성벽

장사꾼이나 순례자로서, 또는 발칸반도 각국의 사절이나 정복의 기치를 내건 침략군으로서 많은 사람이 평평한 트라키아 평원을 건너 콘스탄티노플로 들어왔다. 이들에게 가장 먼 곳에서 보는 콘스탄티노플의 첫 모습은 완만한 기복의 풍광을 따라 지평선에서 지평선까지 이어지고 있는 육지 쪽 성벽의 불길한 모습일 것이다. 성벽과 망루가 끊어진 곳 없이 규칙적으로 이어지고 있는 것이다. 햇빛을 받으면 석회암으로 만들어진 성벽은 가로로 이어지는 진홍색의 로마식 벽돌 층들이 띠를 이루고 비슷하게 구부러진 화살 구멍들이 있는 찬란한 흰색의 외관을 연출한다. 사각형, 육각형, 팔각형에다 때로는 둥그런 망루들은 서로의 간격이 너무도 가까워, 어느 십자군 참가자가 말했듯이 "일곱 살짜리 아이가 한 포탑에서 다른 포탑으로 사과를 던져 줄 수 있는" 거리였다. 망루는 내성 꼭대기까지 층층이 죽 이어져 있고, 꼭대기에는 황제의 독수리 깃발이 바람에 자랑스레 펄럭이고 있었다.

— 로저 크롤리Roger Crowley, 『비잔티움 제국 최후의 날Constantinople: The Last Great Siege, 1453』

제1부 사람은 장벽을 쌓기 시작하고

만리장성이나 하드리아누스 장벽에 비하면 '장성'이라는 이름은 그리 어울리지 않는다. '겨우 6.5킬로미터' 남짓의, 한 나라나 대륙을 가르는 경계가 아닌 한 도시를 지키기 위한 성벽이니까. 그러나 삼중으로 쌓았기에 총길이는 20킬로미터로 늘어나고, 도시 주변을 빙 두르고 있는 부속 성벽까지 합치면 40킬로미터에 가깝다. 그리고 길이가 문제가 아니다. 천 년 동안 '난공불락'이라는 이름에 전혀 부끄럽지 않았던 성벽. 잊히거나 원망의 대상이 되기 일쑤였던 장성들과 달리 도시 주민들의 희망의 보루로 우뚝 서서, 한결같은 애정을 받으며 사람들을 지키고 또한 지켜졌던 성벽이 바로 콘스탄티노플의 테오도시우스 성벽이다.

삼중의 성벽, 시민의 염원으로 세워지다

동서양이 만나는 교차점, 흑해와 마르마라해 사이의 (지도로 볼 때는) 실낱같은 보스포루스 해협에 비잔티움이라는 도시가 세워진 때는 기원전 658년 즈음이라고 한다. 당시에는 작은 그리스 식민도시에 불과했으나, 헬레니즘 시대와 로마를 거치며 점점 동서 교역의 요충지로서 가치를 인정받았다. 이 도시를 거점으로 자신에게 저항하는 세력을 물리치고 비잔티움을 점령한 콘스탄티누스 대제는 324년부터 336년까지 도시를 뜯어고쳤다. 아예 새로 세우는 수준이었다. 그는 이 도시를 "새로운 로마"라 부르고 자신을 중심으로 새로 짠 제국 체제의 핵심으로 삼았다. 그리고 언제부턴지 그 이름은 자연스럽게 콘스탄티누스의 도시, 콘스탄티노플이라 불리게 되었다.

삼각형 모양의 반도에 세워진 콘스탄티노플은 4세기에는 '콘스탄티누스 성벽'이라 불린 2.8킬로미터 정도의 단출한 성벽으로만 보호되고 있었다. 두 면을 바다가 감싸고 있어서 육지로 연결되는 부분만 보호하면 되었던 것이다. 하지만 6세기쯤 되니 도시가 한껏 커져서 기존의 성벽 바깥으로 뻗어나가게 되었고, 동유럽과 아시아에서 침략자들이 출몰하면서 더 길고 더 튼튼한 성벽을 세워야 한다는 공감대가 모아졌다.

413년에 처음 이 성벽을 건설하기로 결정할 때의 동로마 황제는 테오도시우스 2세Theodosius II이며, 따라서 테오도시우스 성벽이라고 불리고 있으나 그는 당시 12세의 소년이었다. 중요한 결정을 내릴 입장이 아니었고, 실제 결정자는 정치 고문이던 플라비우스 안테미우스Flavius Anthemius라고 한다. 직접적 계기는 훈족이 서쪽으로 이동하고 있다는 첩보였다. 훈족에 대한 소문은 널리 퍼져 있었다. "그들은 마치 지옥에서 뛰쳐나온 듯한 흉포한 야만인들이다." "노인도 아녀자도 살려 두지 않는다." "말 위에서 먹고 자며, 바람처럼 달리면서 귀신처럼 화살을 쏘아 댄다." 콘스탄티노플 주민들은 이미 378년에 아드리아노플 전투에서 동로마군을 격파한 서고트족이 콘스탄티노플에 육박하고도 성벽(콘스탄티누스 성벽)을 돌파할 수가 없다 싶어 되돌아가는 모습을 보았기 때문에, 강화된 성벽만이 야만인들의 침략을 막는 유일한 방법이라 믿었던 것이다. 그리고 그 믿음은 대체로 옳았다.

성벽의 주재료는 흰색 석회암 돌덩어리였고, 부분 부분 붉은색 벽돌을 집어넣어 큰 충격을 받더라도 그 에너지가 벽 전체로 분산됨으로써 충격 받은 부분이 파괴되지 않도록 했다. 그래도 아직 이 '테오도시우스 성벽'은 삼중의 형태는 아니었다. 447년에 성벽 앞까지 들이닥친 훈족의 왕 아틸라Attila는 역시 '이건 어렵겠다' 싶어 공물만 받고 물러갔다. 그러나 아틸라는 얼마 뒤 더 큰 병력을 일으켜 다시 서방을 침공해, 콘스탄티노플에서 멀지 않은 트라키아까지 유린했다. 그런데 마침 일어난 대지진으로 성벽이 무너져 버렸다! 여기서 세계사에서도 보기 드문 장면이 벌어졌다.

제1부 사람은 장벽을 쌓기 시작하고

1만 6천 명의 콘스탄티노플 주민들이 한 덩어리가 되어 성벽을 다시 쌓기 시작했던 것이다! 그들은 공포에 사로잡혀 짐 싸들고 달아나지 않았다. 독재자의 서슬 퍼런 위협에 마지못해 공사 현장으로 내몰린 것도 아니었다. 그들은 '우리는 이 도시를 버리지 않겠다!', '이 도시에 살려면 성벽만이 답이다!'라는 확신에 차 있었다. 비단옷을 입은 귀족과 반쯤 벗어부친 하층민이 나란히 돌을 나르고, 모르타르를 발랐다. 여자도 노인도 어린아이도, 도시의 누구도 놀고 있지 않았다. 모조리 성벽에 달라붙어 자신이 할 수 있는 일을 했다. 정조가 비판적인 뜻에서 상상했던 만리장성의 건설 장면, "장정들은 영차 영차 장벽을 쌓아 올리고 / 힘이 약한 이들은 길을 가득 메우며 벽돌을 날랐네"가 머나먼 서양의 도시에서 그대로 실현되었던 것이다. 그것도 전혀 강제나 가혹함 없이, 국가 안보에 대한 시민들의 순수한 열정으로!

그렇게 기적은 일어났다. 형편없이 무너져 내렸던 성벽이 불과 두 달만에 복구된 것이다. 아니, 단순한 복구가 아니었다. 훨씬 복잡하고 입체적으로 재건되었다. 도시의 가장 바깥쪽에는 너비 20미터의 해자가 있었고, 해자를 건너면 2미터 정도 높이의 벽이 서 있어서 해자에 부교 같은 것을 걸치거나 해자를 아예 메우더라도 곧바로 돌격하기 어렵도록 했다. 이것이 제1장벽이다. 이를 넘어 10미터쯤 전진하면 '외성'이 나왔다. 8미터 정도 높이였고, 성벽 두께는 가장 두터운 지점이 5미터였다. '사과를 던져서 받을 만한 거리'를 두고 20미터 높이의 망루들이 촘촘히 솟아 있어서, 어렵사리 해자를 건넌 적들에게 집중 사격을 퍼붓게 되어 있었다. 어떻게 해서 이 외성을 돌파한다고 해도, 그들은 20미터 앞에 당당히 서 있는 더 높고 두터운 성벽과 마주쳐야 했다. 이 '내성'이 처음 안테미우스가 지은 테오도시우스 성벽이었으며, 역시 망루들이 줄지어 있었는데 외성의 망루 사이사이에 해당되는 지점마다 세워짐으로써 외성을 돌파하려는 적을 공격할 수

테오도시우스 성벽이 건설된 시기의
동로마 황제인 테오도시우스 2세

테오도시우스 성벽의 구조

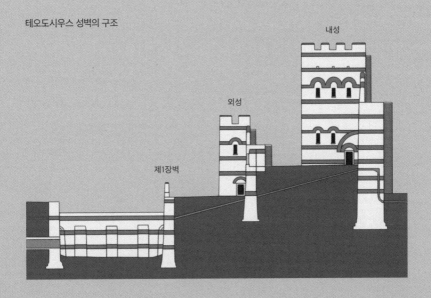

내성

외성

제1장벽

도, 돌파해 온 적을 노릴 수도 있었다. 외성과 내성 사이의 공간에도 병사들이 배치되어 힘들게 벽을 넘어온 적들에게 달려들게 되어 있었다.

그러므로 삼중의 성벽이라지만 적들은 모두 다섯 고비를 넘어야만 성벽을 최종 돌파해 콘스탄티노플 안으로 침입할 수 있었다. 첫째, 물이 가득 찬 해자를 건넌다. 둘째, 해자 반대편에 솟아난 제1장벽을 넘는다. 셋째, 망루에서 쏟아지는 화살 세례를 견디며 제2장벽(외성)을 넘는다. 넷째, 외성과 내성 사이의 공간에서 기다리던 수비병들과 싸운다. 다섯째, 제3장벽을 넘는다. 만약 침입자들이 성벽 사이를 지키던 수비병들을 남김없이 학살했을 때는 내성에서 '그리스의 불'이라 불리던 일종의 화염방사기를 발사해, 성벽 사이의 공간을 빠져나갈 데 없는 불바다로 만들어 버리게 되어 있었다.

누가 이렇게 복합적이고 철두철미한 방어선을 돌파할 수 있을까? 아틸라는 성벽의 이야기만 들어도 질렸던지 가까이 와 보지도 않고 말머리를 돌렸다. 559년에는 훈족의 지파로 알려진 쿠트리구르족이 처음으로 성벽에 도전했으나 아무런 성과를 얻지 못하고 물러갔다. 발칸반도 위쪽을 점령한 아바르족은 592년, 619년, 626년 세 차례에 걸쳐 테오도시우스 성벽에 도전했으나 모두 실패했다. 626년에는 사산조 페르시아와 연합 공격을 펼쳐, 페르시아인들은 아시아 쪽에서, 아바르는 유럽 쪽에서 맹공을 퍼부었으나 끝내 포기하지 않을 수 없었다. 이 실패를 계기로 한때 유럽과 아시아에 걸쳐 대제국을 건설했던 아바르족은 쇠퇴일로를 걷게 된다.

811년에는 불가르족이 침공해 왔다. 중앙아시아에서 오늘날 우크라이나에 해당하는 흑해 북부를 거쳐 동유럽, 지금의 불가리아 땅으로 넘어온 이들은 아바르족이 융성할 때는 그들에게 예속되어 있었으나 아바르가 무너지자 새로운 패자에 도전한 것이다. 그들을 맞아 싸우러 나온 동로마 황제 니케포로스Nikephoros의 군대를 무찌르고 니케포로스의 두개 골로 술잔을 만드는 등 한껏 기세를 올린 불가르족. 그러나 4세기에 발렌스Valens 황제를 패배시킨 서고트가 콘스탄티노플은 범하지 못했듯, 불가르족도 우두머리와 주력군을 잃은 동로마의 수도를 깨트리지 못했다. 불가르의 크룸Krum 칸은 테오도시우스 성벽 앞에서 인신공양까지 하며 기술에서 미신까지 온갖 수단을 동원했으나, 삼중의 성벽, 오중의 장애물을 극복하지 못하고 물러가야 했다. 그의 뒤를 이은 시메온Simeon 칸도 10세기 초에 네 차례의 원정군을 보냈으나 모두 테오도시우스 성벽에 막혀 실패했다. 러시아를 이룩하게 될 루스족도 9세기 말과 10세기 초에 모두 네 차례 쳐들어왔다가, 네 차례 다 퇴각해야 했다.

아무리 강력한 성벽이라도 이처럼 자신만만한 침략자들을 매번 좌절시킬 수 있었던 까닭은, 먼저 '자연의 장벽'이 콘스탄티노플의 나머지를 보호하고 있었기 때문이다. 삼각형 모양의 도시 아래쪽은 마르마라해에 닿아 있는데, 이쪽은 물살이 워낙 급하고 때도 없이 폭풍우가 치기 때문에 이쪽으로 상륙하기란 차라리 삼중의 성벽이 나아 보일 정도였다. 그리고 천신만고 끝에 상륙한다 해도, 곧바로 해안선을 따라 설치된 성벽에 마주쳤다. 해안 성벽은 테오도시우스 성벽처럼 겹겹의 구조는 아니었으나 이미 침략군이라기보다 피난민 수준이 되어 허우적거리고 있는 적들을 요리하기에는 차고 넘쳤다. 삼각형의 윗변을 보면, 보스포루스 해협으로 진입하기 직전 다시 발칸반도 쪽으로 좁은 물길이 나 있는데, 이를 금각(크리소케라스, 즉 황금의 뿔)만이라고 불렀다. 콘스탄티노플인들은 금각만 어귀의 반대쪽 곶에 갈라타라고 하는 작은 요새 도시를 구축하고, 적의 해군이 가까이 오면 금각만을 가로질러 쇠사슬을 쳐서 만을 봉쇄해 버렸다. 이 쇠사슬 역시 바다로 침입하는 적들을 막기에는 절대적으로 효과적인 방벽이었으며, 단 한 차례를 제외하고는 적들의 손으로 쇠사

제1부 사람은 장벽을 쌓기 시작하고

슬이 뚫린 일이 없었다.

이렇다 보니 미사일도, 공수부대도, 철갑 전함도 없던 시대에는 삼
각형의 남은 한 변, 육지 쪽의 도시 가장자리에 우뚝 서 있는 테오도시우
스 성벽을 죽어라고 두들길 수밖에 없었다. 그리고 그때마다 성벽은 버
텨 냈다. 그런 놀라운 힘은 성벽이 끊임없는 보살핌을 받았기에 가능했
다. 도시 주민들의 단합된 힘은 처음 성벽을 쌓을 때만 발휘되지 않았다.
주민 전원이 성벽 보수 공사에 참여할 의무를 지고, 군소리 없이 이행했
다. 시의 재정이 아무리 좋지 않아도 성벽 유지 보수 경비는 어김없이 지
출되었다. 전투가 벌어지면 너도나도 생업을 내던지고 성벽으로 모여들
어 싸우거나, 무기를 나르거나, 공격으로 무너진 벽을 다시 쌓거나, 부상
자를 돌봤다. 사제단도 그리스정교인들이 떠받드는 성상(이콘)을 받쳐
들고 성벽 주위를 돌며 소리 높이 기도함으로써 '참전'했다. 날라든 돌이
나 화살에 몇몇 사제가 쓰러져도 걸음을 멈추지 않았다. 비잔티움인들은
신분제와 남녀 차별을 믿어 의심치 않았던 전근대 사람들이었고, 계산적
이라거나 교활하다는 식의 나쁜 평판도 들었다. 그러나 내 나라, 내 고향
을 지키겠다는 의지와 열정만은 그 어떤 근대국가의 시민들보다 높았던
것이다.

위대한 방패를 겨눈 위대한 창

그러나 위대한 방패가 있다면 세상의 어딘가에는 위대한 창이 있기 마련
이다. 그런 창이란 단지 숫자만 많은 게 아니라 조직과 규율을 갖추고 있
어야 했고, 우수한 공성 장비와 전술을 익히고 있어야 했고, 시민들의 공
화주의적인 열정에 맞서고 남을 신앙심(또는 광기)과 탐욕의 열정에 불

타고 있어야 했다.

그런 창의 첫 후보자는 7세기에 테오도시우스 성벽 앞에 모습을 드러냈다. 온 땅과 바다를 뒤덮은 터번의 무리, 그들이 치켜든 반달 모양의 칼! 신의 부름을 받았다는 무함마드Muhammad가 박해에 쫓겨 메카에서 메디나로 이주했다는 622년의 헤지라를 출발점으로 삼는 이슬람교는 불과 반세기 만에 동로마와 사산조 페르시아라는 중동의 두 패자를 모두 물리치고 (그들 사이의 오랜 패권 다툼으로 어부지리를 얻은 덕이기도 했지만) 세계에서 가장 오랜 문명의 발상지를 장악했다. 그리고 이제는 아나톨리아반도와 발칸반도의 일부로 오그라든 동로마의 숨통을 끊고, 세계를 이슬람화하기 위해 콘스탄티노플로 쇄도했던 것이다.

이슬람의 첫 콘스탄티노플 공세는 674년, 우마이야 왕조의 창시자 무아위야Muawiyah가 끌고 온 대군이 시작했다. 그들은 수륙 양면으로 이 도시를 에워싸고 압박해 들어왔으며, 특히 1천 척이나 되는 해군력이 돋보였다. 무아위야는 다마스쿠스 총독을 지낼 때부터 "우리 무슬림에게 결여된 힘은 바로 바다를 지배하는 힘"이라 여겨 해군을 창설한 다음 몇 차례의 해전에서 승리를 직접 이끌었다. 그 여세를 몰아 656년에 콘스탄티노플 포위전에 들어갔다가 정세의 변화(칼리프 우스만Uthman의 암살)로 중도 후퇴한 적도 있다. 그 뒤로도 그는 열심히 해군력을 키워 왔다. 이제 아미르 알 무미닌('신도들의 지도자', 칼리프의 별칭)이 된 그는 해군력을 비롯한 신생 제국의 전력을 콘스탄티노플 공략에 쏟아 붓고 있었다. 그에게 콘스탄티노플 점령-동로마 정복은 단지 영토 확장 이상의 의미였기 때문이다. 개인적으로 불멸의 업적이고, 종교적으로 땅끝까지 이슬람의 세계를 확대하라는 가르침의 실현이며, 국가적으로 로마제국의 영광을 이어받는다는 의미였기 때문이다.

그러나 바다 쪽을 들이치면 테오도시우스 성벽을 지키는 전력이 약해져서 격파할 수 있을 것이라는 무아위야의 계산은 좀처럼 들어맞지 않았다. 게다가 그리스의 선단은 아랍군에 비하면 형편없는 소수였으나, '그리스의 불'로 무장하고 있었다. 바람의 방향이 들어맞기만 하면 어김없이 뿜어대는 불길에 무슬림 선단은 맥을 못 추고 당했다. 679년, 결국 무아위야는 5년 동안의 공성전을 포기하고 물러났다. 태어나서 노린 것을 단 한 번도 놓친 적이 없는 승승장구의 삶을 살아 온 그였지만, 아니 그랬기에, 이 실패가 준 충격에서 헤어나지 못한 채로 병이 깊어져 1년 만에 세상을 떠난다.

그리고 38년 만인 717년, 이슬람제국은 두 번째 창을 콘스탄티노플에 겨눈다. 이번 총사령관은 우마이야 왕조 제7대 칼리프 술레이만 Sulayman. 피비린내 나는 대숙청으로 정권의 기반을 다진 그는 무아위야 이상으로 콘스탄티노플을 욕심냈다.

콘스탄티노플은 예언자의 이름을 가진 왕자의 손으로 정복되리라.

첫 번째 해안 성벽이 무너져 내리고, 다음으로 두 번째 해안 성벽이 무너지리라, 마지막으로 육지 쪽 성벽이 무너지면, 믿는 자들은 기뻐하며 그 성으로 들어가리라.

무함마드의 하디스(언행록) 곳곳에 나타나는 콘스탄티노플에 대한 언급이다. 술레이만은 그 언급이 진실이라고 믿어 의심치 않았다. 그리고 스스로야말로 예언자(술레이만-솔로몬)의 이름을 가진 왕자이며, 세 갈래의 성벽을 끝내 무너뜨리고 수백 년 동안 그 누구도 이루지 못했던 정복을 달성할 운명을 타고났다고 자신했다. 그래서 "저 도시를 손에 넣을 때까지 멈추지 않으리라!"고 선언하고, 무아위야보다 훨씬 많은 대군(12만

내지 20만)으로 콘스탄티노플을 겨누었다. 해군 선박만 해도 1,800척으로, 무아위야가 동원한 선박보다 거의 두 배에 달하는 대규모였다. 또한 최신의 공성포를 동원하고, 카이사르의 본을 받으려는지 콘스탄티노플로 가는 육지 쪽에 자체의 장벽을 쌓아 올렸다! 그렇게 외부 세력의 개입을 차단한 다음 자신들의 성벽과 콘스탄티누스 성벽 사이에 진을 치고 매일 맹공을 퍼부었다.

그러나 폭풍과 그리스의 불 때문에 계획했던 해상 봉쇄가 실패하고, 테오도시우스 성벽 역시 신식 공성기로 아무리 두들겨 봐도 끄떡없었다. 이렇다 보니 여름에 시작된 공세가 겨울까지 이어졌고, 거기에 청천벽력 같은 소식이 포위군에게 알려졌다. 밤낮으로 아직 성벽이 무너지지 않았느냐고 묻던 칼리프 술레이만이 병으로 죽었다는 것이다. 그래도 칼리프의 아우이자 총사령관인 마슬라마Maslama는 포위를 풀지 않고 버텼지만, 그해 겨울은 유난히 혹독했다. 동상 환자가 속출했고, 식량도 바닥나서 군마를 잡아먹을 정도가 되고(동료의 시신을 먹는 일까지 있었다고 한다), 한겨울에 영양 상태가 나쁘다 보니 전염병이 돌았다.

이렇게 기진맥진이 된 상황에서, 동로마의 사주를 받은 불가르족이 그들의 배후를 치고 들어오니 원정군은 더 이상 버틸 수가 없었다. 이렇게 테오도시우스 성벽은 다시 한 번 그 진가를 드러내며 도시를 구했다. 이슬람 세력은 콘스탄티노플에서 도망친 토마스Thomas라는 반역자를 앞세워 821년에 다시 동로마를 침공했으나 이번에도 성벽은 침입을 허락하지 않았다. 기가 질린 이슬람은 15세기에 오스만제국이 나타날 때까지 수백 년 동안 콘스탄티노플을 넘보지 않게 된다.

그런데 1047년, 이 난공불락의 신화에 뜻밖의 위기가 스치고 지나간다. 토마스처럼 동로마 조정에 있다가 반역한 레오 토르니키오스Leo Tornikios라는 자가 휘하의 지역 군대를 이끌고 수도로 쳐들어왔다. 황제의 친인척이던 그는 정쟁 중에 숙청될 위기에 처하자 황제를 자처하고는 선제공격에 나선 것이다. 그런데 그를 맞아 싸우러 나갔던 병력이 여지없이 패배하자, 당황한 성벽 수비대가 자리를 이탈해 도망쳐 버렸다! 토르니키오스가 여세를 몰아 재빨리 들이쳤다면 사상 최초로 테오도시우스 성벽을 돌파한 지휘관으로 역사에 남을 뻔했다. 그러나 어떤 이유에서인지 그는 주저했으며, 콘스탄티누스 9세 황제는 재빨리 혼란을 수습하고 수비대를 재배치했다. 반군은 그 뒤 며칠 동안 두 차례 성벽 돌파를 시도했으나 소용없자, 서쪽으로 달아나 버렸다.

십자가가 십자가를 유린하다

그리고 진짜 위기는 대략 200년 뒤, 13세기 초에 닥친다. 이번에는 북쪽이나 동쪽이 아니라 서쪽에서, 같은 기독교인들이 몰고 온 위기였다. 1202년, 이집트를 공략하여 성지로 가는 교두보를 마련한다는 목표로 제4차 십자군이 출범했다. 그러나 목적지까지 항해할 수단과 비용이 없어서 곤란해하던 중, 베네치아에서 '먼저 헝가리에 빼앗긴 베네치아령 자다르시를 되찾아 준다면 이집트까지 실어 주겠다'는 제안을 해 왔고, 십자군의 승낙으로 배가 떠나게 된다. 그런데 베네치아의 지도자 엔리코 단돌로Enrico Dandolo는 이집트와 밀약을 맺고, 십자군을 이집트가 아니라 베네치아의 무역 라이벌이던 동로마로 보내기로 작정한 상태였다. 그는 동로마 황제 계승권 분쟁에서 패배해 망명 중이던 알렉시우스Alexius를 내세우며 '먼저 콘스탄티노플에 들러서 그가 정당한 황권을 찾을 수 있도록 도와주면 큰 보상을 받을 수 있다'고, 자다르를 빼앗고 나서 이집트행을 요구하던 십자군을 설득했다.

1203년 7월, 200척의 배와 약 3만의 병력으로 콘스탄티노플에 도착한 십자군은 먼저 '알렉시우스를 옥좌에 앉히면 유혈사태는 일어나지 않을 것'이라고 통보했다. 당연하게도 아무 회답이 없자, 이슬람 원정군처럼 수륙 양면에서 공략을 시작했다. 그들은 금각만의 대안에 있는 갈라타 요새를 공략해 점령하고, 만 입구를 가로막고 있던 쇠사슬을 파괴해 버렸다. 금각만이 열리자 쇠사슬을 믿고 비교적 허술하게 수비하던 북쪽 해안 성벽이 곧바로 유린되었으며, 콘스탄티노플은 콘스탄티누스 대제에 의해 새로 태어난 지 860여년 만에 함락되고 말았다.

　　그래도 테오도시우스 성벽의 신화는 유지되었다. 육지 쪽에서 공격하던 십자군들은 여지없이 실패했기 때문이다. 하지만 해안 장벽이 무너지고 적들이 도시에 침입했다는 소식에 놀라 자빠진 당시의 황제(알렉시우스 3세)는 도시를 빠져나가 달아나 버렸고, 그 사실이 알려지자 시민들은 테오도시우스 성벽의 문을 열고 십자군이 입성하게 해 주었다. 그리하여 십자군 편에 섰던 알렉시우스(알렉시우스 4세)와 유폐되어 있던 그의 부왕, 이사키우스 2세Isaakios II를 공동 황제로 세우고 실권은 단돌로가 휘두르는 체제가 이루어졌다.

　　그러나 공동 황제들은 이어지는 권력 다툼 속에 숙청되고, 새로 알렉시우스 5세가 등극했으나 십자군에게 약속되었던 보상은 재정난을 이유로 계속 지켜지지 않았다. 분노한 단돌로와 십자군은 다시 한 번 무기를 들었고, 또다시 북쪽 해안을 공략했다. 이번에는 콘스탄티노플에서도 준비를 단단히 했으므로 해안 성벽은 좀처럼 함락되지 않았다. 그러나 돌연한 광풍으로, 십자군의 배들이 성벽 아래로 마치 돌진하듯 떠밀려갔다. 이 기회를 놓치지 않고 일제히 배에서 뛰어내린 십자군이 성벽 일부에 집중 공격을 퍼부으면서 해안 성벽은 다시 한 번 뚫렸다. 이번에는 잔혹한 학살과 약탈이 뒤따랐다. 십자군은 아예 본래의 목적을 포기하고 콘스탄티노플에 눌러앉아 '라틴제국'을 세웠으며, 베네치아는 이 제국의 후원자로서 콘스탄티노플의 막대한 부와 화려한 조각, 장식품 등을 사정없이 갈취해 갔다. 지금 베네치아시 중심의 산마르코 성당의 내부는 온통 금박으로 휘황찬란한데, 대부분 동로마에서 빼앗아 온 황금을 입힌 것이다. 성당 밖에 세워져 있는 네 마리의 청동 말도 본래는 콘스탄티노플 시가를 굽어보던, 동로마의 상징과 같은 것이었다.

동로마의 잔여 세력이 세운 니케아제국이 이슬람, 불가리아 등과 협력하며 계속해서 라틴제국을 압박했고, 그 과정에서 두 차례, 1235년과 1260년에 콘스탄티노플을 포위했으나 역시 테오도시우스 성벽에 막혀 실패했다. 그러나 끝내 1261년, 성벽 수비대의 근무가 해이한 틈을 타 잘 알려져 있지 않던 비밀 통로를 활용해 소수의 니케아군이 도시 안으로 침투하는 데 성공했다. 이들이 성문을 엶으로써 라틴제국은 57년의 짧은 역사를 마감하고, 콘스탄티노플을 수도로 하는 동로마가 부활한다. 하지만 이 도시가 누리던 번영은 이미 많이 퇴색된 상태였다(그전까지는 100만 이상을 유지하던 인구가 이후에는 60만을 넘지 않았다). 콘스탄티노플의 함락과 탈환까지의 과정은 그 도시의 주민들에게 몇 가지 교훈을 주었다. 첫째, 해안 쪽의 수비를 강화하지 않으면 자연의 장벽과 테오도시우스 성벽만 믿는다고 안전하지 않다. 둘째, 정치적 내분은 재앙의 근원이다. 셋째, 같은 기독교 국가라고 믿지 말라. 넷째, 적에게 점령당하면 모든 것을 잃어버릴 수 있다.

그러나 앞으로의 세월에서 그런 교훈들이 반드시 기억되지는 않았다. 그리고 전에 없는 위력을 가진 또 하나의 창이, 동쪽에서 다가오고 있었다. 오스만 투르크였다.

최후, 최강의 도전자가 오다

1296년 아나톨리아반도의 투르크족을 규합하여 오스만 투르크를 세운 오스만 1세Osman I는 그의 당대에 아나톨리아반도를 온통 차지했으며, '동진하여 중앙아시아의 투르크족까지 합치느냐, 서진하여 동로마와 대결하느냐'라는 선택에서 후자를 택했다. 그리하여 자신이 세운 나라가 내내 유럽과 아시아에 걸쳐 할거하며 기독교 제국들과 대결하는 역사에 첫발을 디딘 것이다.

따라서 오스만 투르크에게 콘스탄티노플 점령이란 처음부터 중대한 전략 목표요, 국가적 숙원이었다. 14세기 말 바예지드 1세Bayezid I는 아나톨리아를 넘어 발칸반도의 불가리아-루마니아 지역까지 정복하고 동로마의 영토를 한껏 고립시킨 상태에서, 이름만 남아 있던 아바스 칼리프에게서 '술탄' 호칭을 정식으로 받은 다음, 바야흐로 콘스탄티노플을 손에 넣기 위해 원정군을 출동시켰다. 그러나 뜻밖의 사태가 비잔티움의 기독교도들을 구했다. 1402년, 앙카라 전투에서 바예지드가 '한 수 위의 정복자' 티무르Timur에게 패전하고 티무르의 포로가 됨으로써 자연스레 포위가 풀려 버렸던 것이다.

바예지드가 포로가 된 다음 오스만 술탄 자리가 공석이 되자 그의 세 아들 사이에 아귀다툼이 벌어졌다. 동로마는 이런 권력 투쟁에 개입하여 장차 스스로의 안전을 꾀하려 했는데, 그 과정에서 역효과가 나 동로마가 후원한 후보자를 쫓는 길에 콘스탄티노플마저 응징하고자 한때 포위전이 전개되기도 했다. 이는 오스만의 권력 구조가 안정되면서 풀렸지만, 그 뒤 오스만 술탄들은 더더욱 '제국의 안정을 위해서는 동로마를 그대로 놔둬서는 안 된다'는 생각을 굳히게 되었다.

그리하여 1422년, 무라드 2세Murad II는 자신을 외교적으로 냉대하는

　　　　　　　　　　　제1부 사람은 장벽을 쌓기 시작하고

동로마를 전력으로 없애 버리기로 결정하고, 콘스탄티노플로 대군을 몰고 쳐들어갔다. 그는 처음으로 테오도시우스 성벽 공략에 대포를 사용했고, 또한 '삼중 성벽이 입체적으로 공격군을 요격할 수 있다고? 그러면 더 높은 성벽을 세우면 되지 않느냐!'며 테오도시우스 성벽을 마주보고 20미터의 망루들보다 더 높은 성벽을 세우도록 명령했다. 마치 당태종이 안시성보다 높은 토산을 세워 위에서 아래로 공격하려 했듯이!

그러나 그것은 오산이었다. 두 성벽에서 서로를 쏴대면 당연히 높은 곳에 있는 쪽이 유리하다. 그러나 문제는 활쏘기 시합이 아니라 적의 성벽을 돌파하는 것이다. 투르크의 맹렬한 사격에 테오도시우스 성벽의 수비병들이 엄폐를 풀지 못해 잠잠하다고 하자. 그 틈에 돌격대가 삼중 성벽으로 달려든다 해도, 어차피 수비병들의 요격이 없어도 빠르게 넘을 수 없는 성벽이다. 꾸물거리는 틈에 수비병들이 다시 나타나 요격하면? 그때 다시 투르크 성벽에서 활을 쏜댔자, 돌격 중인 자기네 병사들까지 맞게 된다. 결국 성벽을 돌파하려면 무너뜨려야지, 더 높은 성벽을 세운다고 해결될 문제가 아니었던 것이다. 게다가 안시성에서 실제로 그랬듯, 자칫 동로마군이 성벽을 열고 나와서 투르크 성벽을 점령해 버리면 공략은 더 어려워질 터였다.

결국 외교적으로 포위전은 매듭지어졌다. 동로마의 마누엘 2세 Manuel II와 공동 황제인 그의 아들 요한네스 8세Johannes VIII가 무라드 2세와 협정을 맺고, 휴전하기로 한 것이었다. 그 배경에는 동로마 외교의 하나의 성공과 하나의 실패가 있었다. 성공은 다시 한 번 오스만 궁정 내부에 개입해 무라드 2세에 반대하는 움직임이 일어나도록 하여 술탄이 오래 원정을 끌 수 없도록 획책한 것이고, 실패는 마누엘 2세가 몸소 유럽을 돌며 원군을 보내 달라고 호소했으나 호응을 얻지 못한 것이다. 그리고 협정 결과 동로마는 오스만에 정기적으로 세폐를 바치기로 했으며, 동로마 황제는 형식적일망정 술탄의 신하로 종속되어 중요한 국사는 일단 술탄에게 보고하고 허락을 받아야 하는 입장이 되었다. 그런 치욕도 문제였지만, 이슬람교의 개념에서 '휴전'이란 그야말로 잠시 전투를 쉬는 것일 뿐, 언제라도 예고 없이 전투를 벌여도 되는 상태였기에 동로마인들은 불안을 거두기 어려웠다.

유서 깊은 로마제국의 황제가 '듣도 보도 못한 동방의 야만족 추장'의 신하가 되면서까지 명맥을 이어야 했던 당시 동로마는 그야말로 쇠퇴 일로였다. 유럽과 아시아의 양쪽에서 들어오는 침략에 천 년 넘도록 시달리고, 무역의 역량도 이탈리아 도시들에 많이 빼앗겨 과거의 힘과 부유함은 찾아볼 수 없었다. 이제 그 영토는 콘스탄티노플 일대와 테살로니카, 그리고 펠로폰네소스반도의 일부에 불과했다. 나라가 가난하다 보니 황제도 비단옷을 입지 못했고, 왕관과 예복에 달린 반짝이는 장식은 보석이 아니라 유리 세공품이었다. 진짜 보석은 옛날에 군자금으로 팔아버린 것이다.

그래도 지도를 놓고 보면 지우개로 한 번 쓱 하면 사라져 버릴 것 같은 이 나라는 아직도 버티고 있었다. 테오도시우스 성벽은 여전히 굳건했다. 위기의식이 깊어질수록 비잔티움인들이 성벽에 보내는 신뢰는, 그리고 기적을 바라는 신앙심은 더욱 커져 갔다. 포위전이 한창이던 때, 동로마 병사들은 테오도시우스 성벽 위에 떠오른 성모자의 환영을 보았다. 모두 환성을 지르고, 기도문을 외우고, 울음을 터뜨렸다. 그리고 이 '명백한 승리의 신호'에 힘입어 다시금 용감하게 침략자들과 싸웠다. 그런데 이 환영은 투르크 쪽에서도 목격되었다고 한다. '그냥 평범한 아낙네'가 성벽 위에 올라서 있는 모습이었지만 말이다. 아마도 병사들의 신앙심을 자극해서 사기를 높이려 한 누군가의 연출이 아니었을까.

무라드 2세는 콘스탄티노플을 하루라도 빨리 재공격하고 싶었으나,

이미 발칸반도에 깊숙이 들어가 있던 그의 정복 사업에 맞서는 유럽 국가들부터 상대해야 했다. 민족 영웅 야노스 후냐디János Hunyadi가 이끄는 헝가리, 베네치아, 신성로마제국, 폴란드 등은 때로는 단독으로, 때로는 연합해서 술탄과 싸웠으며 번번이 오스만군에 패배해 물러났다. 이 과정에서 무라드 2세는 테살로니카를 손에 넣어 동로마의 영토를 다시금 좁혔지만, 유럽에 하도 오래 나가 있게 됨에 따라 아들 메흐메드Mehmed에게 술탄 지위를 물려주었다가(메흐메드 2세), 정치가 불안해지자 다시 돌아와 제위를 되찾는 등 우여곡절을 겪었다.

따라서 그가 1451년에 죽고, 이미 리더십에 문제점을 보인 메흐메드 2세가 겨우 19세의 나이로 다시 즉위하자 비잔티움인들은 안도의 한숨을 쉬었다. 무능한 신출내기가 권좌에 앉았으니 당분간 침략은 없으리라, 있더라도 가볍게 물리칠 수 있으리라 보았던 것이다.

그러나 그것은 큰 오산이었다. 메흐메드는 어릴 때부터 콘스탄티노플을 정복한다는 꿈을 꾸며 살아 왔다. 스스로 도시의 지도를 그리며 공략법을 연구하고, 역사책을 뒤지며 이전의 침략자들이 실패한 원인을 분석하기도 했다. 우연히 예언자의 이름과 같았던(메흐메드-무함마드) 그는 술레이만이 아니라 자신이야말로 무함마드의 예언을 실현할 운명의 왕자라고 믿었을 만도 하다. 게다가 그는 집권 과정에서 불명예스러운 모습을 보였으므로, 뭔가 위업을 쌓아서 스스로의 입지를 굳힐 필요마저 있었다.

그럼에도 그는 처음 옥좌에 올라 동로마의 축하 사절을 맞이했을 때 아주 부드럽게 그들을 대했다. "귀국 황제, 콘스탄티누스와 영구한 평화를 유지하기를 바라오"라며. 하지만 웃음 속의 날선 칼이랄까, 뭔가 빌미를 잡아 공격에 나설 때까지 기회를 엿볼 따름이었는데 동로마는 어리석게도 얼마 안 있어 그 빌미를 주고 만다. 메흐메드 2세의 숙부인 오르한Orhan 왕자가 황권 다툼으로 망명해 콘스탄티노플에 의탁하고 있었는데, 술탄은 그의 체재비 명목으로 동로마의 세폐를 얼마간 경감해 주고 있었다. 그 경감분을 증액하든지, 오르한을 데리고 가든지 하라는 통보를 메흐메드에게 한 것이다. 동로마의 콘스탄티누스 11세는 이로써 술탄의 궁정 내에 내분을 일으키려 했지만, 메흐메드로서는 이보다 더 좋은 전쟁의 빌미란 없었다. 통보를 묵살해 버린 그는 1451년 말부터 전쟁 준비에 들어갔다. 당황한 콘스탄티누스는 사태를 수습해 보려 하고, 유럽 국가들에게 도움도 요청했지만 모두 별 소용이 없었다.

1452년 초, 메흐메드는 '건설'부터 지시했다. 콘스탄티노플 가까이, 보스포루스 해협 어귀에 루멜리 히샤르라 불리게 될 요새를 지으라는 것이었다. 이는 해협을 봉쇄해 흑해 쪽에서 동로마를 도울 배들이 들어오지 못하게 하려는 의도였다. 얼마 남지 않은 트라키아의 동로마 도시들도 점령해 수도를 돕지 못하도록 했다.

그리고 예산을 아낌없이 쓰면서 대포와 배를 잔뜩 만들었다. 선대의 경험을 숙지한 그는 테오도시우스 성벽이 아무리 난공불락이라지만 결국 그 성벽을 돌파하지 못하면 아무리 포위전을 벌인대도 소용이 없고, 성벽을 돌파하려면 강력한 포격으로 성벽에 구멍을 내는 게 최선이라고 깨달았다. 그는 오르반Orban이라는 헝가리의 천재 대포 기술자를 막 확보했는데, 사실 그는 먼저 콘스탄티노플에 갔었지만 그를 고용할 예산이 없음을 알고 투르크로 온 것이었다. 하지만 앞날을 생각했더라면 동로마에서 그를 놓쳐서는 안 되었다.

오르반은 포신이 8미터, 구경이 75센티미터라 사람이 들어갈 수도 있을 만한 초대형 대포를 제작했다. 당시의 대포란 작열탄이 아니라 돌덩어리를 날리는 것이었지만, 이 대포로 500킬로그램이 넘는 돌덩이를 쏘면 2킬로미터나 날아갔고, 그 파괴력은 웬만한 성벽이면 종잇장처럼 부술 정도였다. 워낙 힘든 작업이었기에 그런 대포를 더 많이 만들지는 못했지만, 그래도 보통의 대포에 비하면 거인급인 대포들이 속속 제작되었다.

또한 사상 최강의 선단을 건조했다. 이로써 해안 성벽을 돌파하기란 무리라 해도, 바닷길을 봉쇄하면서 수비 쪽의 전력을 꾸준히 소모시킬 참이었다. 이렇게 대포, 함선을 비롯한 전쟁 도구들을 마련하고, 병력을 모으고, 서방 국가들에게 '개입하지 않으면 보답하겠다'는 식의 외교전을 벌이느라 대략 1년이 지났으며, 1453년 3월에 비로소 공격이 시작되었다.

술탄의 병력은 기록마다 제각각인데, 40만이라는 말까지 있지만 전투원만 볼 때 10만을 좀 넘었던 듯하다. 대포는 69문이었고, 130척 이상의 함대가 있었다. 이에 맞서는 콘스탄티노플의 전력은 초라하기 짝이 없었다. 긁어모은 병력은 고작 8천. 이 정도로는 아무리 애써도 성벽에 맞는 수비 병력을 확보할 수가 없었다. 그래서 테오도시우스 성벽의 수비에 집중하기로 했다. 해안 성벽도 보강 공사를 마쳤고 금각만의 쇠사슬은 십자군 때보다 더 튼튼한 것으로 만들어 두었으므로 파괴 위험은 적었으나, 쇠사슬의 한쪽 끝을 담당하는 갈라타 요새가 이제는 제노바의 식민지라는 게 걸렸다. 제노바는 기본적으로 동로마와 투르크 사이에 양다리를 걸치고 있었으나, 콘스탄티노플이 함락될 경우 제노바가 책임을 뒤집어쓸 수 있고 갈라타마저 넘어갈 수도 있었으므로 일단 금각만 방어에 협조하는 입장을 취하도록 갈라타에 지시가 내려졌다.

게다가 도시는 분열되어 있었다. 본래 신학 교리를 놓고 말싸움이 잦았던 이 도시는 '서쪽 유럽의 원조를 끌어내려면 동방정교의 순수성을 포기하고 로마 가톨릭과 통합해야 한다'는 목소리가 나오고, 콘스탄티누스 11세도 그에 동조하자 반대파들의 항의로 온통 시끄러워졌다. 끝내 황제와 통합파가 하기아 소피아 대성당에서 교회 통합을 공식화하자 반대파들은 소피아 대성당 예배를 보이콧함으로써 저항의 뜻을 보였다. 테오도시우스 성벽과 함께 비잔티움 천 년을 지켜 온 대성당이 도시민의 다수에게 외면받고 만 것이다. 그렇게까지 했음에도 정작 학수고대한 서방의 원군은 오지 않았기에 이 분열은 더욱 뼈아팠다.

그러나 8천의 병력 가운데는 비동로마인들도 있었다. 비록 콘스탄티누스 11세의 호소에 부응하는 공식 원군은 없었으나, 콘스탄티노플에 거주하던 베네치아인들은 본국의 입장과 상관없이 도시에 남아 싸우기로 했다. 또 제노바 출신으로 명장이라는 명성이 있던 조반니 주스티니아니Giovanni Giustiniani도 700명의 병사와 함께 가세했다. 역시 사적인 참전이었다. 방어전의 귀재라 여겨지던 주스티니아니에게는 테오도시우스 성벽 중심으로 육지 공세를 막는 총책임이 주어졌다. 이 밖에 멀리 에스파냐에서 달려온 자원병들, 일부 투르크 출신 전투원들도 있었다.

다국적이라는 성격은 투르크 진영이 더했다. 1만 2천에 달하는 최정예 부대, 예니체리는 근본적으로 기독교 국가에서 거둔 고아들로 양성한 군대였다. 그 밖에도 이제 막 정복한 지역의 병사들도 많았고, 그들 가운데는 이슬람 군대의 일원으로 기독교 도시를 공격하는 일이 내키지 않는 사람도 적지 않았다. 그래서 포위전 내내 투르크군의 정보가 은밀히 성내에 전해지는 경우가 이어졌고, 반대로 양다리를 걸치던 갈라타의 제노바인들이 성내의 정보를 술탄에게 흘리기도 했다.

술탄의 대포가 불을 뿜기 시작했고, 평범한 대포와는 달리 성벽을 부술 수 있음이 드러나자 콘스탄티노플의 수비병들은 경악했다. 그래도 역시 테오도시우스 성벽인지라 한 발 맞고 바로 무너져 내리지는 않았는데, 술탄 쪽은 이를 해결하기 위해 대소 대포들을 조합한 사격술을 이용했다. 작은 대포들이 한 지점을 빙 둘러가며 사격하면, 대형 대포가 그 가운데를 명중시킨다. 그러면 큰 구멍이 떡하니 뚫릴 수밖에 없었다.

그러나 이번에는 메흐메드 2세가 경악할 차례였다. 테오도시우스 성

제1부 사람은 장벽을 쌓기 시작하고

벽의 진정한 강함이 그 순간 드러났기 때문이다. 수비병들, 그리고 민간인들까지 벌떼처럼 달려들어 무너진 성벽을 메웠던 것이다. 공들여 쌓은 석벽을 전투 중에 급히 복구한다고 튼튼할까? 튼튼했다! 비잔티움인들은 평소 연습한 대로 진흙과 목책을 써서 빠르게 작업을 마쳤다. 그것에 다시 한 번 포탄이 떨어지면, 석벽과는 달리 부드러운 진흙벽은 돌 포탄에 움푹 팰 뿐 부서지지 않았다. 포탄은 벽에 꽂히거나 미끄러져 떨어졌다. 진흙벽을 제거하려면 병사들이 직접 육박해서 뜯어내는 수밖에 없었다. 그러나 그게 애당초 어렵기 때문에 원거리에서 성벽을 때려 부수려고 그 많은 대포를 만든 게 아닌가? 안달이 난 술탄은 대포를 쉴 새 없이 발사하라고 명령했다. 그러나 큰 대포일수록 장전과 발사 과정이 힘들어서 하루에 일고여덟 발이 고작이었으며, 무리하게 쏘려다 보니 포신이 견디지 못하고 폭발해 버리기도 했다.

결국 술탄의 대포가 기대만큼의 효과를 내지 못했기에, 만반의 준비를 갖추고 시작한 포위전은 예상보다 훨씬 길어졌다. 1453년 3월, 4월이 지나고, 5월이 되어도 도시는, 성벽은 꿋꿋이 버텼다. 외성은 벌집이 되고 내성에도 큰 구멍이 몇 개씩 뚫렸지만, 술탄의 병사들은 마치 살아 있는 생물처럼 그들 눈앞에 몇 번이고 솟아나는 테오도시우스 성벽을 보고 기가 질렸다. 귀족이고 평민이고 상관없이, 노인과 여자와 어린아이까지 필사적으로 돌을 나르고 진흙을 바르고 나무기둥을 옮겼다. 싸우면서 쌓고, 쌓으면서 싸웠다. 역사상 성벽에 기댄 방어전은 셀 수 없이 많았지만, 1453년의 콘스탄티노플에서처럼 사람들 스스로가 성벽이 되고, 벽돌과 돌덩어리에 앞서 사람들의 하나 된 마음이, 성난 파도처럼 덮쳐 오는 적의 포탄과 화살 세례를 악착같이 버텨 냈던 일은 전에도 나중에도 없었다.

동로마제국의 마지막 황제인
콘스탄티누스 11세

콘스탄티노플을 정복한
오스만 투르크 제국의 술탄
메흐메드 2세

천 년의 신화가 끝나던 날

콘스탄티노플의 인력만 충분했다면 이번에도 침략자의 야심은 끝내 물거품이 되었을지도 모른다. 그러나 바닥이 차차 드러났다. 8천으로 시작한 병력은 두어 달 만에 4천까지 줄었다. 워낙 병력이 없으니 공격이 좀 뜸한 곳은 아예 비우다시피 하고, 그쪽으로 공격이 강해진다 싶으면 재빨리 병사들을 이동시키는 식으로 버텨야만 했다. 외성과 내성 사이의, 원래대로라면 수비병으로 꽉 차 있어야 할 구간은 아예 전원을 철수시켰다. 그만큼 방어력이 줄지만, 병력을 아껴야 했으므로 어쩔 수가 없었다. 주스티니아니와 콘스탄티누스는 적들에게 몸소 칼을 휘두르며, 성벽 사이를 숨 가쁘게 뛰어다니며 지휘했다. 해가 떠 있는 동안에는 황제에서 졸병까지 그 누구든 한시도 쉴 수가 없었다. 해가 져도, 조바심이 난 메흐메드가 곧잘 공격 명령을 내렸기에 마음을 놓지 못했다. 이제는 싸우면서 쌓는 한편 틈틈이 잠까지 자야만 했다.

콘스탄티누스와 주스티니아니는 아직 병력이 있을 때 적진을 야습해서 지휘부와 보급물자에 치명타를 가하자는 작전을 짰다. 그러나 여기서 콘스탄티노플 사람들의 마음이 '한결같지 않음'이 드러났다. 교회 통합 문제로 황제에게 적의를 품고 있던 분리파들이 반대하는 바람에 작전이 계획보다 늦어진 것이다. 어찌어찌 수습해서 기습하려 하니, 적은 매섭게 공격해 왔다. 작전이 누설된 게 틀림없었다. 갈라타의 제노바인들이 가장 의심스러웠고, 수비병 가운데 섞여 있는 투르크인들도 의혹을 받았다. 그래도 잘잘못을 따지고 있을 틈이 없어 수비전은 계속되었는데, 베네치아인들은 제노바가 배신했다며 제노바 출신인 주스티니아니의 지휘권을 박탈해야 한다고 했고, 제노바인들은 베네치아가 경쟁자인 콘스탄티노플의 위기를 나 몰라라 하고 있는 게 문제라며 맞받아쳤다. 분리파와 통합파의 언쟁도 거칠어졌다. 사람들은 날이 갈수록 피로와 번민으로 지쳐 가고 있었다.

이제 유일한 희망은 외부에서 오는 원군이었다. 모두들 화살을 날리고, 진흙덩이를 바르고, 식어 가는 동료의 시체를 치우고 나면 약속한 듯 고개를 돌려 포연 자욱한 너머로 멀리 수평선을 바라보곤 했다. 십자가를 아로새긴 하얀 돛들이 남실남실 떠오르는 모습을 볼 수 있기를 기도하며. 그러나 마지막의 마지막까지, 아무도 그런 모습을 볼 수 없었다.

사람으로 할 수 있는 일은 다했다고 여긴 시민들은 마지막으로 신앙에 기댔다. 간절하게 기적을 열망했다. (통합파와 분리파를 가리지 않고) 사제들이 모두 모여 수백 년 동안 이 도시를 지켜 왔다고 전해지는 성모 성상을 앞세우고 궂은비가 쏟아지는 성벽 주위를 돌았다. 그러나 그들은 절망으로 보답받았다. '알 수 없는 힘에 끌려' 성모 성상이 공손히 받들던 사람들의 손에서 떨어져 진창에 처박혔던 것이다. 사람들은 하얗게 질린 채 성상을 일으켜 세우려 했지만, 기묘하게도 성상은 그들의 손에서 몇 번이나 빠져나가 진창 속에 뒹굴었다. 사람들은 확신할 수밖에 없었다. 도시의 운명이 다했음을.

한편 술탄의 진영에서도 인내심이 한계에 이르고 있었다. 그토록 많은 병력과 물자를 쏟아부었는데도, 테오도시우스 성벽은 아직도 그들을 가로막고 우뚝 서 있었다. 이대로 시간이 지나면 풍부했던 식량도 바닥나기 시작할 테고, 겨울이 다가오면서 전염병도 돌 것이다. 무엇보다 언제 헝가리가 육로로, 베네치아 등이 해로로 공격해 올지 모른다는 생각이 투르크인들을 초조하게 했다. 좋은 조건으로 강화협정을 맺고 물러서야 한다는 목소리가 날로 높아졌다. 그러나 메흐메드 2세는 그것이 자신의 리더십 추락을 의미하며, 이대로 에디르네의 궁궐로 돌아가면 십중팔구 쿠데타가 나리라는 사실을 너무도 잘 알고 있었다. 성벽보다 훨씬 높은 망루를 지어 수비병들을 공격해 보기도 하고, 땅굴을 파서 성벽을 가라앉혀 보려고도 했지만 모두 소용없었다. 최후의 수단으로 그는 쇠사슬을 뚫지 못하는 배들을 육지 편으로 옮기라는 지시까지 했다. 수천 마리의 소가 끌고, 노예들이 밀며 육지를 '항해'한 배들은 전시 효과를 위해 돛도 펼치고, 허공에 노 젓기까지 하면서 금각만으로 들어갔다. 이로써 그동안 방치하다시피 한 북쪽 해안 성벽으로도 수비병을 보내야 했으므로 테오도시우스 성벽 방어는 더욱 힘겨워졌다. 그래도 아직까지 버티고 있었다.

결국 술탄은 결정했다. 모든 힘을 쏟아서 최후의 공세를 펼치고, 그래도 안 되면 철수하기로! 1453년 5월 26일 밤, 콘스탄티노플 시민들은 자신들의 삼각형 모양 도시가 셀 수도 없는 불꽃으로 에워싸여 있는 걸 보았다. 그리고 똑똑히 들었다. 바람결에 실려온 외침을.

"라 일라하, 일라알라! 무함마드, 라술랄라!"

'신은 하나뿐이며, 무함마드는 신의 사도'라는 이슬람교도의 가장 기본적 신앙고백을, 손에 손에 횃불을 든 오스만 병사들은 목청이 터지도록 외쳤다. 몇 번이고, 몇 번이고. 그들에게는 최후의 결전을 앞두고 벌이는 숭고한 의식이었지만, 동로마인들에게는 바야흐로 열린 지옥문에서 튀어나와 가련한 순교자들을 집어삼키려는 마귀들의 환성처럼 들렸다.

그리고 날이 밝자, 또 다른 마귀의 부르짖음이 지축을 흔들었다. 한때 잦아들었던 투르크군의 포격이 재개된 것이었다. 메흐메드 2세는 쏠 수 있는 모든 대포를 쏘라고, 포신이 부서지고 포탄이 떨어질 때까지 쉬지 말고 계속 쏘라고 지시했다. 최후의 돌격을 앞두고 이틀 동안 투르크 포병들은 조금이라도 더 성벽을 파괴하고자 최선을 다했다. 투석기도 쉴 새 없이 움직이며 돌을 날렸고, 화살 역시 무수히 허공을 갈랐다. 기독교

쪽에서 남긴 어떤 기록에는 "하늘이 보이지 않을 정도였다"라고 한다.

그리고 5월 29일. 새벽부터 오스만군은 성벽으로 돌진하기 시작했다. 선봉은 이슬람교로 개종한 지 얼마 되지 않은, 헝가리나 슬라브계의 부대였다. 그들은 개종했다고 하지만 아직 신뢰받을 수 없는 존재였기에 가장 위험한 싸움터로 내몰렸던 것이다. 두어 시간 뒤 그들이 큰 희생을 치르고, 성벽 수비대에게도 얼마간 타격을 주는 목적을 달성하자 후퇴 명령이 떨어졌으며, 더 주력군에 가까운 아나톨리아 부대가 이어서 짓쳐들어왔다.

그래도, 그래도 성벽은 버텼다. 쉴 틈 없이 몰아치는 투르크군의 파상공세를 이미 진작에 한계를 넘은 돌과 벽돌, 사람은 몇 번이고 막아냈다. 자신들의 신도 이미 외면한 도시를 지키기 위해, 시민들은 인간의 위대함을 기적처럼 보여 주고 있었다.

초조해진 메흐메드는 예니체리 부대를 투입했다. 최강의 전력이지만 친위대이기도 한 그들. 만약 그들조차 테오도시우스 성벽을 뚫지 못한다면? 공격은 단념할 수밖에 없으리라. 대포 소리를 압도할 만큼 우렁찬 군악에 발맞춰, 화려한 예복 자락을 휘날리며 성벽으로 돌진하는 예니체리의 뒷모습을 보며, 술탄은 신에게 기도했다. 그는 신은 분명 자신의 편에 서 있다고 믿었다.

그리고 아마도 그랬던 것 같다. 천 년의 철벽이 어떻게 처음으로 돌파되었는지의 이야기는 조금 미심쩍다. 성벽을 나가 적의 배후를 친 뒤 빠르게 되돌아오기 위해 사용하던 케르코포르타라는 샛문을 경황이 없던 어떤 병사가 깜빡 열어 둔 채로 놔뒀고, 그 틈을 타서 몇 명의 투르크군이 침입했다고도 한다. 그러나 바깥은 흡혈귀들의 소굴이나 다름없는데, 인원도 거의 없어진 마당에 군이 배후 공격에 나섰을까? 나갔다 해도 그 절체절명의 순간에 문 닫는 걸 깜빡했을까? 위대한 성벽의 종말을 비장하게 꾸미기 위한 전설일지도 모른다. 아무튼 난전 중에 한 군데쯤 성

제1부 사람은 장벽을 쌓기 시작하고

벽이 돌파되고 투르크군이 침입했으며, 그들은 곧 격퇴되었으나 그사이에 망루 위에 투르크 깃발을 달았다. 이 점만은 틀림없는 것 같다.

그리고 툭, 있는 대로 팽팽하게 잡아당겼던 고무줄이 끊어졌다. 테오도시우스 성벽 위에 펄럭이는 술탄의 깃발! 그걸 바라본 병사들은 싸우고 또 싸우던 불멸의 용사에서 한갓 자기 목숨만 아끼는 보통 사람으로 되돌아갔다. 그리고 둑이 무너지듯 자기 자리를 이탈해 달아나기 시작했다.

여기에 용맹하게 기적의 방어전을 지휘해 온 주스티니아니의 불운도 함께 둑을 무너뜨렸다. 앞서의 전투에서 이미 부상당한 그가 다시 한 번 부상을 당해 쓰러지자, 그의 제노바인 부하들이 그를 부축해서 정박 중이던 제노바 선박으로 가서 치료받도록 했다. 이때 통과한 쪽문이야말로 '닫는 것을 깜빡 잊어버린' 통한의 문이라고도 하는데, 아무튼 병사들은 그가 전장을 떠나는 모습을 보고 역시 용기를 잃고 말았다.

이제는 걷잡을 수 없었다. 투르크군은 필사적으로 막던 비잔티움 병사들이 사라지자 무너진 성벽을 메웠던 진흙 통과 판자를 벗겨냈고, 성벽은 재생력을 잃고 앙상한 몰골을 드러냈다. 성벽 틈으로 병사들이 뛰어들어가 굳게 잠겨 있던 문들을 열어젖혔다. "알라 아크바르(신은 위대하시다)!"의 함성과 함께 투르크군이 거침없이 도시로 쏟아져 들어갔다. 이렇게 천 년의 신화는 막을 내렸다. 투르크군의 공세가 시작된 지 2개월어, 최후의 공격이 시작된 지는 대략 다섯 시간 만이었다.

성벽은 무너졌지만, 교훈은 남는다

도시를 정복한 병사들에게는 이슬람의 율법대로 사흘 동안의 약탈이 허용되었다. 콘스탄티누스 11세는 도시와 운명을 함께했다(그의 죽음을 정

1453년, 투르크군이 콘스탄티노플을 마지막으로 포위하는 모습

확히 목격한 사람이 없어 확실하지는 않지만, 그가 혼자서 적군에게 돌격하는 걸 보았다는 사람은 많다). 주스티니아니는 제노바인들과 함께 도시를 탈출했으나, 부상에서 회복되지 못하고 얼마 뒤 죽었다. 대주교 이시도로스Isidoros는 평민으로 변장해서 난민 틈에 섞여 탈출했다. 그가 지켜야 할 책임이 있었던 사람들, 마지막까지 기적을 믿고 성당에서 기도를 드리던 신도들, 사제와 수녀들은 그 자리에서 학살당하거나, 성폭행을 당한 뒤에 노예로 팔려갔다.

그러나 메흐메드 2세는 도시의 건물만은 모두 스스로의 몫이니, 파괴나 방화를 허용하지 않는다고 엄명을 내렸다. 그는 콘스탄티노플을 약탈하기보다 소유하려고 했기 때문이다. 그에 따라 하기아 소피아 성당도 이슬람의 사원으로 바뀌어 오늘날까지 남았고, 만신창이가 된 테오도시우스 성벽도 보존되었다.

그러나 이제는 오스만 투르크 제국의 수도가 된 콘스탄티노플, 아니 이스탄불이 확장을 거듭하며 테오도시우스 성벽도 도시 가장자리가 아니라 안쪽에 있게 되었다. 그리고 만리장성이나 하드리아누스 성벽처럼, 군사시설로서 쓸모없어진 성벽은 자연과 민간인들에 의해 꾸준히 파괴되는 운명을 맞이했다. 근대화가 되며 도로를 늘리기 위해 또 여러 군데의 파괴가 이루어졌다. 1980년대에 유네스코의 지원을 받아 복원 작업이 진행되었지만, 지금도 성벽 곳곳에는 민가가 들어서 있거나, 성벽을 파낸 곳에 술집이 있거나, 성벽 자체가 주차장의 벽으로 활용되거나 하는 상황이다. 그래도 신화의 마지막 자존심은 1999년에 지켜졌다. 이스탄불을 덮친 대지진에 복원된 성벽은 여지없이 무너졌지만, 천 년이 넘은 옛 성벽은 끄떡없었던 것이다.

'국방에는 인화人和가 중요하며, 물리적인 성벽이나 무기 체계는 부차적'

이라고 동아시아의 유학자들은 생각했다. 그러면서 만리장성과 그 밖의 성벽들을 평가절하했다. 그러나 유교의 유 자도 모르는 콘스탄티노플의 시민들, 그들은 견고한 성벽과 그보다 더 견고한 인화가 함께 어우러졌을 때 얼마나 강력한 힘을 낼 수 있는지 보여 주었다. 끝내 그 인화에도 금이 갔고, 최강의 성벽에 맞서 천 년 동안 발전해 온 공격 기술, 그리고 한 독재자의 야심과 무수히 많은 병사들의 광기, 탐욕이 한데 뭉쳐 성벽을 들이침으로써 불패의 신화는 끝났다.

그러나 오늘날, 군대 가서 나라 지키는 일은 공연한 손해로만 여기고, 모병제로 전환하는 건 원하지 않더라도 국방의 책임은 그럴듯한 최고 지도자 하나만 뽑아 놓으면 그 최고 지도자가 알아서 잘하겠거니 하고 있는 국민들이 있다. 비록 화살을 날리고 창칼을 휘두르던 시대가 남긴 질문일지라도, '모두가 더불어 아등바등 살아가고 있는 공동체를 지키는 일의 의미'와 '지키는 일을 위해 너와 내가 할 수 있는 일이 무엇인지'는 오늘날의 우리가 내내 곱씹어 봐야 할 만큼 중요한 화두가 되지 않을 수가 없다.

스톤 장벽

'만리장성 다음가는, 세계에서 두 번째로 긴 방어용 장벽'으로는 고르간 장벽이 꼽히지만, 그다음으로 세 번째(하드리아누스 장벽은?) 또는 '고르간은 군데군데 끊겨 있다'는 좀 억지스러운 이유로 두 번째라고(!) 들먹여지는 장벽이 있다. 그 성격은 광역을 방어하는 '장벽'이라기보다 테오도시우스 장벽처럼 도시를 방어하기 위해 둘러친 '성벽'의 연장이며, 길이가 본래 7킬로미터, 현존 5.5킬로미터에 불과해 '세계에서 몇 번째'를 내세우기엔 좀 벅차 보인다. 하지만 잘 보존되어 있으며, 서양 중세 시대에 건축된 것으로는 거의 유일한 방어용 장벽이라는 점에서는 의미가 크다. 다름 아닌 스톤 장벽. 돌로 만들어진 장벽Stone Wall이 아니라 스톤이라는 도시의 장벽Ston Wall이다. 하긴 돌로 만들어지기는 했지만.

스톤은 크로아티아 남단, 아드리아해에 면한 소도시다. 인구는 현재에도 2천 명 남짓하지만, 이미 7세기 무렵부터 소금 생산으로 주목을 받았다. 지금도 현존하는 염전 중에는 세계에서 가장 오래된 염전에서 소금을 생산한다. '샐러리맨'이라는 이름이 과거에 소금(살라리움)으로 봉급을 지급했던 데서 나왔다고 할 만치 전근대 시대에는 소금이 대단히 중요한 산물이었기에, 이 도시를 외적에게서 지킬 필요성 또한 컸다.

그리하여 건설되기 시작한 성벽이 완성된 때는 15세기 초였다. 구조는 스톤시를 둘러친 성벽과 인근 말리 스톤 마을까지의 해안선에 세워진 장벽으로 이뤄져 있으며, 40개의 감시탑과 5개의 요새가 있었는데 지금은 감시탑 가운데 절반이 사라졌다. 석회암 벽돌로 쌓았고, 높이는 8미터 정도다.

성벽을 쌓은 주체는 1334년에 이 땅을 차지한 두브로브니크(라구사) 공화국이었는데, 1458년에 오스만 투르크에게 항복하고 속국이 됨으로써 이 성벽이 중세 전쟁에 쓰일 일은 없었다. 오히려 오늘날 성벽이 입은 상처는 1667년과 1979년, 1996년에 일어난 지진, 그리고 20세기 말의 유고 내전에서 빚어졌다. 2004년부터 훼손된 성벽의 일부 복원이 시작되어 2008년에 완료된 지금, 스톤 장벽은 크로아티아를 찾는 관광객의 필수 코스에 들어가 있다.

오늘날 이스탄불 주민의 살림집이나 카페 등과 '혼연일체'가 된 채 남아 있는 테오도시우스 성벽의 잔해

서양 중세 시대에 건축된 것으로 거의 유일한 방어용 장벽인 스톤 장벽

제2부   근대의 장벽, 분리와 결속의 이름으로

4. 오스트레일리아 토끼 장벽

마지노선이라는 괴물이 훗날 나타나기는 해도, '이제 장벽은 시대에 뒤떨어진 방어물'이라는 클라우제비츠Carl Clausewitz의 말이 상식처럼 통용되던 19세기 말~20세기 초, 길이로 따지면 만리장성에 버금가는 장벽이 세워지기 시작했다. 무대는 아시아도 아니고, 유럽도 아닌, 일찍이 전쟁이라는 게 보기 드문 일이던 오스트레일리아였다. 전쟁이 없는데도 왜 장벽을 세웠을까? 그 장벽이 군인이 아니라, 심지어 사람도 아니고, 토끼를 막기 위해 필요했기 때문이다.

오스트레일리아에는 본래 토끼가 없었다. 그러나 나중에는 장벽까지 세울 정도로 늘어났는데, 그것은 한 이민자의 개인적 취향에서 비롯되었다고 한다. 토머스 오스틴Thomas Austin이라고 하는 영국의 농부는 1831년에 오스트레일리아 남동부의 태즈메이니아에 이주했다. 그는 그곳에서 개척 농민으로 살며 대농장을 일구고, 결혼해서 열한 명(!)의 아이를 낳고 행복하게 살았다. 다만 한 가지 불만이 있었다. 오랜 취미였던 사냥

제2부 근대의 장벽, 분리와 결속의 이름으로

을 할 수가 없었다. '오스트레일리아라면 미개척지고, 그런 땅이면 야생 동물이 우글우글할 줄 알았는데.' 하지만 푸념만 하면 뭐하랴? 결국 그는 사냥할 동물도 이민 오도록 했다. 1859년, 영국에 남아 있던 동생에게 부탁해서 빅토리아주의 바원 파크 지역에 스물네 마리의 유럽 토끼를 들여온 것이다.

그런데 토끼의 번식력은 상상 이상이었다. 처음 토끼가 오스트레일리아 땅을 밟은 지 불과 몇 년 안 된 1866년, 오스틴은 자기 소유의 땅에서 1만 4,253마리의 토끼를 사냥했다고 기록했다. 오스틴 소유의 땅에서만! 20세기로 들어설 즈음에 토끼는 오스틴의 농장에서 5천 킬로미터 떨어진 땅까지 진출했고, 토끼 숫자는 1억을 넘어서고 있었다. 오스트레일리아의 인구가 1천만이 되지 않을 때였다. 뉴질랜드에는 양이 사람보다 많다지만, 오스트레일리아는 '사람이 빌붙어 사는 토끼 땅'처럼 되어 버린 것이다.

토끼는 본래 번식력이 뛰어나다. 수컷은 먹고 자는 일 말고는 '그 짓'만 하다시피 할 정도이고(따라서 여러 문화권의 신화에는 토끼가 정력의 상징으로 등장한다. 한국에서는 이상하게 좀 다른 쪽의 상징이 되어 버렸지만), 암컷은 매년 마흔두 마리의 새끼를 낳을 수 있다.

그러나 오스트레일리아에서의 토끼 번식 속도는 역사상 전무후무했는데, 그 까닭은 추운 계절이 긴 유럽과 달리 오스트레일리아는 1년 내내 따뜻했고(추운 날씨에는 토끼가 번식하지 않는다. 갓 태어난 토끼는 털이 없는 상태라서 얼어 죽지 않도록 하기 위해서다), 천적이 사냥꾼들밖에 없었기 때문이다(1만 4천 마리쯤이야 잡든지 말든지!). 그리고 오스틴처럼 사냥이라면 사족을 못 쓰던 사람들은 토끼들을 분양받아 자기네 농장에 풀어 놓았는데, 이것이 또 토끼가 빠른 시일 내에 오스트레일리아 전역으로 퍼지는 데 도움을 주었다.

아무튼 토끼는 모든 사람의 상상을 초월하여 불어나고, 퍼져 나갔다. 오스틴이 죽던 1871년까지는 설마설마하던 오스트레일리아인들이 몇 년 뒤에는 그의 무덤에 몰려와 발로 밟고 침을 뱉을 정도였다. 토끼들은 농작물을 갉아먹었고, 양을 먹일 풀을 싹쓸이했다. 게다가 다른 초식동물과 달리 토끼는 식물의 씨까지 먹어치웠으므로, 푸른 초원이 다시는 풀이 나지 않는 황무지로 변해 갔다. 무서운 환경 재앙이었다.

물론 보이는 대로 쏴 버리고, 독이 든 먹이며 덫이며 별별 짓을 다 해봤지만, 대도시에서 바퀴벌레를 박멸하려는 작업이 더 쉬워 보일 정도였다. '전국 토끼대책위원회'가 세워지고 '확실한 토끼 박멸 방법을 알려주는 사람에게 2만 5천 파운드를 주겠다'고 선포도 했지만 소용없었다. 궁지에 몰린 사람들은 결국 이렇게 생각했다. '장벽을 세우자!'

세계 최장의 울타리, 그러나 효과는?

1880년대 말, 남부 오스트레일리아에서는 토끼 확산을 막기 위해 이곳저곳의 농장 경계에 토끼 장벽을 세웠다. 1896년, 서오스트레일리아 국토부가 파견한 아서 메이슨Arthur Mason이라고 하는 조사관은 이 아대륙의 동남부에 상륙해서 노도처럼 밀려오고 있는 토끼들을 막는 방법으로 장벽을 아주 길게 둘러치는 것이 최선이라고 보고했다. 이 제안은 논란을 거친 끝에 1901년에 공식 채택되었다. 서남해안의 (묘하게도 '희망'이라는 뜻의) 에스페란스 근방에서 시작해 동해안의 퍼스 인근까지 일단 1,824킬로미터의 장벽이 세워졌고, 그것으로는 부족하다 여겨져 다시 북서해안의 포트헤들랜드 인근까지 연장해, 총 3,256킬로미터의 장벽이 서부 오스트레일리아를 아대륙의 나머지와 완전히 분리했다.

제2부 근대의 장벽, 분리와 결속의 이름으로

그러나 이 장벽은 돌이나 흙으로 쌓아 올린 성벽이 아니고, 나무기둥을 잇달아 세우고는 그 사이에 철망을 친, 단출한 것이었다. 엄밀히 말하자면 담벼락wall이 아니라 울타리fence였다. 그래서 오스트레일리아 현지에 가 보면 '세계에서 가장 긴'이라는 수식어를 써먹기 위해 fence라는 표현을 표지판에 적어 놓았다. 담벼락의 범주로 들어가는 순간 만리장성에 뒤지기 때문이다.

성벽 구조물이 아니라 여느 목장이나 군사시설 등에서 흔히 볼 수 있는 단순한 장벽(그래서인지 아무리 '세계에서 가장 긴'이라는 수식어를 붙여 봐도 관광지 대접을 받지 못한다). 하긴 토끼는 '라 일라하 일라알라'를 외치며 대포를 쏘지는 않으니까, 많은 돈과 수고를 들여 석벽이나 벽돌벽을 쌓을 필요는 없다. 말뚝과 철망이라면 세우기도 고치기도 쉬웠다.

그러나 그 나름의 문제가 또 있었다. 철망 장벽은 세우기가 쉬운데, 그것은 그만큼 적은 인원이 동원되었음을 뜻한다(고작 120명이라고 기록되어 있다). 하기야 예나 지금이나 땅덩이에 비해 사람은 적은 오스트레일리아이니 많은 인원을 동원하기도 어려웠으리라. 아무튼 오스트레일리아판 맹강녀 전설은 생길 여지가 없었는데, 그런 만큼 장벽에 달라붙은 사람이 얼마 없다 보니 한창 기둥을 세우고, 그물을 치고 하는 몇몇 사람들 옆으로 '수고 많으십니다' 하며 토끼들이 타다닥 지나간대두 어쩔 수가 없었다. 실제로 6년이 걸린 (길이는 길다지만 규모가 단순한 장벽 치고는 많은 시간이 걸린 셈이다) 토끼 장벽 공사 기간 도중 이미 장벽 경계를 넘어서 서부 오스트레일리아에 들어온 토끼들이 제법 있었다. '제법' 있다고? 스물네 마리만 된대도 순식간에 땅을 뒤덮을 것 아닌가? 서부 오스트레일리아의 토끼대책위원회에서는 별수 없이 1904년부터 더 안쪽에 제2의 장벽(1,166킬로미터)을 세워야 했다. 그러나 그 역시 비슷한 결과를 초래해, 제1장벽이 완공되던 해인 1906년에 제1장벽의 중간쯤이자 제

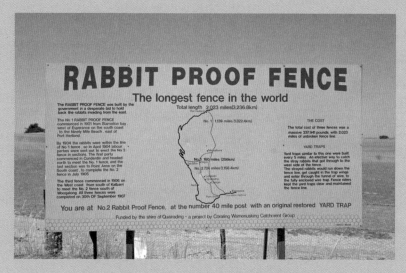

"세계에서 가장 긴 울타리"라는 수식어가 적혀 있는 오스트레일리아 토끼 장벽의 표지판

2장벽의 위쪽에 제3장벽(257킬로미터)이 또 추가로 세워졌다.

그렇게 헛발질을 거듭한 까닭은 당시 오스트레일리아라는 국가 체계가 허술하기 때문이기도 했다. 애초에 이만한 대공사를 벌이는 데 오스트레일리아 전국 차원의 힘이 모이지 않았고 서오스트레일리아 주정부만 나섰으며, 그나마도 맨 처음에는 민간에 위탁해서 공사를 벌였다가 말싸움만 오가고 공사에 진척이 없자 주정부에서 맡게 되었다.

장벽이란 건설도 중요하지만 유지와 경비가 더욱 중요한데, 상주 인력은 한 명도 없었으며 인근 주민들이 자전거나 낙타를 타고 이따금 돌아보는 정도였다. 주정부는 '큰마음을 먹고' 1910년에 장벽 순찰용 차량을 한 대 구입했지만, 얼마 뒤 그 차가 펑크 나 버리자 수리도 교체도 없이 그냥 내버려 둔 채 한참을 지냈다.

결국 서오스트레일리아 주정부는 장벽 관리를 민간에 위탁했고, 책임을 맡은 크로포드Crawford 일가는 1920년대까지 장벽 순찰은 물론 장벽을 '뚫고' 경내로 들어온 토끼들을 박멸하는 일까지 도맡아 했다. 그렇다! 토끼들은 이 세계 최장의 울타리이자 나름 삼중의 장벽을 우회했을 뿐 아니라 버젓이 넘나들기도 했다. 최대 3미터까지 점프할 힘이 있던 토끼들은 나무기둥에 뛰어올라 달라붙고, 조금만 용을 쓰면 장벽 저편으로 넘어갈 수 있었던 것이다. 심지어 나무기둥의 밑동을 갉아 쓰러트리기도 했다. 장벽은 토끼들의 내습을 완벽히 차단한다기보다, 그 기세를 줄이는 효과에 만족해야 했다.

결국 토끼 장벽은 오스트레일리아의 토끼 문제를 충분히 해결하지 못했으며, 1940년 오스트레일리아의 토끼 숫자는 8억에 이르렀다. 오스트레일리아인들은 다른 방법을 강구하지 않을 수 없었다. 바로 생화학전이었다! 이 방법은 1938년에 처음 시도되다가 사람과 가축에는 듣지 않고 토끼에만 듣는 바이러스가 흔치 않아 중지되었지만, 1949년 스위스에서 점액종증의 바이러스를 분리해 내는 데 성공했다. 이 점액종증이라는 병에 걸린 토끼는 몸이 붓고 털이 빠지며 큰 멍울이 돋아난다. 무슨 좀비처럼 변해서 비틀거리다가 쓰러져 죽는다. 바로 다음 해부터, 오스트레일리아인들은 보통은 벼룩이나 모기가 옮기는 이 끔찍한 바이러스를 배양해 대량으로 살포했다. 효과는 대단했다. 불과 2년 만에 4억 마리 이상의 토끼가 죽었다. 1950년대 말에는 그 많던 토끼가 다 없어지다시피 했다.

"그래도 토끼 덕분에 우리가 굶지 않고 살기도 했는데!" 이렇게 말하며 오스트레일리아 땅 어디서나 볼 수 있었던 토끼 떼를 그리워하는 사람들도 없지 않았다. 1920년대 말의 대공황 시기와 1940년대 초의 제2차 세계대전 시기에, 경제난에 식량난이 겹치자 들판에 온통 우글거리는 토끼를 잡아서 끼니를 잇기도 했기 때문이다. 덕분에 오스트레일리아에는 오늘날에도 다양한 토끼고기 요리법이 발달해 있다. 그렇지만 도무지 감사를 모르는 사람들은 식량난이 잦아들자마자 생화학전을 전개해 토끼를 박멸해 버린 것이었다.

그러나 생화학전에도 토끼는 패배하지 않았다. 거의 사라졌나 싶었던 토끼들은 1960년대부터 다시 차차 수가 늘기 시작했다. 점액종증에 면역을 가진 토끼들이 살아남았던 것이다. 오스트레일리아 정부는 1996년에 토끼 칼리시바이러스RCD를 써서 두 번째 생화학전을 펼쳤다. 1980년대에 중국 야생토끼의 씨를 거의 마르게 했던 강력한 바이러스였다. 그러나 이 역시 오스트레일리아 토끼를 전멸시키지는 못했으며, 오늘날에도 이 아대륙에는 수억 마리의 토끼가 벌판을 뛰어다니고 있다.

그러면 토끼 장벽은 어떻게 되었을까? 더 이상 본래의 기능을 못하게 된 지 (엄격히 따지자면 제 기능을 했던 때가 전혀 없었다고도 할 수 있지만) 몇 십 년이 흘렀지만, 아직도 수평선 너머 기다랗게 뻗쳐 있다. 심지어 나무기둥을 쇠기둥으로 바꾸고, 철망은 철조망으로 바꾸어 한층 강화까지 시켰다. 토끼는 못 막아도 에뮤나 들개(딩고), 캥거루 같은 몸집 큰 토착 동물들의 방벽 노릇은 썩 잘해 주기 때문이다.

사실 오스트레일리아판 타조라고 할 수 있는 에뮤는 본능적으로 1년에 몇 번씩 서식지를 옮기는데, 그들이 농경지로 들어오지 못하도록 장벽이 막아 주고 있다. 다른 동물들도 농작물에 피해를 주고 가축을 약탈할 수 있어서 장벽 너머, 오스트레일리아의 가운데인 비주거 구역 안에서만 돌아다니도록 철저히 막고 있다. 그래서 아예 장벽의 이름도 토끼 장벽이 아니라 '주경계장벽State Barrier Fence'으로 바뀌었다. 서오스트레일리아 주정부에서는 새로 700킬로미터의 장벽을 추가 설치할 계획까지 세우고 있다.

오늘날에는 이를 놓고 오스트레일리아와 세계 각지의 환경보호 단체, 동물권 옹호론자들이 오스트레일리아 정부를 비판하기도 한다. 철조망을 넘으려다 몸이 걸려 오도 가도 못하고 죽어 버리거나, 간신히 몸을 빼냈지만 상처투성이가 되는 동물들의 사례가 끊이지 않기 때문이다. 더 큰 관점에서, 동물들의 자연스러운 이동을 인위적으로 차단함으로써 생태 시스템에 차질이 빚어지리라는 우려도 있다. 두 차례의 생화학전을 견디고 살아남은 토끼들은? 지금은 몰라도 언젠가 무서운 신종 바이러스의 진원지가 되지는 않을까?

딩고 장벽

오스트레일리아에는 토끼 장벽만 있는 게 아니다. 오스트레일리아에만 서식하는 야생견, 딩고를 막기 위한 '딩고 장벽'도 있다. 그 길이도 무려 2,500킬로미터. 1880년에서 1885년까지 오스트레일리아 동부 퀸즐랜드주에 세워진 장벽만 그렇고, 이후 남동부의 뉴사우스웨일스주 경계선을 지나 남부의 사우스오스트레일리아주까지 신축된 장벽과 합치면 5천 킬로미터가 넘는다.

딩고 무리가 양떼 목장을 습격해 양들을 물어 가는 걸 방지하려 세운 이 장벽은 본래 주민들이 부근에서 쉽게 구할 수 있던 화산암으로 쌓은 비교적 작고 짧은 돌담이었다(따라서 펜스 아닌 장벽으로 불릴 만했다. 이는 '짐보 석벽'으로 따로 불리기도 한다). 하지만 1880년대에 오스트레일리아 서부의 토끼 장벽이 '토끼 막는 일에는 실패했지만, 보다 몸집이 큰 동물들에는 효과가 있다'고 알려지면서 그와 비슷한 철조망 펜스가 주정부 차원의 역사로 세워지기 시작했다. 오늘날, 가장 나중에 세워진 사우스오스트레일리아의 딩고 장벽은 고압 전류까지 통한다.

토끼 장벽과 마찬가지로 딩고 장벽도 생태주의 논란에 직면해 있다. 무리지어 이동하는 습성이 있는 딩고들이 이 장벽 때문에 곤란을 겪고 마침내 수가 줄게 되자, 보다 몸집이 크면서 이동 습관이 없는 붉은여우들이 늘게 되었다. 그리고 이는 몸집이 작은 오스트레일리아 동물들의 멸종 위기를 불러왔다.

애버리지니와 토끼 장벽

토끼 장벽은 동물만이 아니라 사람들과도 관련이 있다. 다만 그 경우에는 이 장벽이 직접 사람들을 가둔 것은 아니고, 반대로 가둔 곳에서 탈출하는 사람들의 길잡이가 되었다. (근대) 오스트레일리아의 역사는 정복의 역사였다. 19세기 초까지는 죄수들을 보내는 귀양지 정도로 생각했던 영국인들은 점차 이 천혜의 땅을 신천지로 가꾸기 시작했다. 가꾼다는 의미는 유럽의 작물과 가축류(토끼도 포함)를 들여와 본래의 생태계를 뜯어고치고, 이주민을 위한 집을 짓고 도로를 내며, 숲을 밀어 버리고 농장과 목장을 세운다는 의미였다. 이 모든 과정에서 본래 이 땅에서 자연과 어우러져 평화롭게 살아가던 원주민들, '애버리지니'는 빼앗기고, 밀려나고, 쫓겨났다. 그뿐이 아니었다. 백인 지도자들은 자신들에게 '야만적인' 애버리지니를 개화시킬 의무가 있다고 믿었다. 그런 믿음이야 선량한지도 모르겠지만, 그들이 실제로 벌인 일은 '문화 말살'과 '인종 청소'였다.

애버리지니들은 강제로 기독교로 개종해야 했고, 고유의 이름을 버리고 존이니 제인이니 하는 영국식 이름과 성으로 창씨개명해야 했다. 물론 전통적인 차림이나 문신도 허용되지 않았으며, 제사나 의식도 지낼 수 없었다. 더 심한 일은 애버리지니 아이들을 부모에게서 강제로 빼앗아서, 고향에서 멀리 떨어진 구역에 가둬 두고는 어린아이는 '강제 입양'을, 청소년은 '강제 결혼'을 시켰다는 것이다. 백인의 피를 섞고 또 섞음으로써 2세대, 3세대가 지날 쯤이면 애버리지니의 혈통이 소멸될 것을 노린 만행이었다. 강제 입양된 어린이들도 백인의 문화에 젖으며 자라다가, 나이가 차면 여자의 경우 백인과 결혼함으로써 '나쁜 피 없애기'에 동참해야 할 운명이었다.

1905년경, 토끼 장벽을 한창 건설하던 무렵에 시작된 이 정책은 히

오늘날의 토끼 장벽

딩고 장벽의 초기 형태인 짐보 석벽

틀러의 유대인 말살 정책을 한껏 성토하며 오스트레일리아 군인들을 유럽으로 보내던 1940년대에도 계속되었다. 집단 살육까지는 안 했으니 덜 가혹하다고는 해도, 스스로 인종을 억압·말살하고 있으면서 히틀러의 만행에는 치를 떨었던 셈이다. 하지만 사실 그런 정책이 오스트레일리아에서 처음 시행된 것은 아니었는데, 인디언 원주민들을 대상으로 미국과 캐나다가 19세기부터 쓰던 정책이었다. 백인 정복자들은 인도나 남아프리카처럼 워낙 원주민 수가 많은 곳에서는 고유의 풍습과 언어도 인정하며 지배권만 유지하려 했지만, 원주민의 수가 현저히 적으면 그렇게 인종과 문화의 씨를 말리려 들었던 것이다. 아마 한민족의 수가 얼마 되지 않았다면 일본인들도 그렇게 했을지 모른다.

그렇지만 아무래도 오스트레일리아에서는 미국, 영국, 캐나다보다 더 지독했다고 볼 수 있는 것이, 그런 강제 입양, 강제 결혼, 인종 말살 정책이 제국주의가 옛이야기가 되어 버린 1960년대 말까지도 계속되었기 때문이다. 애버리지니들이 오스트레일리아의 '주민'으로 기본적 인권을 인정받은 때는 1967년, 애버리지니들이 겪은 고난의 실상이 파헤쳐진 때는 1990년대였다.

애버리지니들은 그런 비인간적인 탄압에 묵묵히 순종만 했을까? 그렇지는 않았다. 19세기 말과 20세기 초에는 백인들을 상대로 치열한 무장투쟁을 벌이기도 했다. 그러나 어찌하랴? 애버리지니들은 수적으로도 열세고, 화력도 상대가 되지 못했다. 결국 가족과 생이별을 하고 원치 않는 결혼을 받아들여야 했는데, 그 가운데 목숨 걸고 애버리지니 수용 지역을 탈출하는 경우도 있었다. 1930년대에 오스트레일리아 서남부에 있던 수용 지역을 탈출한 세 사람의 소녀, 몰리Molly Kelly, 데이지Daisy Kadibil, 그레이시Gracie Fields도 그랬다. 그녀들은 순수 애버리지니가 아니라 백인을 아버지로 둔 1세대 혼혈아였다. 당연히 애버리지니의 혼이나 언어도 잘 몰랐다. 그러나 멀리 북부에 있던 고향과 진짜 어머니에 대한 그리움이 사무쳤고, 자신들의 처지가 노예 또는 가축과 다름없음도 잘 알고 있었다. 그래서 위험을 무릅쓰고 탈출했다. 하지만 동서남북도 모르는 상황, 언제 그녀들을 뒤쫓는 추적대가 덮칠지 모르는데 어디로 가랴? 그때 그녀들의 눈에 들어온 게 있었다. 길고 긴 장벽! 바로 그녀들의 아버지 되는 사람들이 세웠던, 오스트레일리아의 남쪽 해안에서 북쪽까지 뻗쳐 있는 토끼 장벽이었다. 그래서 세 소녀는 그 장벽에 의지해서 고향 가는 머나먼 길에 오른다.

온갖 위험이 도사리고 있었고, 그래서 셋 가운데 그레이시는 중도 탈락하고 말았지만, 몰리와 데이지는 말뚝에 기대 쉬고 그물망 밑에서 새우잠을 자며 발바닥이 터지도록 60여 일을 걷고 또 걸은 끝에, 장벽의 끝자락에서 꿈에도 그리던 고향 마을을 발견한다. 이 이야기는 고향에 돌아간 몰리가 애버리지니 남자와 결혼해 낳은 딸인 도리스 필킹턴Doris Pilkington이 1996년에 쓴 책, 『토끼 장벽을 따라서Follow the Rabbit-Proof Fence』로 세상에 알려졌고, 이 책이 2002년 <토끼 울타리>라는 이름으로 영화화되어 더욱 널리 알려졌다.

'인류가 세운 최대의 구조물 가운데 하나', '달에서도 보이는 세계 최장의 울타리'(만리장성과 마찬가지로 이것도 허황된 주장이었지만)로 선전되는 토끼 장벽. 그래도 만리장성에 비해 워낙 볼품이 없어 관광객을 끌어들이지는 못하는 토끼 장벽. 하지만 만리장성과 달리 아직도 장벽으로 기능을 하고 있는 토끼 장벽. 그것은 오스트레일리아 역사의 무리함과 질곡을 상징하고 있다.

『토끼 장벽을 따라서』와 비슷한 시기(1998)에 나온 숀 탠Shuan Tan의 동화책, 『토끼들The Rabbits』에서 외래종 동물의 대표인 토끼는 아예 오스트레일리아에 쳐들어온 백인들로 의인화된다. 그들의 무자비한 약탈과 착취에 속수무책으로 당하는 애버리지니는 토착 동물의 대표, 캥거루로 상징된다. 토끼들의 등쌀에 신음하며, 캥거루들은 구슬픈 노래를 부른다.

> 너무도 많은 토끼들이 몰려왔다네.
> 그들이 우리가 뜯을 풀을 모두 먹어 버렸네.
> 그들이 우리의 나무를 잘라 냈네.
> 우리를 친구들에게서 멀찍이 떨어트려 놓았네.
> 우리의 아이들을 잡아갔네.
> (…)
> 풍요로운 검은 땅이여, 지금 어디에?
> 유칼립투스 나무에서 흘러내리는 빗방울의 향기여, 지금 어디에?
> 길쭉한 다리의 새들이 하나 가득 뛰놀던
> 거대한 호수여, 지금 어디에?
> 그 누가 우리를,
> 그 누가 우리를 토끼들로부터 해방해 주랴?

사람들은 더불어 살게 되어 있다. 그러나 때로는 '자기들끼리만' 더불어 살려고 한다. 그래서 '우리 땅에 들어오지 말라고' 장벽을 세운다. 동물들에게나 사람들에게나 마찬가지였다. 토끼 장벽을 웃음거리로 삼을 수 없는 까닭은, 오스트레일리아의 역사만을 손가락질할 수 없는 까닭은, 그것이 인류의 아주 오래된 이야기이기 때문이다. 지금 바로 여기서도 되풀이되고 있는.

애버리지니의 탈출을 그린 영화 <토끼 울타리>의 포스터

5. 코뮌 장벽

이번에는 이 책에서 다루는 다른 장벽과 상당히 다른 장벽 이야기를 해 보자. 상당히 다르다는 것은 그 실체가 지금은 '전혀 남아 있지 않'거나, 남아 있다고 보더라도 원래의 바로 그대로의 장소에는 아니라는 것, 그리고 다른 장벽들이 대부분 권력의 손으로 쌓였다면, 이 장벽만큼은 해방을 꿈꾸는 민초들의 장벽이었다는 것 등 때문이다.

1871년 3월부터 5월까지, 파리는 '해방'되었다. 적들에게 '이중으로' 둘러싸이고, 내부적으로도 모순과 불협화음을 잔뜩 끌어안은 채의 해방 이었지만, 해방은 해방이었다. 그 해방의 날들은 100년도 더 전에, 1789년의 프랑스 대혁명에서 시작되었으며, 어떤 의미에서 그 완전한 대단원을 의미했다.

프랑스 대혁명은 국왕과 귀족 계급이 누려 온 특권을 거부하는 혁명 이었다. 그런데 잘 따져 보면 그 거부란 두 가지 성격으로 나눠 볼 수 있 었다. '일하지 않고 먹는 자들에 대한 거부' 그리고 '가진 자들에 대한 거부'였다. 그것은 비슷해 보여도 큰 차이를 담고 있었다. '부르주아'로 불리는 사업가들은 수입은 귀족들 못지않았으나 태생이 귀하지 않다는 이유로 높은 사회적 지위를 얻지 못하는 한편, 그런 귀하신 몸들의 사치 향락을 위해 자신들이 세금을 꼬박꼬박 바쳐야 하는 체제가 불만스러웠다. 한편 프랑스 대혁명 무렵엔 '상퀼로트'로, 나중에는 '프롤레타리아'로 불리게 되는 하루벌이 노동자들은 귀족이나 부르주아나 자신들은 꿈도 못 꿔볼 여유를 누리고, 그것이 따져 보면 자신들의 피땀을 짜내 누리는 여유임에 한이 맺혔다. 농민의 경우에는, 중앙과 지방의 어르신들에게 착취당하는 현실을 생각할 때는 프롤레타리아 쪽에, 그래도 농지라고 하는 삶의 터전을 갖고 있다는 점에서는 부르주아 쪽에 가까웠다. 아무튼 이 모두가 '제3신분'이라는 이름으로 한데 뭉치며 특권층을 타도하고 구체제를 부정하는 대혁명을 이루어 냈다. 그러나 혁명에 대한 생각과 입장이 서로 다름에 따라 불협화음이 생기고, 오랫동안 지배해 온 질서를 무너뜨리고 새 질서를 세우는 일의 어려움이 겹치면서, 혁명은 반전에 재반전을 반복한다.

구체제를 부정하되 입헌군주제로 왕정을 유지하는 쪽을 선호했던 지롱드파는 급진 개혁적 공화파였던 자코뱅에게 밀려났고, 자코뱅은 왕과 왕비의 목을 베었을 뿐 아니라 공안위원회를 설치해, 지롱드파를 포함한 반대파를 닥치는 대로 처형하는 공포정치를 시행했다. 이러한 무리수는 '혁명의 피로'를 낳았으며, 끝내 '테르미도르 반동'을 거쳐 프랑스 대혁명이 일단 종식된다. 새로 들어선 총재정부의 무능은 상퀼로트의 입장을 대변한 바뵈프François Babeuf의 실패한 쿠데타, 그리고 나폴레옹Napoléon I의 쿠데타를 불러왔다. 그는 통령을 거쳐 황제가 되었고, 봉건적 군주가 아니라 국민을 위해 혁명의 이상을 실현하는 최고 통치자를 자처했다.

나폴레옹은 유럽 각국을 들이치면서 '혁명의 가치를 전파' 혹은 '타민족을 침략'했으며, 단결하여 반격한 유럽에 나폴레옹이 몰락하자 대세는 '혁명 이전으로 돌아가자!'가 되었다. 그래서 프랑스에는 다시 왕정이 들어서게 된다. 그러나 프랑스에서는 역사가 영국처럼 흘러가지 않았다.

사상 초유의 대혁명, 왕과 왕비의 공개 처형, 불꽃같은 영웅의 등장과 비극적인 몰락. 이런 경험을 뇌리에서 지울 수 없었던 프랑스인들은 타민족의 등에 업혀 왕좌에 앉은 복고왕정의 실정과 부패를 오래 참을 수 없었던 것이다. 그리하여 1830년 7월, 그들은 7월 혁명을 일으켜 샤를 10세Charles X를 내쫓아 버렸다. 하지만 구체제 고수를 부르짖던 외국 세력들의 눈치가 매서웠기에, 부르봉 왕조의 피를 이은 루이 필리프Louis Philippe가 '프랑스 시민의 왕'이라며 입헌군주 정부의 수반이 되어 더 민주적인 정치를 펼친다는 것으로 국내와 국외의 압력에 대한 일종의 절충안이 마련되었다.

하지만 이 '7월 왕정'에서 살맛이 나던 쪽은 소수의 상류층뿐이었다. 서민들(프티부르주아와 프롤레타리아)은 도무지 살기 힘든 세상이 이어졌다. 그리하여 부르주아에게만 주어진 선거권을 넓히느냐 그대로 두느냐를 두고 치열한 밀고 당기기가 벌어진 끝에, 1848년 2월, 주로 노동자들의 힘으로 2월 혁명이 일어나 루이 필리프 정권을 무너뜨리고 제2공화정을 세웠다. 마침내 '외국인들이 뭐라 하건 말건, 왕정은 지긋지긋하다'는 데 국민적 합의가 이루어진 셈이다. 하지만 당시 피지고 있던 사회주의 이념을 근거로 노동자 중심의 코뮌 정부를 세우려던 시도는 부르주아들의 결사반대를 누르지 못했고, 다시 삼색기를 내세우는 온건 부르주아 정부가 출범하게 된다.

그러나 프랑스 사회의 골은 깊었다. 부르주아와 프롤레타리아, 진보와 보수는 서로를 불신하고 적대했다. 구체제를 따르려는 왕당파와 성직자들, 계급적 입장이 모호한 농민층까지 자신들의 입장을 내세워 혼란이 가중되었다. 그 혼란을 틈타 정치 무대의 중앙으로 나왔던 사람이 루이 나폴레옹·Louis Napoléon이었다. 나폴레옹의 처조카였던 그는 직접 나폴레옹의 피를 잇지도 않았고 얼굴 생김새도 전혀 딴판이었지만, '이럴 바엔 나폴레옹 때가 나았는데' 하는 프랑스인들의 나폴레옹 향수에 열심히 호소했다. 그뿐 아니라 '지금 국민은 아직 민주주의를 누릴 준비가 되어 있지 않다. 부르주아, 농민, 프롤레타리아 등 여러 계급 위에 서서 모든 계급 이익을 성실히 조정하고, 민주주의가 성장하도록 도와줄 강력한 지도자가 필요하다!'는 '보나파르티즘'으로 혼란에 지친 사람들의 귀를 솔깃하게 했다.

그리하여 1848년 12월, 루이 나폴레옹은 75퍼센트라는 압도적인 득표로 프랑스 제2공화정의 초대 대통령이 되었다. 그러나 2공의 대통령은 초대로 끝날 운명이었다. 1852년 1월, 바로 그 대통령이 친위쿠데타에 이은 국민투표를 거쳐 공화정을 뒤엎고 황제에 즉위, '나폴레옹 3세'가 되었기 때문이다. 물론 반대가 있었지만 '다양한 계급 이익을 성실히 조정한다'는 루이 나폴레옹의 캐치프레이즈는 그가 대통령이건 황제건 상관없이 똑같이 희망을 주고 있었다. 또 그의 정적들은 하나같이 고만고만해서 반대 세력을 결집시킬 힘이 없었다. 그래서 큰 진통 없이 프랑스 제2제정은 발을 내디뎠다.

그러나 황제는 날이 갈수록 '공평한 조정자'의 모습을 잃어 갔다. 무역장벽 철폐와 산업화 촉진 정책으로 산업 부르주아들만 살찌우는 정책을 추진하는 한편, 부르주아가 장악해 버린 의회와 손을 잡고 노동계를 억압하고 영세 상인들과 소농의 입지를 좁히는 입법을 허용해 나갔다. 이에 '나폴레옹에게 속았다!'고 여긴 사람들의 불만이 커지자, 나폴레옹 3세는 '외부의 적을 부각시켜 주의를 돌리는' 작전을 썼다. 크림전쟁과 제2차 아편전쟁 참전, 인도차이나 식민지화, 조선(병인양요)과 일본에 군사개입, 멕시코에 친프랑스 정권 수립, 이탈리아 통일 과정 개입 등등.

제2부 근대의 장벽, 분리와 결속의 이름으로

그러나 이런저런 해외 군사 모험은 겉만 그럴듯했지 실속은 없었으며, 특히 이탈리아 통일 과정에 어설프게 개입했다가 오랜 우방 영국의 분노와 독일 통일에 박차를 가하고 있던 프로이센의 경계를 사게 되었다. 이런 난국은 1870년에 프로이센과의 전쟁이 벌어짐으로써 최종 파국으로 치달았다. 영국은 팔짱을 꼈고, 이탈리아는 프로이센을 응원했으며, 황제의 전투 지휘에서 군기, 보급까지 프랑스군은 무엇 하나 제대로 하는 게 없었다. 그리하여 전쟁이 시작된 지 겨우 한 달여 만에, 나폴레옹 3세는 스당에서 포로로 잡힌다. 그리고 알자스-로렌을 할양하고, 배상금을 지불하며, 독일 통일을 인정하는 등 굴욕적인 항복 조약을 맺는다(1870년 9월 2일). 당연히 파리의 시민들은 분노했다. 그리하여 마침내 파리코뮌의 역사가 태동하는 것이다.

"피 맺힌 깃발을 들어라!"

9월 4일, 격렬한 시위 앞에서 국회는 나폴레옹 황제의 퇴위와 제2제정의 종말을 인정할 수밖에 없었다. 꾸준히 나폴레옹 3세를 비판해 온 레옹 강베타Léon Gambetta와 쥘 파브르Jules Favre 등 온건 공화파를 주역으로 하는 '국방정부'라는 이름의 임시정부가 '제3공화정'을 내걸고 출범했다. 항복은 황제의 독단이며 황제는 이미 쫓아냈으니, 프로이센과의 전쟁은 아직 끝나지 않았음을 나타내고자 국방정부라는 이름을 쓴 것이다.

그러나 파리는 프로이센군에게 겹겹이 포위되어 있었고, 국방정부는 자체의 힘으로 포위를 뚫을 수 없다는 판단 아래 파브르를 특사로 프로이센군(이제는 독일제국을 선포했으니, 독일군이라 해야겠지만) 진영으로 보내 휴전을 교섭했다. 결국 1871년 1월 28일, 국방정부는 나폴레옹

3세의 항복 조건을 대부분 받아들이며 휴전협정에 조인했다.

이 소식이 파리에 전해지자 국방정부에 대한 불신과 격렬한 시위가 잇따랐다. 이럴 바에야 처음부터 항복하지, 무엇 때문에 애써 농성을 했단 말인가? 항복 조건에 따라 파리 방위군의 무장해제가 진행되고, 열린 문으로 독일군이 의기양양하게 입성하고, '국방정부란 어디까지나 임시정부이니 빨리 새 정부를 수립하라. 그러지 않으면 전쟁은 끝낼 수 없다'는 독일의 위협에 따라 부랴부랴 새 정부 수립을 위한 선거가 준비되는 가운데도 저항은 그치지 않았다. 농성전 때 지급받은 무기를 내놓지 않고 버티는 시민들도 많았다. 이런 분위기에서 2월 8일에 총선이 실시되자, 그 결과는 놀라웠다.

전체 의석의 3분의 2가 왕당파나 7월 왕정 성향의 극보수 정치인들로 채워진 것이다. 국방정부를 이끌던 온건 공화파는 16퍼센트대의 제3당으로 밀렸으며, 노동자와 하층민을 대변하는 정당은 4퍼센트대로 밀렸다. 국토의 상당 부분을 독일군이 점령한 상태에서 제대로 선거전이 치러지지 않은 데다 (후보자의 연설을 들어 볼 집회조차 금지되었다) '이제는 독일 놈들 눈치를 볼 수밖에 없지 않나', '빨갱이 놈들 무서워. 왕도 나폴레옹도 지긋지긋하지만 빨갱이들이 판치는 세상보다야 낫지' 하는 중도 및 온건 보수 성향의 표가 극보수에게 쏟아진 탓이었다.

당연히 파리 하층민들을 중심으로 한 실망과 반발은 걷잡을 수 없었다. 제3공화정 행정 수반에 오른 루이 티에르Louis Thiers는 당장이라도 뭔가가 터질 듯한 분위기를 우려해, 정부 소재지를 보르도로 옮긴다고 발표했다. 하지만 '웃대가리들'이 떠난 파리의 공기는 더욱 뜨거워졌다. 마침내 3월 3일, 주로 하층민들로 이루어져 있던 국민방위대는 티에르 정부의 통수권을 거부하고 노동자와 급진파 지식인, 정치인들로 구성된 중앙위원회에 통수권을 맡긴다고 선언했다.

이제 파리는 전쟁이 끝났어도 아직 외곽에 대기하고 있던 독일군과 보르도의 '자국 정부' 모두에 맞서는 모양새가 되었다. 초조해진 티에르는 3월 17일 새벽에 몽마르트르 언덕과 벨빌에 있던 국민방위대의 대포를 손에 넣고자 병력을 급파했다. 그러나 몽마르트르의 대포들을 옮겨 내리기란 파견된 병사들의 힘으로는 턱도 없었고, 벨빌에서는 시민들이 벽돌과 목재, 가구 따위를 가져와 즉석 바리케이드를 세우고 병사들과 맞섰다. 이것이 어쩌면 파리코뮌 투쟁의 첫 번째 장벽이라고 볼 수 있었다. 몽마르트르에서도 힘이 달린 병사들이 대포를 끌 말을 구해 오는 사이에 잠에서 깨 달려온 일반 시민들이 가로막고 나섰고, 귀족의 사생아로 교사였던 '붉은 여인' 루이즈 미셸Louise Michel이 소총을 휘두르며 티에르의 병사들에 대한 저항을 이끌었다. "우리는 자유를 위해 죽으리라! 우리의 피가 파리를 구하리라!" 작전을 이끌던 정부군의 르콩트Claude Lecomte 장군은 시민들에게 발포하라는 명령을 내렸으나, 병사들은 명령을 따르지 않으며 퇴각하거나 시민들 편에 섰다. 르콩트는 시민들의 손에 사로잡혀 샤토 루즈 감옥에 수감되었다가 총살되었다.

사태가 이쯤 되자 티에르는 보르도에서 베르사유로 정부를 옮기고, 파리에 남아 있던 정부관료와 경찰들, 일부 왕당파와 대부르주아들도 그리로 달아났다. 파리에서는 노동자들이 신이 나 시청 앞에서 술을 들이켜며 얼싸안고 노래를 불렀다.

가자, 조국의 자식들아!
영광의 날이 왔다!
우리에게 맞서는 폭군 앞에
피 맺힌 깃발을 들어라!

파리코뮌 투쟁의 선두에 섰던
'붉은 여인' 루이즈 미셸

1871년 3월, 파리코뮌 참여자들이 쳐 놓은 바리케이드

그들의 환희와 통음난무에 작가 에드몽 드 공쿠르Edmond de Goncourt는 경외감과 경멸감을 동시에 느끼며, 이렇게 일기에 썼다. "처음으로 프랑스가, 파리가 일하는 자들의 손에 들어갔다. 이 지배는 얼마나 갈까? 누가 알 것인가? 그 누구도 믿을 수 없었던 집권의 향배를."

3월 25일, 국민위병 중앙위원회가 코뮌에 정식으로 권력을 이양하고, 다음 날 선거가 치러짐으로써 파리코뮌이 공식 출범했다.

그러면 대체 코뮌이란 무엇인가? 중앙위원회에서 발표한 정의에 따르면 "마치 사회의 기초로서의 가족처럼, 하나의 주권적인 조직으로, 사회 안에서 존립하는 것"이라고 했다. 당대에 카를 마르크스Karl Marx는 이를 '프롤레타리아 독재'가 이루어진 평의회(소비에트)로 보았고, 오늘날에는 '중세의 자치정부에서 기원했으며, 중앙정부를 부정하고 파리 자치정부가 중앙정부의 주권을 겸한 형태'로 통용된다.

하지만 마르크스처럼 이를 '사상 최초의 프롤레타리아 독재'로 보기는 어려웠다. 공쿠르처럼 이를 노동자에 의한 지배체제라고 여기기에도 문제가 있었다. 파리코뮌을 이끄는 91명의 의원 가운데 노동자 출신은 25명이었다. 이전까지의 의회에 비하면 깜짝 놀랄 정도로 많은 숫자였으나, 결코 압도적이지는 않았다. 노동자 의원 모두가 사회주의자도 아니었으며, 대체로 급진 공화파, 옛 대혁명 시절 공포정치를 이끌었던 자코뱅의 후예들과 그 노선에 바뵈프식 사회주의를 접목한 블랑키파가 코뮌의 정책 결정을 주도하며 프루동파 사회주의자들이나 화가 귀스타브 쿠르베Gustave Courbet, 소설가 쥘 발레스Jules Vallès 등의 독립파 등과 대립했다.

그래도 민중의 자발적인 봉기로 이뤄진 정권이며, 순전히 자신의 뜻대로 정치에 참여하고 정책을 집행하며 외부와 맞서는 노동자와 서민들이 코뮌의 진짜 주인이라고 보아도 맞는 말이었다. "코뮌은 새로운 시민을 낳게 되었다. 심판자이면서 저항자이며, 파트너이면서 자신의 힘의 주체적 행위자로서 (…) 코뮌은 불쌍한 사람들, 투기에서 배제된 사람들, 공장에서 착취받는 사람들과 수많은 가난한 사람들을 결집시켰다." 그래픽노블『파리코뮌, 민중의 함성Le Cri du peuple』의 저자인 자크 타르디Jacques Tardi는 말하고 있다.

변혁의 열기에 불타는 그들 앞에 놓인 걸림돌은 코뮌을 운영할 자금줄이 없다는 것, 그리고 파리의 북부와 동부는 아직도 철수하지 않은 독일군에게, 남부와 서부는 티에르의 군대에게 둘러싸여 있다는 것이었다.

파리시의 자치구 가운데는 코뮌의 권위를 인정하지 않는 곳도 많아서, 재정을 지방세로 충당하기에는 어려움이 있었다. 시민들의 모금도 있었지만, 파리 중앙은행을 비롯한 여러 군데서 대부를 받음으로써 국민방위대 병사들의 봉급과 하층민에 대한 구호 비용을 마련했다. 코뮌에 돈을 빌려 준 곳 가운데는 악명 높은 금융 재벌, 로스차일드Rothschild도 있었음은 아이러니했다.

기필코 코뮌을 때려 부수고 파리로 돌아가고자 절치부심하던 티에르는 비스마르크Otto von Bismarck의 묵인과 동조를 필요로 했다. 강화조약에 따라 해산된 군대를 다시 불러 모으고(특히 코뮌에 반감을 갖고 있던 브르타뉴, 노르망디 등 북서쪽 지역의 농민들을 주로 모았다), 파리에서 빼내지 못한 대포를 비롯한 무장을 갖추려면 독일군의 협력이 절대적이었다. 비스마르크는 티에르에게 협력할 뿐 아니라 포로로 잡고 있던 프랑스군을 모두 베르사유로 보내는 등 적극적으로 밀어주었다(그 조치로 티에르의 병력은 7만에서 13만으로 급증했다). 자신들에게 빚을 진 정부가 프랑스를 다스리는 게 유리하고, 코뮌과 같은 빨갱이 냄새가 나는 민중 정권은 처음부터 때려잡는 게 좋다고 여겼기 때문이다. 이를 알아차린 코뮌은 티에르 등을 반역자, 민족 배반자로 부르며 지방에서도 파리를 따라 일어나라고 촉구했고, 리옹, 마르세유, 툴루즈, 나르본, 르크뢰조, 생테티

제2부 근대의 장벽, 분리와 결속의 이름으로

엔 등에서 실제로 코뮌이 출범했다. 그러나 티에르는 이를 하나둘씩 격파해 나갔고, 4월 4일에 마르세유 코뮌이 쓰러지자 그는 이제 목표는 파리밖에 없다고 생각했다.

하지만 일이 꼭 그렇게만 흘러가지는 않았다. 프랑스 본국의 혼란을 본 알제리인들이 대대적인 독립 투쟁에 나섰기 때문이다. 티에르는 하루라도 빨리 코뮌을 없애야 식민지의 반란도 진압할 수 있다고 판단했다. 그리하여 먼저 파리에 포격부터 가하기 시작했다. 포탄은 친티에르적인 주민이 많이 살던 서쪽 지구에도 쏟아졌으며, 프로이센군도 봐주곤 했던 병원과 구빈원까지 가리지 않았다. 그러자 코뮌은 육상공격으로 티에르군의 허를 찌르기로 했다. 4월 3일에 2만의 국민방위대가 베르사유로 쳐들어갔다. 그러나 티에르는 그들을 물리쳤을 뿐만 아니라 역습을 가해 12일까지 샹티용, 뫼동, 생클로드 요새를 손에 넣었다. 3천 명의 코뮌 전사들이 목숨을 잃었다.

불안과 내분

이런 위기 속에서 코뮌은 노동자의 최저생활 보장, 부채의 당감 및 유예, 여성해방 선언과 성매매 폐지, 제정 분리(그리고 그에 따른 교회 재산의 몰수 및 성직자들의 체포), 언론 자유 등등 여러 민주적 내지 진보적인 정책을 추진해 나갔다. 4월 12일에는 나폴레옹 1세의 동상을 떠받든 방돔 원주를 쓰러뜨렸다. 보나파르티즘과 군주제에 대한 민중의 경멸과 단죄를 표시하는 행사이기도 했지만 나폴레옹 군대가 쓰던 대포를 녹여 만들었다는 방돔 원주를 다시 녹여 대포를 주조하기 위해서이기도 했는데, 이 목표는 달성할 수 없었다. 뜻밖에 원주에 들어간 청동이 아주 소량에 불과했던 것이다.

또한 코뮌은 베르사유의 티에르와 협상을 시도했다. 자신들이 억류한 다르부아Georges Darboy 파리 대주교를 비롯한 성직자들과 베르사유에 잡혀 있던 루이 오귀스트 블랑키Louis Auguste Blanqui를 교환하자는 것이었다. 그는 블랑키주의자들의 우상이었을 뿐 아니라 그렇지 않은 파벌 사람들에게도 폭넓게 지지를 받고 있어서, 집단 지도 체제의 난맥상을 어느새 보여 주고 있던 코뮌에게 절실히 필요한 지도자였다. 그러나 티에르가 그걸 모를 턱이 없었다. 그는 보수주의자로서는 생각하기 어려운 선택, 신앙의 최고 지도자인 대주교와 성직자들의 운명을 적에게 맡겨 버리는 선택을 했다. 갈아 마셔도 시원치 않을 코뮌에게 도움을 주지 않기 위하여! 그리고 계속해서 '빨갱이들의 파리'에 공격을 퍼부었다.

빨갱이들의 파리는 티에르의 병력을 어찌어찌 막아 냈으나, 점점 불안이 차오르고 있었다. 코뮌이 동원할 수 있는 병력은 본래 20만이라고 했지만 실제로는 4만 남짓이었고, 그나마 계속 줄어서 4월 말이 되자 2만 아래로 내려갔다. 그들이 아직 꼼짝도 안 하는 독일군과 내부의 불만 세력을 신경 쓰면서 13만의 티에르군과 맞서야 하는 것이었다. 2만 가운데도 전투 경험이 많은 병사는 극소수였고, 장교들은 대부분 베르사유로 달아났으므로 지휘 체계도 엉망이었다. 무기도 많지 않은 데다 공급로가 막힌 탄약은 바닥이 가까워졌다. 역시 공급이 끊긴 식량도 부족해져서, 개나 고양이는 물론 동물원의 코끼리를 잡아먹는 일까지 벌어졌다. 초조해진 코뮌은 '공안위원회를 설치하자!'라는 제안을 검토했다.

공안위원회! 대혁명 시절 공포정치의 상징! 코뮌은 정치적 입장이 다르다고 시민을 멋대로 처벌하는 일을 배격하는 의미로 단두대를 불태우는 의식까지 치르지 않았던가? 그러나 코뮌에 협조하지 않는 파리의 일부 지자체와 시민들, 책임을 회피하는 국민방위대원들, 민중 속을 파고

들며 반코뮌 선동을 일삼는 극우 선동꾼들과 티에르의 끄나풀들을 색출하고, 외부의 적과 제대로 싸우기 위해 내부의 적부터 다잡아야 한다고 주장하며 골수 자코뱅인 미요Millot가 제기한 공안위원회 설치령은 45 대 23표로 가결되었다. 5월 1일이었다. "이게 뭐냐? 위험하고 불필요하며 폭력적인 과거로 되돌아가는 것 말고 뭐냐?" 쿠르베는 이렇게 절규했으나 소용없었다. 그 뒤 5인 체제의 공안위원회가 대혁명에서처럼 무자비한 학살을 자행하지는 않았지만(그래도 절차도 없이 혐의만으로 체포된 사람이 3천 명을 넘었다), 이를 계기로 코뮌을 이루던 분파들의 대립은 심각해졌으며, 그것은 끝내 전쟁 수행에도 마이너스 효과를 냈다.

공안위원회는 수립되자마자 '국민방위대의 통제 부실'을 이유로 온건파인 귀스타브 클뤼즈레Gustave Cluseret 장군을 해임, 투옥한 다음 그의 참모장이던 급진 공화파 루이 로셀Louis Rossel을 군사위원장으로 선임했다. 다분히 정치적인 고려가 담긴 결정이었다. 클뤼즈레는 기존 명령 계통이 사라지면서 계급도 없고 규율도 없는, 사병들이 지휘관을 투표로 뽑고 조금만 신경에 거슬리면 곧바로 갈아 치우는, 시민 집단으로서야 나쁘지 않지만 군대로서는 대책이 없어진 국민방위대를 안간힘을 써서 군대 비슷하게 만들어 가고 있었기 때문이다.

그를 대신한 로셀은 바리케이드를 요충지마다 더 쌓고 강화하라고 첫 지시를 내렸다. 나폴레옹 가이야르Napolèon Gaillard라고 불리던 제화공이 그 작업을 총괄했는데, 센 강변에는 높이와 너비가 약 1.5미터 정도의 천연석 소재의 돌담이 죽 쳐졌고, 곳곳에 대포가 배치되었다. 한편 콩코르드 광장 주변에는 '가이야르의 성벽'이라 불리던 바리케이드가 생플로렌티느와 튀일리궁 사이에 쳐졌으며, 그 소재는 모래주머니와 나무통이었다. 입구는 겨우 한 사람이 가까스로 통과할 수 있을 만큼 좁게, 하나만 설치되었다. 그리고 그 정면으로 깊이 5미터 정도의 도랑을 파, 고전적인

파리코뮌 당시 프랑스 정부 수반이었던
루이 티에르

1871년 4월 12일, 파리코뮌의 구성원들이 나폴레옹 1세의 동상을 떠받든 방돔 원주를 쓰러트리고 있다.

군사 장벽의 규모를 갖추었다. 이 밖에 더 작고 조촐한 바리케이드들이 파리 시내 곳곳에 세워졌다. 또 로셀은 폴란드 출신의 로브레스키Lobresky에게 기존의 성벽과 요새를 보강하여 수비에 만전을 기하도록 했다.

그러나 티에르의 병사들은 끊임없이 공격해 왔고, 조금씩 점령지를 넓혀 가고 있었다. 요새나 방벽을 점령하면 1864년에 맺은 제네바 협정에는 아랑곳없이, 그곳을 지키던 코뮌 전사들을 무자비하게 학살했다. 코뮌에서는 이에 맞서 "코뮌군 한 명을 처형할 때마다 성직자와 친티에르계 사람을 세 명 처형하겠다!"고 선언했으나 최후의 순간이 오기까지는 실행에 옮기지 않았다. 아마 옮겼어도 베르사유의 잔인무도함을 억누르지는 못했을 것이다. 그들은 부상자를 돌보던 의사와 간호사들까지 쏴 버렸다.

5월 4일에는 몽루즈 요새와 이브리 요새가 베르사유로 넘어갔고, 5월 8일에는 파리 진입을 막아 오던 가장 중요하고 견고한 요새, 이시 요새가 함락되었다. 같은 날 티에르는 "항복하지 않으면 몰살될 것이다!"라고 코뮌에 최후통첩을 보냈다. 파리는 패닉에 빠졌다. 로셀은 책임을 추궁당하자 두말없이 사표를 던지고 사라져 버렸으며, 그 후임에는 고결한 노장老將이라는 평가와 무능하다는 평가가 엇갈리던 들레클뤼즈Louis Delescluze가 올랐다.

찾아온 파국

이제 전투는 파리 서남쪽을 둘러친 푸앵뒤쥐르 성벽을 중심으로, 특히 그 관문인 오퇴유 문에 대한 공방전으로 전개되었다. 5월 20일이 되자 그 문을 지키던 폴란드 귀족 출신의 파리 방위대장, 돔브로프스키Jaroslav Dombrowski는 코뮌 본부에 긴급히 병력 지원을 요청했다. 수비병들이 대부분 죽거나 도망가서 적이 마음만 먹으면 무혈입성하다시피 할 지경까지 되었기 때문이다.

그러나 기다려도 기다려도 지원은 오지 않았다. 화가 치민 돔브로프스키는 그다음 날 전황이 잠시 진정된 틈에 코뮌 본부로 달려가서 따져 물었다. 왜, 왜 몇 번이고 요청한 지원에 한 번도 응하지 않았느냐? 그러나 대답은 "이게 모두 당신 때문이다! 당신이 적과 내통하고 있다는 정보가 있다!"였다. 기가 막힌 돔브로프스키는 소리쳤다. "나는, 나는 모든 것을 코뮌에 바쳤소! 그런 나에게 배신자라고!"

그러는 동안 파국은 찾아왔다. 64번 보루에서, 뒤카렐Ducarel이라는 공사 감독이 푸앵뒤쥐르 성벽에 올라 쇠스랑 끝에 흰 천을 끼워 흔들며 반대편의 베르사유군에게 외친 것이다. "여기 지키는 사람, 아무도 없습니다! 어서 들어오세요!" 5월 21일, 티에르의 7만 병사들은 마침내 파리 시내로 진입했다. 이제는 바리케이드전이었다. "선량한 시민들이여, 일어나시오! 바리케이드로 가시오!" 코뮌의 급보를 알리려 골목마다 전령들이 뛰어다녔고, 여성과 아이들도 뛰쳐나왔다. 돌을 나르고, 길가의 벤치를 뜯어내 바리케이드에 붙이며 분전했다.

그러나 베르사유의 병사들은 많고, 강력한 무기를 지녔고, 악랄했다. 그들은 어렵사리 쌓아 올린 바리케이드를 대포로 부숴 버리고, 도망치는 사람들의 등에 대고 기관총을 난사했다. 파리 골목골목이 시체로 뒤덮였다. 티에르군은 마치 철천지원수에게 복수하듯, 혐오해 오던 이교도나 이민족을 정복하듯 (실제로 그들을 식민지의 '야만족'처럼 여기는 병사들도 있었다. 서정적인 사랑을 그린 소설, 『별Les étoiles』로 유명한 알퐁스 도데Alphonse Daudet도 코뮌 전사들을 '깜둥이들'이라고 불렀다) 동포들의 주검을 하나라도 더 늘리려고 광분했다.

광기는 코뮌 공안위원회에도 옮겨붙었다. 5월 24일, 그들은 다르부아 주교를 비롯한 고위 성직자 여섯 명을 처형했다. 그리고 코뮌이 스러질 때까지 성직자나 선동꾼 등 마흔일곱 명의 정치범들의 목숨을 빼앗았다.

그 하루 전, 파리 남부와 서부가 완전히 티에르의 손에 들어가고 파리를 내려다보는 몽마르트르까지 빼앗김으로써, 센강과 콩코르드 광장 주변에 설치한 대규모의 바리케이드는 아무런 쓸모가 없어진다. 그러자 코뮌은 새로운 장벽을 세웠다. 벽돌로 쌓아 올리는 것도, 모래주머니와 가구 집기를 동원하는 것도 아닌, 불의 장벽을! 튀일리궁, 팔레 루아얄, 법무부, 감사원, 레지옹 도뇌르 본부 등등, 파리 중심부의 유서 깊은 건물들이자 서민의 입장에서는 자신들을 지배하고 착취해 온 권력자들의 본거지들이 차례차례 불꽃에 휩싸였다. 불을 꺼야 할 소방수들이 반대로 기름을 지고 뿌리며 불꽃을 키웠다. 자신의 직분을 배반하는 행동이면서, 자신의 계급에 충성하는 행동이었다.

그러나 24일에는 노트르담 성당이 바라보이는 라탱 지구가 티에르 군에게 떨어졌고, 그들은 아직도 지직거리며 불타고 있는 건물 사이를 뚫고 대포로, 기관총으로, 소총으로 코뮌 전사들을 계속해서 밀어냈다. 바리케이드들은 뚫리고, 무너지고, 시민들의 선혈로 적셔졌다. '피의 목요일'로 불리게 될 25일에는 코뮌의 본거지인 시청 청사가 바라보이는 지점까지 정부군에게 점령되었다. 그들은 사로잡은 남녀노소의 코뮌 전사들을 나란히 세워 놓고 총살하고, 다시 진군하고, 다시 총살하고를 반복하며 시청으로 시청으로 향했다.

들레클뤼즈가 죽었다. 나폴레옹이 몰락할 무렵 태어나 7월 혁명과 2월 혁명 때 선두에서 싸워 온 61세의 혁명가는 최후까지 항전하는 것보다 장렬하게 자결하는 것이 코뮌 군사위원장에게 어울린다고 생각했다. 그래서 군복 정장을 빈틈없이 차려입고, 지팡이에 의지하여 총알과 포탄에 누더기가 되어 버린 바리케이드 위로 기어올랐다. 그리고 두 팔을 벌렸다. 수십 발의 총알이 그를 꿰뚫었다.

　이제 코뮌 지도부는 대부분 죽거나 사로잡힌 상태였지만, 저항은 그치지 않았다. 어떤 영국인 의대생은 하숙집 창문 아래 골목의 바리케이드가 뚫리고, 코뮌 전사들이 흩어져 달아나는 것을 내려다보았다. 일부는 각자의 집으로 달아났다. 쏟아져 들어온 정부군 병사들은 집집마다 수색했고, 집안에 있던 사람들을 닥치는 대로 끌어냈다. 병사들을 이끌던 장교는 "우리 병사 두 명이 전사했다! 그 대가를 치러 주마!"라고 외쳤다. 그러자 사로잡힌 사람들 사이에 있던 한 중년 여성이 이렇게 소리 질렀다. "내 아들 둘은 이시 요새에서 죽었어. 또 둘은 뇌이에서 사로잡혀 총살되었지! 우리 남편은 바리케이드에서 죽었고 말이야! 어디 나한테 너희들 마음대로 해 봐!"

　5월 26일이 되자 마침내 코뮌 본부가 있던 시청도 베르사유군에게 떨어졌고, 이제 코뮌 전사들의 저항은 대체로 파리 북동부 끝자락의 세 곳에서만 이어지고 있었다. 전통적으로 하층민과 노동자들의 집단 주거지가 몰려 있던 벨빌, 같은 19구의 뷔트 쇼몽, 그리고 벨빌 아래쪽에 있던 페르 라셰즈 공동묘지였다. 26일 밤새도록 전투가 벌어졌고, 27일 새벽 새로 투입된 정부군이 이 세 지역 사이로 파고들어 각각을 갈라놓았다. 그날 오전에 벨빌과 뷔트 쇼몽은 정복되었다. 한 번에 수백 명씩 총살되었다. 파리의 상황을 주시하던 독일군은 코뮌 전사들이 동쪽으로 달아나는 걸 막기 위해 파리 북동부 경계를 에워쌌다.

　사실상 코뮌 최후의 보루였던 페르 라셰즈 묘지의 철문은 27일 저녁에 돌파되었다. 그곳을 사수하던 147명의 코뮌 전사들은 대포를 가지고 있었으나, 포탄이 없어 묘비 사이를 뚫고 들어오는 적에게 발사할 수 없었다. 심지어 소총 탄환도 바닥난 경우가 많아, 대검이나 맨주먹으로 달려들었다. 베르사유군의 기관총은 그들과 비석들을 사정없이 날려 버렸다. 결국 묘지의 끝자락인 담벼락까지 몰린 전사들은 저항을 포기하고, '항복하면 살려 준다'는 정부군의 말에 실낱같은 희망을 걸고 손을 들었다.

그러나 있는 대로 동족상잔을 하고야 말겠다는 광기의 소용돌이 앞에서 너무도 덧없는 희망이었다. 무장해제된 그들은 그들이 마지막까지 의지해 싸우던 묘지의 담벼락 앞에 세워지고, 기관총 세례를 받았다. 그리고 찢겨진 시체가 되어 그들이 항전하던 참호 안으로 굴러떨어졌다. 1871년 5월 28일. 실질적인 코뮌의 최후였다(마지막 저항은 하루 뒤, 파리 외곽의 뱅센 숲에서 있었으나 큰 의미를 둘 수 없었다).

코뮌이 끝장나고 베르사유가 파리를 장악했는데도 학살은 내내 계속되었다. 얼굴이 희고 복장이 멀끔해 보이면 봐주고, 노동자처럼 보이면 코뮌에 가담하지 않았다고 소리치는데도 죽이기도 했다. 어떤 경우에는 불심검문을 해서 손바닥을 내놓아 보라고 하고, 손바닥이 지저분하면 '바리케이드를 쌓았다는 증거'라며 쏴 버리기도 했다. 2만 내지 3만 명이 학살되고, 사후의 재판에서 사형을 언도받은 사람이 또 93명이었다.

우리는 눈이 먼 건가?

가난한 사람들이 더 가난해져서, 반항하는 것 말고는 아무것도 남아 있지 않을 때,

그때를 기다리고 있는 건가?

머지않은 날, 못에 걸려 있는 누더기들은 증오의 깃발이 되고 말 거야!

우리 지도자들은 악취를 내는 자들이나

향수를 뿌리는 자들이나 똑같다는 걸

너무 빨리 잊어버렸어!

『파리코뮌, 민중의 함성』에서, 경찰 끄나풀로 일하던 그롱댕은 파리코뮌의 절망적인 투쟁과 잔혹한 진압을 보며 이렇게 소리친다. 그러나 그는

1871년 5월의 파리 거리(막시밀리앙 뤼스Maximilien Luce의 그림)

코뮌을 이해하고 동정하면서도, 끝내 그들 편에 서서 싸우지 않는다. 그에게는 필생의 목적, 자신이 딸처럼 아끼던 소녀를 능욕하고 살해한 (오해였지만) 타르파냥을 죽이는 목적이 있었기 때문이다. 코뮌 최후의 순간에 그는 코뮌 전사로 싸우고 있던 타르파냥을 죽이고, 다음 순간 그를 코뮌 전사로 착각한 정부군의 총에 죽는다.

십자가도 교회도 없는 무덤에서 '그 장벽'을 말하다

그랬다. 파리코뮌은 파리 시민 전체를 대표하지는 않았다. 베르사유 정부를 지지하는 사람들, 그들이 없었다면 애초에 티에르 정부가 출범하지 않았으리라. 오퇴유 문으로 베르사유군이 몰려들어 오는 일도 없었으리라. 그리고 서민이라고 무조건 코뮌에 찬성한 것도 아니었다. 비록 서민이라는 이유로 코뮌 전사로 몰려 숱하게 죽었지만 말이다. 타르파냥과 그롱댕처럼, 코뮌에 가담한 사람도 동정한 사람도 각자의 입장을 가지고 각자의 길을 걸어갔다. 죽음을 각오하고 바리케이드에 달라붙어 싸운 시민병도 있었지만, 급료와 분위기에 끌려 참여했다가 명령에도 아랑곳없이 꽁무니를 뺀 병사들도 있었다. 남녀노소 혼연일체기 되다시피 해 압도적인 적에게 맞섰던 콘스탄티노플의 시민들과는 달랐던 것이다. 코뮌 지도부도 단결과는 거리가 먼 모습이었고, 클뤼즈레나 돔브로프스키의 예를 보듯 권모술수의 꿍꿍이에 사로잡혀 있었다. 그들이 단결을 '강제'하기 위해 도입한 공안위원회와 베르사유 쪽의 잔인함에 분노하여 벌인 되갚기 학살은 더 큰 분열, 혼란, 잔학행위만 불러왔다.

　　그럼에도, 그럼에도 파리코뮌의 의의는 존재했다. 역사상 처음으로 민중은 ('국민'이라는 이름으로 대략 뭉뚱그린 것이 아니라, 힘없고 못 배

136

우고 늘 천대받아 온 사람들인 민중은) 권력을 잡고 짧은 기간이나마 권력을 행사했다. 진정 어려운 사람들을 위한 정책을 실시했다. 그리고 자신들을 탄압하는 사람들에게 맞서 목숨을 걸고 싸웠다. 진정으로 국민이 국가의 주인이라면, 어려운 사람들에게 배려가 우선되어야하는 것이 정의라면, 그것은 여러 가지 문제점과 세련되지 못함을 감안하더라도 정당한 일이었다. 그리고 그들과 대화나 타협을 시도하기는커녕 마치 해충을 박멸하듯 자국민을 사정없이 때려잡은 공권력의 폭력성. 그것은 과연 정치란 무엇인가, 국가란 누구를 위해 존재하는가, 참된 민주주의란 어떤 것이어야 하는가의 숙제를 전 인류에 내밀었다(불행히도 그런 숙제는 그 뒤로도 여러 차례, 여러 곳에서 되풀이될 것이었다. 가령 1980년 광주에서). 따라서 파리코뮌은 프랑스 대혁명의 대단원이면서, 그 의미를 마지막으로 되새기는 혹독한 기말시험의 장이었다.

그리고 코뮌은 장벽을 남겼다. 권력자가 피지배자들의 저항을 막기 위해 치는 장벽이 아니라, 학대받은 사람들이 스스로를 지키기 위해 기댔던 장벽. 그것은 처음에는 파리시를 둘러친 성벽이기도 했고, 바리케이드이기도 했으며, 불의 장벽이기도 했다. 특히 그 시절의 바리케이드는 오늘날 흔적도 없고, '코뮌 전사들의 장벽'이란 실제로 그들이 쌓은 것도 아니고 의지해서 싸운 것도 아닌, 코뮌 최후의 저항과 소멸을 묵묵히 내려다보았던 페르 라셰즈 묘지의 담벼락이지만, 바리케이드는 한편으로 불멸이었다. '바리케이드'라는 말은 분명 훨씬 전부터 쓰였고 2월 혁명이나 1830년의 벨기에 혁명 등에서도 바리케이드가 줄곧 등장했다. 그러나 파리코뮌의 참극 이래로 압제에 저항하는 민중의 상징처럼 각인되었다. 여러 가지 재료로 다급하게 만든 방어물. 적의 전진을 막는다는 장벽의 기능으로 보면 수준 미달인 바리케이드였으나, 바리케이드는 실제로 공격을 막아내는데 쓰이기보다 그것이 설치되었다는 자체로 투쟁의 상징성을 표시하게 된다. 저항과 반항의 1960년대, 프랑스 68운동의 현장에서 등장한 바리케이드나 일본 전공투 학생들이 도쿄대에서 농성하며 책상과 의자로 쌓아 올린 바리케이드처럼. "바리케이드로 가시오! 바리케이드로!" 1871년 5월 21일, 마침내 파리 시내로 티에르군이 돌입했을 때 코뮌의 전령들이 집집마다 다니며 부르짖었던 그 구호는 1905년 폴란드의 노동절 투쟁 때 노래로 만들어져 불렸다. 그 노래는 1917년 러시아 혁명에서 볼셰비키들이, 1920년대 만주의 독립군들이, 1937년의 스페인 내전 때 게릴라들이, 그리고 오늘날 독립을 외치는 쿠르드인 전사들을 비롯한 여러 해방을 꿈꾸는 사람들이 각자의 언어로 각색한 가사를 붙여 불러 왔으며, 부르고들 있다.

그리고 '코뮌 전사들의 장벽'이 있다. 페르 라셰즈 묘지의 담벼락인 그 장벽에는 오늘날 "여기 코뮌이 잠든다. 1871년 5월 21일에서 28일까지"라 쓰인 현판이 붙어 있고(좌우파의 격렬한 논쟁 끝에, 1908년에 설치되었다), 망자들의 넋을 위로하는 여인상이 새겨져 있고, 꽃이 바쳐져 있다. 이 담벼락을 코뮌 전사들의 장벽이라 부르며 참배(주로 좌파들이)하기 시작한 때는 참사로부터 8년이 지난 1879년이었다. 19세기 말 활동했던 가수 겸 언론인 쥘 주이Jules Jouy는 이런 시를 바쳤다.

십자가도 교회도 없는 무덤이여.
백합도 없고, 푸르른 교회 유리창에서 비쳐드는 햇빛도 없다네.
하지만 사람들은 이 무덤을 이야기하네.
그들은 속삭이네, '그 장벽'에 대해.
(…)
이끼 틈에서 피어나네, 붉은 꽃이여.
학살당한 사람들의 무덤에서
우리의 미래가 자라나네.

1871년 5월 28일,
파리코뮌의 마지막 바리케이드가 무너졌다.

페르 라셰즈 묘지에 있는 파리코뮌 전사자들의 추모 공간

그리고 해마다 참배객은 늘었고, 프랑스 인민전선을 중심으로 대대적인 좌익 행동이 일어나던 1936년에는 무려 60만 명이 이곳을 찾았다. 제2차 세계대전이 끝난 뒤에는, 전쟁 도중 목숨을 잃은 레지스탕스들과 프랑스 공산당원들의 시신이 이 장벽 옆에 안장되었다. 그런 식으로, 미와 낭만의 도시 파리는 그 이면에서 고통 받고, 고독하게 싸우다 스러져 간 사람들의 넋을 기억하고, 위로하고 있다.

키예프 유로마이단 바리케이드

파리코뮌 이래 수많은 바리케이드가 있었다. 그런데 아주 최근에 일어난 사건이면서, 그다지 잘 알려지지 않은 사건의 바리케이드가 있다. 2014년, 우크라이나 공화국 수도인 키예프에 세워졌던 바리케이드다.

우크라이나는 오랫동안 문화적, 인종적으로 러시아와 함께했다. 그러나 소련이 수립되고 안정되기까지의 수십 년 동안, 가장 처절한 고난을 겪었다. 소련 당국은 '우크라이나의 반동 세력을 척결한다'는 명분 아래 먼저 의도적인 대기근으로 수백만 우크라이나인을 굶겨 죽였고, 다시 외국과 내통하는 우크라이나 민족주의자들을 색출한다면서 수십만 명의 우크라이나인을 처형대로 보냈다.

1991년에 소련이 붕괴하고 1996년 독립국가로 새출발한 우크라이나는 당연히 '친러시아 경향'과 '탈러시아-친서구 경향'을 함께 갖게 되었다. 그러다가 2004년 집권당의 선거 부정으로 '오렌지 혁명'이 일어나면서 친서구적 경향의 정부가 집권하게 되었다. 그러나 오렌지 혁명으로 고배를 마셨던 빅토르 야누코비치Viktor Yanukovych는 2010년 선거에서 율리야 티모셴코Yuliya Tymoshenko를 누르고 집권에 성공했으며, 이후 노골적인 친러시아-반서구 경향을 띠게 된다. 이에 반발한 친서구 성향의 청년들은 '유로마이단', 즉 '유럽연합 가입을 지지하는 모임'을 조직해 반정부 시위에 나섰다.

이들의 시위와 정부 측의 대응은 점점 과격해졌으며, 마침내 2014년 1월에는 수십만의 유로마이단 시위대가 수도 키예프를 메우고, 지방정부청사를 강제 점거, 농성하는 일까지 벌어졌다. 이렇게 되자 정부는 무력 진압을 결정했으며, 2014년 2월 18일에 수만 명의 경찰 병력이 시위대에 발포해, 75명 사망에 1,100명 부상이라는 21세기 들어 초유의 대규모 유혈사태가 빚어졌다.

키예프의 바리케이드는 이때 등장했다. 경찰 무장 병력에 맞서는 우크라이나 유로마이단은 자신들의 목숨을 지키면서 퇴각하거나 패배하지 않기 위해 주변에서 볼 수 있는 것들을 온통 끌어다 모아 바리케이드를 치고 저항했던 것이다.

이 사태는 결국 야누코비치 대통령의 하야와 러시아 망명, 신정부에 의한 친러시아 정책 폐기를 낳았다. 하지만 그것으로 끝은 아니었다. 러시아는 우크라이나 사태에 개입한다면서 돌연 크림반도를 무력으로 점령하고, 이를 자국 영토에 편입시켰다. 명백한 주권 침해와 무력 침략이었지만, 러시아의 국제적 위상이 워낙 높은 데다 신생 정부가 맞대응을 자제함으로써 하마터면 제3차 세계대전으로까지 치달을 뻔했던 이 사건은 그럭저럭 넘어갔다. 그러나 불씨는 여전히 남아 있다. 우크라이나 내부 사정도 마찬가지다. 최근 동북아시아의 어떤 나라처럼, 이 나라도 지역이나 연령에 따라 뚜렷이 분열되어 있다. 우크라이나 서부 지역 주민과 젊은층은 유로마이단 편이며, 동부 주민과 노년층은 대체로 러시아 편이다. 그것은 우크라이나라는 나라가 러시아의 일부였다가 별개였다가 하며 걸어온 지난 100년 동안의 갈지자 행보와 깊이 연관되어 있다.

아무튼 키예프 시민 또는 우크라이나 국민의 한결같은 뜻을 대변하지는 못했다는 점에서 2014년 유로마이단의 희생자들은 1871년 파리코뮌의 희생자들과 닮아 있다. 그러나 그렇다고 해서 그들이 흘린 피가 손가락질받아야 할까? 국민이 주인인 나라에서 반드시 모든 국민이 일치된 주장을 할 필요는 없고, 그럴 수도 없다. 그러나 분명한 사실은 그런 목소리를 국민의 종복인 공권력이 무력으로 짓밟아서는 안 된다는 점이다. 게다가 그런 조치가 외국 세력과 연계되어 있다면 말할 것도 없다.

제3부   세계대전과 냉전, 둘로 쪼개진 세상

6. 마지노선

1453년 테오도시우스 성벽의 돌파는 전쟁사에서 하나의 기점을 나타낸
다. 더 이상 장벽이 군사시설로서 유력하지 않은 시대가 시작된 것이다.
물론 그 뒤에도 한동안 성벽은 개량을 거치며 공격에 저항했다. 1571년,
베네치아령 키프로스의 파마구스타 요새 역시 투르크의 공격을 받았는
데, 별처럼 들쭉날쭉한 구조로 되어 있는 데다가, 모르타르가 포함되어
포탄이 성벽의 부분만 부수거나 성벽에 박히게 만들고, 각도가 맞지 않으
면 포탄이 미끄러져 내리도록 성벽에 경사면을 준 덕에 콘스탄티노플에
서처럼 압도적 다수가 대포 포격, 해양 봉쇄, 땅굴을 동원해 벌인 공격을
1년 가까이 버텨 내기도 했다.
　　그러나 이윽고 돌로 쌓은 성벽 따위는 한방에 가루로 만들 수 있는
작열탄이 나오고부터는 더 이상 성벽이 전쟁의 주요 변수가 되지 않는다.
워싱턴George Washington이나 나폴레옹 시대의 장군들은 방어를 위해 장벽
을 구축한다는 생각을 전혀 하지 않았다. 1830년대에 나온 클라우제비츠

의 『전쟁론 *Vom Kriege*』에서도 장벽은 조롱의 대상일 뿐이었다. 그는 "요새들을 잇는 선(장벽)은 오늘날 가장 시대에 뒤떨어진 방어 수단이다. 장벽은 너무 많은 병력의 수비를 필요로 하며, 그런데도 쉽게 돌파당한다"라고 썼다. 그런데 심지어 비행기가 등장해 장벽 위를 자유롭게 넘나드는 시대인 20세기에 와서, 온갖 공을 들여 장벽을 세우고, 장벽에 기대어 국가 방위는 튼튼하다고 믿었던 사례가 있다. 바로 프랑스의 마지노선이다.

제1차 세계대전의 충격과 공포

프랑스인들은 왜 마지노선에 국가의 운명을 맡기는 선택을 했을까? "참호 속에 웅크려 있는 것이야말로 가장 졸렬한 군사적 선택이다"라는 말을 남긴 나폴레옹 이후로 프랑스군은 주로 기동력과 집중력, 그리고 병사들의 영웅적인 용기에 기대는 전술을 짰다. 포격의 엄호를 받으며 적의 진지를 향해 질서 정연하게 전진하다가, 마지막 지점에 이르면 일제히 약진하여 백병전으로 적과 사생결단을 내는 방식이 프랑스의, 그리고 보통 서구 보병대의 전형적 전투 방식이었다. 그런데 남북전쟁, 러일전쟁 등을 거치며 화기의 성능이 향상되면서 이런 방식에 의문이 제기되기 시작한다. 기관총은 질서 정연히 전진해 오는 적을 풀 베듯 쓰러트렸으며, 더 강력해지고 연속 발사가 가능해진 화포는 원거리에서 적진을 쑥대밭으로 만들 수 있게 되었던 것이다. 그래도 '적진이 강력해졌다면 그만큼 빨리 적진을 손에 넣을 필요가 있다'는 생각에서 공세 중심의 전술은 유지되었다. 그러다가 결국 제1차 세계대전에서 전술의 패러다임이 바뀐다.

그것은 각 군의 총사령관들도 예상치 못한, 막대한 물량공세가 그야말로 전장을 쑥대밭으로 만들었기 때문이었다. 가령 프랑스군은 전쟁 기간 동안 사용할 포탄 총량을 화포 하나당 1,300발로 계획해 두었다. 그런데 전쟁이 터진 지 며칠도 되지 않아서 그 수량은 이미 거덜 났다. 독일군, 영국군, 러시아군도 마찬가지였다. 이렇게 포탄의 비가 내리는 가운데 무슨 용맹한 진격이란 말인가? 전멸당하고 싶지 않은 이상, 양쪽 군대는 참호 속에 납작 엎드려 포격전이 잦아들기만 기다려야 했다.

말하자면 이전까지의 전쟁이란 양쪽 군대가 우와와 하며 달려들어 일정 지점에서 격렬하게 싸우고, 한쪽이 승리하면 패배한 쪽의 영토로 거침없이 진격하는 식이었다. 따라서 빠르면 며칠 만에 전쟁이 결판나는 일도 많았다. 그러나 이제는 도무지 대규모 진격이라는 것도 불가능하고, 결전이라 할 것도 없다. 각자의 진지에서 포를 쏴대다가, 한쪽의 화력이 먼저 약해지면 다른 쪽에게 진지를 빼앗긴다. 그러나 승리도 잠시, 기진맥진해져 있는 승리자에게 패배자의 후속 병력이 진주해 오면 다시 진지를 빼앗기고 원래의 진지로 퇴각한다……. 그러니 몇 날, 몇 달이 지나도 양쪽은 처음 싸움을 시작한 곳에서 한 발짝도 떨어지지 않은 곳에 머물러 있는 경우가 많았다. 그러나 참호 속의 병사들은 결코 편안하지 않다. 낮도 밤도 없이 포탄이 날아다니고, 포격과 피로로 조금만 넋을 놓고 있다가는 적군이 참호에서 나와 달려들어 온다. 당시 병사들의 전사 비율은 엄청났고, 살아남은 병사들이 미쳐 버린 비율도 엄청났다.

이렇다 보니 처음에는 아무리 길어야 4개월 만에 끝날 거라고 생각했던 전쟁이 4년이나 계속되었다. 전쟁 후반이 되면 이런 참호전 양상을 어떻게든 깨트리기 위해 전차, 비행기, 그리고 독가스와 화염방사기가 동원되었다. 적의 참호에 독가스를 뿌리고 화염을 내뿜어 꼼짝 않고 참호를 지키던 적군을 몰살한 뒤, 비행기와 전차를 앞세우고 공격하는 것이다. 그러나 아직 전차와 비행기의 성능은 위력적이지 않았고, 독가스는 자칫 아군까지 살상했다. 그리고 저쪽에서도 전차, 비행기, 독가스, 화염방사기를 들고 맞서는 것이다. 결국 전황은 여전히 느리게 움직였고 전장에서 죽어 나가는 사람의 수는 끝이 보이지 않을 만큼 늘어 갔다.

프랑스에서는 이 세계대전 동안 140여만 명의 남성이 전장에서 목숨을 잃었고, 이는 청년층의 40퍼센트를 넘는 수였다. 당연히 전쟁의 명예니 영광이니 하는 이야기는 더 이상 팔리지 않았고, '되도록 전쟁을 피해야 한다', '피할 수 없다면 방어에 최선을 다해야 한다'는 생각이 두루 공감대를 이루었다. 이는 제1차 세계대전 중 3년이던 의무 복무 기간을 1년으로 줄이는 정치적 결정으로 이어졌다. 이렇게 전보다 훨씬 줄어든 병력 자원으로는 어차피 대담한 공세 작전은 세우기 어려웠고, 방어에 주력해야 할 입장이었다.

이렇게 해서 독일과의 국경 지대에 대규모의 최첨단 방어 시설을 구축한다는 구상이 떠오르게 된다. 그 방어 시설은 당시 프랑스 국방장관 앙드레 마지노André Maginot의 이름을 따서 마지노선이라 불리게 되지만, 제1차 세계대전의 전쟁영웅 앙리 페탱Henri Pétain을 비롯한 군부의 주요 인사들의 뜻이 모여서 나온 '현대의 만리장성'이기도 했다.

페탱은 제1차 세계대전에서 제2군 사령관으로 그 전쟁의 최대 격전이던 베르됭 전투를 승리로 이끌어, 프랑스를 유린하려는 독일의 시도에 쐐기를 박은 인물이었다. 그런데 당시에도 그는 철저히 방어 위주의 전법을 고집하다가, 최고사령관 조제프 조프르Joseph Joffre의 지시로 교체되었다. 그러나 공세를 선호한 후임자가 승리하기는 했지만 너무 막대한 인명 손실을 초래했다 하여, 전후에 국민들은 페탱을 베르됭의 구세주라고 받들었던 것이다.

그는 "개활지의 병사 일곱 명을 요새의 병사 한 명이 격퇴할 수 있다"면서, 방어 위주의 전략과 요새 위주의 전술만이 프랑스 안보의 복음이 될 것이라고 거듭 강조했다. 그리고 베르됭 전투 당시 부하였던 마지노에게 '그 누구도 넘볼 수 없을 요새' 건설을 건의했다. 조프르 역시 그에 찬

마지노선이라는 이름의 주인공인
당시 프랑스 국방장관 앙드레 마지노

제1차 세계대전의 전쟁영웅인 앙리 페탱.
마지노선 건설에 큰 영향력을 끼쳤다.

성했다. 본래 공세주의자였고 그래서 페탱을 교체하기도 했던 그였건만 제1차 세계대전의 피해에 넌더리가 난 나머지 방어주의자가 된 것이다. 다만 그는 만리장성 같은 하나의 요새선을 주장한 반면 페탱은 여러 강력 요새군群을 분산 배치해 적이 1차 요새군을 뚫어도 다음 요새군에 가로막히는, 말하자면 테오도시우스 성벽 같은 시스템을 구상했다는 차이가 있다. 결국 1925년부터 4년 동안 요새 건설 계획이 진행된 끝에 두 사람의 의견을 절충한 최종안이 마련되었다.

아무튼 막대한 비용이 투입되어야 했는데, 마지노의 후임자인 폴 팽르베Paul Painlevé가 마지노의 원안을 한껏 확대 보강한 요새 시스템 구축안을 1929년에 의회에 올리자 무려 90퍼센트라는 지지를 받고 통과되었다. 그만큼 당시의 상식은 '요새에 의존하는 방어'였던 것이다. 반대 의견도 없지는 않았다. 역시 제1차 세계대전의 영웅이던 페르디낭 포슈 Ferdinand Foch나 훗날 영국으로 건너가 레지스탕스 운동의 지주가 될 샤를 드골Charles de Gaulle 등은 "요새 따위에 막대한 돈을 쏟아부을 게 아니라, 항공기와 전차, 장갑차를 더 늘려야 한다"고 부르짖었다. 전직 수상인 앙드레 타르디외André Tardieu는 만리장성과 하드리아누스 장벽을 예로 들며 "막강한 제국들은 스스로 장벽을 세우고 그에 안주하기로 결정한 다음부터, 쇠퇴와 몰락의 길을 걸었다"고 경고했다. 그러나 모두 대세를 뒤집기에는 미미했다.

마지노선의 명암

이듬해부터 스위스에서 룩셈부르크, 벨기에에 이르는 프랑스 동부 국경에 108개의 요새를 구축하고, 그 요새들을 잇는 장벽을 짓는 작업이 시작되었

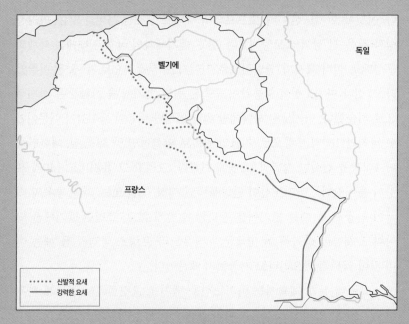

독일

벨기에

프랑스

······ 산발적 요새
───── 강력한 요새

프랑스 동부 국경에 구축된 마지노선은 만리장성과 같이 요새들 사이를 잇는 긴 장벽이었다.

다. 이것이 '마지노선'이며, 조프르의 구상대로 요새들 사이를 잇는, 만리장
성과 같은 긴 장벽의 모양새였다. 한편 벨기에와의 국경 지대에는 페탱의
구상대로 여러 요새가 산발적으로 지어지고, 부분적으로 두 줄을 이루었
다. 그러나 마지노선이 철통같이 구축된 반면 벨기에 쪽 요새군은 상대적
으로 허술했다. 마지노선 하나에만 워낙 엄청난 비용이 들어갔기 때문이기
도 하지만(160억 프랑으로, 지금의 원화로 환산하면 약 35조 원, 대한민국
이 4대강을 건설한 경비의 1.5배에 이른다. 그리고 그 유지비도 140억 프
랑이 들어갔다), 마지노선이 난공불락인 이상 독일 또는 다른 동쪽의 적
국이 침공해 올 때는 벨기에를 통과할 수밖에 없고, 그러면 벨기에군 및
아마도 재빨리 상륙해 올 영국군과 싸우느라 프랑스 국경쯤 올 때는 이
미 많이 약해져 있으리라고 계산했기 때문이다.

   그런데 본래 계획에는 마지노선을 벨기에 국경선에서 멈추게 하지
않고, 그대로 벨기에 국경선을 따라 계속 이어서 대서양에 이르도록 한다
는 안이 있었다. 그야말로 동쪽을 철통같이 둘러치는 이 계획대로였다면
'마지노선이냐? 독일의 전격전이냐?' 하는 일대 승부를 볼 수 있었을지도
모른다. 아니, 히틀러Adolf Hitler도 포기하고 프랑스 침공을 시도하지 않았
을지도 모른다. 그러나 마지노선이 '반쪽짜리'로 남을 수밖에 없었던 까닭
은 일단 예산 문제 때문이었다. 국방 예산의 약 절반이 마지노선에 들어갔
으니, 그 두 배의 장벽을 구축하는 일은 무리였을 것이다. 하지만 국제정치
적 문제도 크게 작용했다. 벨기에는 프랑스, 독일, 영국이라는 3대 유럽 강
국의 한가운데 지점에 있으므로 세 나라 중 어느 한쪽 세력에 들어가면 다
른 나라가 직접적 위협을 받는 지정학적 요충지였다. 그래서 오래전부터
중립을 표방해 왔다. 벨기에는 프랑스의 마지노선을 자국 국경에 구축해
서 중립을 깨는 모습을 보이고 싶지 않았다. 게다가 영국이 결사반대했다.
영국은 옛날부터 '대륙의 문제와 우리는 무관'이라는 태도를 취해 오면서

도 벨기에가 걸린 문제라면 민감하게 반응했다. 제1차 세계대전에 참전한 큰 이유도 독일이 벨기에를 통해 프랑스로 들어가려 했기 때문이다. 19세기에는 프랑스의 나폴레옹 3세와 오랜 파트너십을 가꿔 왔으나 그가 벨기에를 손에 넣으려는 야심을 품었음을 알게 되자 곧바로 파트너십을 끊고 프로이센-프랑스 전쟁에서 프로이센을 응원하기도 했다. 그런 영국이 프랑스의 군사시설을 벨기에 땅에 세우는 일에 찬성할 리가 없었다.

그런데 또 하나의 작은 공백이 있었다. 마지노선의 북쪽 끝에서 페탱 요새군 사이의 아르덴 지구. 이곳은 고원지대인 데다 삼림이 빽빽이 우거져 있었고, 그곳을 요새화하려면 그 삼림을 모조리 베어 내야 하는데 그것은 벨기에나 영국이 보기에 곱지 않은 일이었다. 그리고 결국 적의 기계화부대의 발목을 잡는 것이 1차 목표였으므로, 빽빽한 삼림이라면 천연 요새 구실을 해 줄 것이라 여겨졌다. 제2차 세계대전이 터진 직후, 프랑스 군부에서는 '독일군이 아르덴으로 쳐들어올 가능성은 만의 하나도 없다'고 자신했다.

아무튼 6년의 공사 기간을 거쳐 1936년에 일차 완공되고, 다시 1939년에 보강 완료된 마지노선은 320킬로미터의 길이였고(서쪽의 페탱 요새군까지 합쳐 750킬로미터라고도 했다), 철근 콘크리트로 구축되었으며, 지상에 드러난 요새 상층부에는 다시 흙을 덮어 포격의 충격을 완화하도록 했다. 요새와 요새 사이의 장벽은 최소 3.5미터 두께였고 철조망과 대전차 구조물로 보강되어 있었다. 다시 말해서 장벽이 위주이고 간혹 세워진 망루가 그 방어력을 보강하는 식이던 만리장성, 하드리아누스 장벽, 테오도시우스 성벽과는 달리, 마지노선은 요새가 위주였다. 촘촘히 세워진 요새들이 방어의 핵심이 되면서 그 사이를 적이 돌파하지 못하도록 장벽으로 막은 개념이었다. 적이 만약 대전차 구조물-철조망-콘크리트 장벽이라는 겹겹의 장애를 뚫고 (일부 구간에는 유사시에 대량의 물을 도

랑에 쏟아부어 즉석 해자를 만드는 장치도 있었다) 장벽을 돌파하려 하면 양쪽의 요새에서 협격을 받게 되며, 반대로 요새를 돌파하려 하면 그 양쪽의 요새와 후방에서 몰려온 지원군까지 합세한 철통같은 방어력을 상대하게 된다.

그러나 지원 병력이 오기까지 버텨야 하고, 상황이 나쁘면 지원이 어려울 수도 있다. 그래서 각각의 요새는 그 자체만으로도 막강한 화력으로 적을 격퇴하는 한편 주변과 차단되어 장기전을 벌이더라도 버틸 수 있도록 설비되었다. 지상에는 화포 포탑(75밀리미터 포와 45밀리미터 대전차포를 탑재했으며, 회전 발사가 가능했다), 포곽(기관총 2문이 설치되어 있었다), 포문(지하에 설치된 박격포 포구가 거치되었다. 요새 가까이까지 육박한 적을 요격할 때 썼다), 관측탑 등이 있었다. 그리고 지하에는 병사용 막사, 내무반, 식당, 주방, 지휘 본부, 발전소, 탄약고, 군수 창고, 식량 저장실 등이 있었다. 요새 내부에서는 엘리베이터를 이용해 지상에서 지하 40미터까지 이동할 수 있었고, 요새 사이로는 지하 통로가 설치되어 있었는데 전차도 이동할 수 있을 만큼 규모가 컸다. 요새 내부의 조명은 모두 강화유리로 세심히 보호된 백열등을 썼고, 유리창 등에도 모두 강화유리를 사용해 강한 충격에 깨져 기능을 잃거나 주변 인원을 다치게 하지 않도록 했다.

여담으로 지금 대한민국 국군이 사용하고 있는 벙커 시설들을 보면 지하 수십 미터 지점에서 오르내릴 때 계단만 쓸 수 있거나(탄약이라도 운반하다가 헛디뎌 떨어지는 날이면 벙커가 전멸할 수도 있다!), 작은 충격에도 깨지기 쉬운 형광등 조명이나 보통 유리를 사용하는 경우가 있는데 80여 년 전의 프랑스 방어 시설의 밑바닥에도 못 미치는 수준이라고 할까.

그래도 워낙 전례가 없는 시설이다 보니, 미처 살피지 못한 부분이 있기 마련이었다. 320킬로미터의 설치 지역 가운데는 지반이 약한 곳들이 꽤 있었다. 그 위에 육중하기 이를 데 없는 건물을 짓고 온갖 물자와

마지노선에 구축된 요새

마지노선 요새 내부의 통로

사람들이 들어가 앉다 보니 침하가 일어났고, 그로 인해 거미줄처럼 연결된 전선이 끊어져 정전이나 화재가 일어났다. 그리고 반지하방에 살아 본 사람이면 알겠지만 지하는 늘 습기가 차고 악취가 심하며 벌레가 끓는다. 심한 곳은 기계가 제대로 작동하지 않을 정도였는데, 기계보다 사람이 견딜 수 없어서 필요 인원보다 훨씬 적은 인원만 요새에 들어가 있을 때가 많았다. 나중에는 결국 이것이 마지노선의 치명적 약점이 된다.

오늘날에는 결과론적으로 '마지노선이야말로 대책 없는 군사적 뻘짓'이라는 평가가 많다. 하지만 윈스턴 처칠처럼 그 군사적 가치를 인정하는 사람도 있다. 처칠은 그가 노벨문학상을 수상하는 직접적 계기가 되는 『제2차 세계대전The Second World War』에서 "마지노선은 프랑스가 방어 필요 범위를 줄일 수 있게 해 주었고, 침략 세력은 먼저 중립국을 공격해 오게 되어 있었으므로 중립국과 협조만 잘하면 효과적으로 방어할 수 있는 구도를 만들었다"고 보았다.

그런데 그 협조라는 게 문제였다. 벨기에는 자국 국경에 마지노선을 연장하는 일을 거부했다. 1939년 9월 1일에 히틀러가 폴란드를 침공해 제2차 세계대전이 마침내 일어난 다음에는 프랑스군이 국내로 진입하는 일을 허용했으나 그다지 협조적이지 않았다. 벨기에가 중립을 완전히 포기하고 프랑스에 밀착하는 모습을 보이면 독일의 비위를 건드리리라 보았고, 프랑스군은 유사시에 퇴각해 마지노선 등에만 기대려 할 뿐, 적극적으로 독일을 공격하거나 벨기에로의 진입을 막으려 애쓰지 않으리라 의심했기 때문이다. 두 군대의 손발이 잘 맞지 않다 보니 결국 독일군이 눈앞에 왔을 때 벨기에군이 설치한 장애물에 가로막혀 프랑스군이 진격을 못 하는 일도 있었다. 전략적으로 중요한 위치에 있던 부용시의 호텔을 야전병원으로 사용하자는 프랑스군의 제의에 부용 시장이 "이미 예약한 관광객들 때문에 안 된다"고 거부한 일화는 유명하다.

그것 역시 마지노선이 낳은 보이지 않는 피해였다. 프랑스라는 나라는 '장벽 뒤에 꼭꼭 숨어서, 자기네한테 위험한 일에는 손 하나 까딱 안 하는 겁쟁이'라는 인식을 적성국과 우방국 모두에게 심어 준 것이다. 실제로 프랑스는 체코슬로바키아와 공수 동맹을 맺었으면서도 1938년의 뮌헨 협정에서 체코 땅을 히틀러에게 잘라 바치는 데 동의해, 동맹을 일방적으로 저버렸다. 그리고 얼마 뒤 체코 전체가 히틀러의 뱃속으로 모습을 감췄을 때도 침묵했다. 결국 폴란드 침공만큼은 더 이상 좌시하지 않고 전쟁에 돌입했으나(소련과 불가침조약을 맺은 히틀러가 폴란드까지 차지할 경우 동쪽으로는 더 이상 야욕을 부릴 수가 없고, 따라서 다음 목표는 프랑스가 되리라는 계산 아래), 1940년 5월 10일에 독일이 드디어 전격전을 개시할 때까지 약 9개월 동안 가만히 앉아서 독일을 노려보기만 할 뿐, 당시만 해도 수치상으로 독일보다 앞섰던 육군 전력을 전혀 움직이려 하지 않았다. 그 사이에 히틀러는 전력으로 폴란드를 석권하고, 전열을 정비해 서부전선 공략에 나설 수 있었다.

그래도 프랑스 자체의 방어를 생각하면, 마지노선은 종이호랑이가 아니었다. 히틀러의 프랑스 공격 계획을 독일 군부에서 몇 번이나 거부하며 '마지노선 때문에!'라는 이유를 댄 사실이 그것을 증명한다. 그러나 독일군에는 에리히 폰 만슈타인Erich von Manstein이라는 비범한 전략가가 있었다. 그가 입안하고 하인츠 구데리안Heinz Guderian이 실행한 '지헬슈니트(낫질)' 작전은 아르덴으로 기갑부대를 전격 투입해, 벨기에에 상륙해 있던 영국군과 프랑스군을 신속하게 포위해 버린다는 내용이었다. 프랑스군은 전력의 상당 부분을 마지노선에 배치해 두고 있으므로 북부에서 마주쳐야 할 전력은 많지 않았고, 남쪽 프랑스군이 이동해 오기 전에 벨기에와 프랑스 북부를 장악해 버리면 서부전선의 전쟁은 사실상 종료되리라는 것이었다.

그렇다면 아르덴의 빽빽한 삼림은? 만슈타인은 아르덴 지구의 정밀한 지도를 놓고 면밀히 검토했다. 그 가운데 특별히 수령이 어린 나무들이 모인 지대를 따라 독일 전차들의 진격로를 그렸다. 당시 독일의 전차는 프랑스 전차보다 한 수 아래라는 평가를 받았지만, 프랑스 전차의 앞부분이 위로 치솟아 있던 반면 독일 전차는 아래쪽으로 비죽 튀어나와 있었다. 그 튀어나온 앞부분으로, 어린 나무들을 마치 낫질하듯 들이받아 꺾어 버린다! 이 '무식한' 전법으로 독일 전차군단은 아르덴 숲을 문자 그대로 '돌파'해 나갔다. 나무가 너무 밀집되어 있는 지점에서는 포격으로 날려 버렸다. 그리하여 겨우 4일 만에, 독일군은 제1차 세계대전 때 4년이 걸려도 침입할 수 없었던 프랑스 중심부로 밀고 들어갔다.

구데리안은 이 과감한 기동전에서 주의를 분산시키기 위해 독일군의 목표가 북쪽이 아니라 남쪽, 스위스 국경선인 것처럼 거짓 정보를 흘리고 일부 병력을 그 방면으로 출동시켰다. 여기에 넘어간 프랑스군은 마지노선의 남쪽 방면에 병력을 잔뜩 보강했다. 덕분에 북부를 지키는 전력은 더욱 허술해져서, 아르덴을 뚫고 온 독일군에게 맥을 못 출 수밖에 없었다.

그런데 주의 분산 작전은 하나 더 있었고, 여기서 마지노선은 '난공불락'이라는 신화와 '적이 우회하는 바람에 실력 발휘할 기회도 못 얻은 채 무용지물이 되었다'는 전설을 동시에 깨트리게 된다.

"마지노선을 사수하라!"

1940년 5월 18일, 마지노선의 최북단이자 좌측단인 라 페르테 지역의 505 요새. 이곳으로 독일군 제71보병사단에 소속된 171공병대대의 두 개 중대가 접근했다. 이때는 이미 아르덴 숲이 뚫리고 독일군 주력이 파죽지세로 프랑스 북부를 유린하던 때여서, 마지노선을 공격해 프랑스군의 주의를 분산시킨다는 기만 전술의 목표는 무의미해졌을 때였다. 그러나 임무를 받은 독일군은 진지했다. 그리고 놀랍게도, 프랑스군도 진지하게 나왔다. 이미 마지노선에 대해서는 진지할 필요가 없는 시점이었는데 말이다.

독일군은 먼저 요새에 집중사격을 퍼부었다. 그러나 요새는 멀쩡했으며, 마지노선의 견고함이 헛말이 아님을 입증했다. 그러자 그들은 한편으로 포격을 계속하면서, 요새 쪽으로 달려들어 가기 시작했다. 사전 정보에 따르면 마지노선의 요새는 사람이 지내기 힘든 환경 때문에 적정 인원이 근무하고 있지 않았다. 그리고 그것은 사실이었다. 하지만 후방 진지에 물러나 있던 병력이 부랴부랴 달려오고 있었고, 인근 요새에서도 증원 병력을 보낼 참이었다. 그 막간의 틈을 노린 독일군의 도박은 성공했다. 포격에 맞서는 요새의 화포 포탑만 바쁘게 돌아갈 뿐, 육박해 오는 적을 처리하기 위한 기관포와 박격포는 침묵했던 것이다. 사격을 맡을 사람이 모자랐기에! 죽을힘을 다해 뛰고 또 뛰어서 요새 벽면까지 이르는 데 성공한 독일군은 폭약을 가지고 벽면을 기어올랐다. 그리고 빙글빙글 회전하며 아군의 화포를 요격하고 있던 포탑에 폭약을 설치하고, 재빨리 엄폐했다.

콰광! 천지가 진동하는 굉음과 함께 폭약이 터지고, 포탑은 하늘로 솟아올랐다가 큰 소리를 내며 옆으로 떨어져 버렸다. 독일군은 포탑이 있던 자리에 휑하니 뚫린 구멍으로 덤벼들었다. 그리고 수류탄, 연막탄, 조명탄 등 손으로 던질 수 있는 건 있는 대로 던져 넣은 다음, 자리를 피했다.

잠시 뒤, 505 요새는 생지옥이 되었다. 독일군이 던져 넣은 폭발물들이 연쇄 폭발을 일으켰고, 내부 시설들이 부서지고 무너지고 불타올랐다. 게다가 불길이 탄약고까지 번진다면 그야말로 끝장이었다. 이제 막 후방에서 도착한 병사들은 사태를 수습해 보려 했지만 어쩔 수가 없었고, 잘못하면 자신들도 불타는 요새와 함께 끝장날 지경임을 깨달았다.

그들은 얼마 뒤 요새 내부에서 대폭발이 일어나자 악몽이 현실이 된 줄 알았지만, 터진 것은 탄약고가 아니라 발사를 위해 쌓아 두었던 45밀리미터 대전차탄이었다. 어쨌든 그 폭발도 엄청나서, 외부 포격에도 끄떡없던 요새 앞부분이 무너져 내부가 그대로 드러나고 말았다. 이쯤 되자 요새 수비대장, 부르귀뇽Maurice Bourguignon 중위는 요새 전면을 포기하고 더 안쪽의 2구역으로 퇴각하라고 지시했다.

그래도 바깥의 독일군은 선뜻 난입하지 못했는데, 병력이 소수였기 때문이다. 그래서 그들은 요새의 포곽들을 돌아가며 포탑처럼 폭약으로 날려 버렸는데, 네 개 포곽 중 세 개가 파괴되었으나 네 번째 포곽에서는 맹렬한 기관총 사격이 쏟아져 접근할 수 없었다. 그러자 다시 화포가 나섰으며, 몇 시간 동안의 사격전 끝에 마지막 포곽도 파괴되고 말았다.

이제 공격하는 쪽이나 지키는 쪽 모두 곤란한 상태에서 교전이 계속되었다. 독일군은 워낙 소수였고 탄약도 떨어져 가고 있어서 대담한 공세를 취할 수가 없었다. 중화기를 모두 잃은 요새의 프랑스군은 폐허가 된 요새 속에서 한편으로는 소총으로 사격하며, 한편으로는 탄약고에 불길이 옮겨붙지 않도록 애쓰며 분전하고 있었다. 그러나 당장이라도 독일군 한 개 중대만 더 나타나면 그대로 끝장이었다. 이젠 어쩔 수 없다고 여긴 부르귀뇽은 본부에 퇴각 명령을 내려 달라고 타전했다. 그러나 돌아온 명령은 "후퇴는 절대 안 된다! 죽을 때까지 그 자리를 사수하라!"였다. 부르귀뇽은 기가 막혔지만 이를 악물고 버텨 18일 밤을 넘겼다. 그러나 그다음 날 새벽, 마침내 탄약고가 폭발했다. 다수의 병사가 그 자리에서 죽었다. 요새 내부는 거의 쑥대밭이 되고, 전원도 끊겨 한 치 앞을 볼 수 없게 되었다. 더 참을 수 없다고 여긴 부르귀뇽은 상부 명령을 무시하고 지하

통로를 사용해 인근 요새로 퇴각해 버렸다. 그러나 지하에는 탄약고 폭발로 나갈 길이 막혀 버린 107명의 병사가 갇혀 있었다. 그들은 전원 일산화탄소 중독으로 사망했다. 이윽고 독일군이 박살난 요새를 점거했다. 만의 하나의 경우에도 돌파될 수 없다던 마지노선의 신화가 끝나는 순간이었다.

독일군은 그 요새를 오래 지킬 수 없었는데, 북쪽에서 프랑스군이 몰려왔기 때문이다. 그러나 그것은 독일군으로서는 절로 웃음이 날 상황이었다. 당시는 있는 힘을 다해 북부의 적을 막아야 할 시점이었는데, 프랑스군은 이제 무의미해진 마지노선 방위를 위해 병력을 분산시킨 것이다. 그 가운데는 독일군 전차를 효과적으로 상대할 수 있었던 샤르 B 전차대도 상당수 포함되어 있었다.

어떻게 보면 이 조치를 이해할 만도 했다. 프랑스 정부는 마지노선을 세울 때부터 지금까지 '마지노선이야말로 우리의 희망, 우리의 구원자, 우리의 국방력 그 자체'라고 군과 국민에게 지겹도록 강조해 왔다. 마지노선만 믿고 있으면 히틀러든 스탈린이든 다 막아 낼 수 있다는 것이었다. 그런데 지금 마지노선마저 뚫렸다는 소식이 전해지면? 군은 항전 의지를 잃고 손을 들어 버릴 것이다. 국민들도 무력하게 주저앉을 것이다. 따라서 전략적으로는 바보짓이라 해도, 마지노선 신화를 지켜야 전쟁을 계속 수행할 수 있다는 것이었다.

그러나 그것은 화살이 자신의 머리를 겨누고 있는데 심장만은 지키겠다며 투구를 벗어 가슴에 대는 격이었다. 히틀러의 군대는 전격전을 시작한 지 5주 만에 프랑스군을 완전히 쓰러트리고, 파리를 점령했다. 마지노선의 가장 열렬한 지지자였던 페탱은 정부 수반이 되어 1940년 6월 21일에 독일에의 항복 문서에 서명했으며, 이후 2년여 동안 나치의 괴뢰정부라고 할 수 있는 '비시 정부'의 수반으로서 고되고 처량한 통치를 했다.

대서양 장벽

프랑스 국방력의 상징과도 같았던 마지노선을 무용지물로 만든 나치 독일. 그러나 그들 스스로 이뤄낸 성과의 교훈을 제대로 새기지는 못했던 것 같다. 제2차 세계대전이 막바지로 치닫고 있을 때, (쌓는 데서나, 유지하는 데서나, 지키는 데서나) 더 거대하고 더 버거운 장벽을 쌓으려 시도했기 때문이다.

대서양 장벽! 그냥 말로만이 아니라, 노르웨이 최북단에서부터 프랑스 최남단까지, 나치가 영향력을 갖고 있던 유럽 대륙의 대서양 해안선 전체를 장벽으로 둘러치려던 계획이었다.

1942년, 태평양의 미드웨이 해전, 이집트의 알알라메인 전투가 모두 연합국의 결정적 승리로 끝나고, 추축국들이 수세에 몰리던 시점에 이 초거대 해안 장벽의 건설이 시작되었다. 연합군은 북아프리카에 상륙했고, 독일은 이에 맞서 꼭두각시 정부였던 비시 프랑스를 무력으로 점령하여 지중해 북부로 적이 상륙해 올 것에 대비했다.

그러면 영국이라는 '전진기지'가 버티고 있는 대서양 연안은? 그래서 나온 게 대서양 장벽이었다. 사실 이 장벽 계획은 전부터 있었지만, 이제는 그야말로 급하게 되었다.

돌파된 마지노선과 달리 대서양 장벽은 해안 장벽이고, 당시의 수송 능력으로는 탱크나 장갑차 등이 곧바로 상륙할 수 없으므로 처음엔 소총으로 무장한 보병들만 상륙해 올 것이다. 그때 장벽은 그들의 발을 묶어 둘 것이고, 대포, 탱크, 기관총 등으로 요격한다면 상륙하는 적군을 충분히 격퇴할 수 있다. 이런 아이디어는 제법 그럴듯했다. 그러나 너무도 많은 돈과 시간이 들고, 막대한 병력을 투입해 지켜야 하는 게 문제였다.

노르망디 상륙작전이 벌어지던 무렵까지 장벽에는 1천만 톤의 콘크리트와 100만 톤의 철재가 퍼부어졌고, 45만 명이 강제 동원되어 작업을 했으며, 70만 명의 병력이 투입되어 있었다. 그래도 완성된 장벽은 전체의 10분의 1도 안 되었다. 대서양 방위를 맡은 에르빈 롬멜Erwin Rommel은 장벽이 건설되지 못한 해안선에 장애물과 지뢰를 설치해 적을 막으려 했다. 그러나 결국 1944년 6월 6일, 노르망디는 연합군에게 상륙을 허용했다. 지금 대서양 장벽의 잔해는 관광 상품으로만 활용되고 있다.

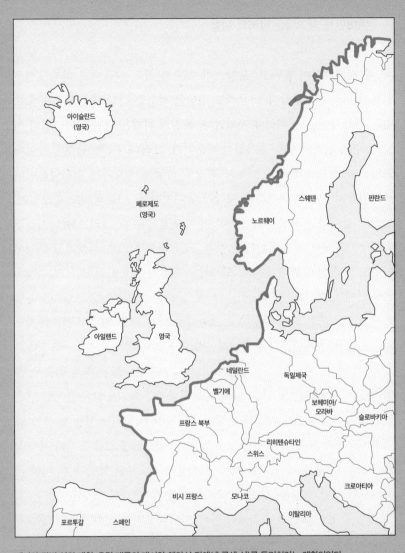

아이슬란드
(영국)

페로제도
(영국)

스웨덴

핀란드

노르웨이

아일랜드

영국

네덜란드

벨기에

독일제국

보헤미아/
모라바

슬로바키아

프랑스 북부

리히텐슈타인

스위스

비시 프랑스

모나코

크로아티아

이탈리아

포르투갈

스페인

대서양 장벽 설치 계획. 유럽 대륙의 대서양 해안선 전체(초록색 선)를 둘러치려는 계획이었다.

방어만을 강조하는 방어의 위험

제2차 세계대전이 끝나고, 프랑스가 자유를 찾은 다음에도 마지노선은 한동안 버려지지 않았다. 아무래도 전만큼 성의를 다한 예산이나 병력 투입은 없었지만, 그럭저럭 유지되었다. 독일의 위협은 웬만큼 사라졌다 쳐도, 소련의 위협이 새로 불거졌기 때문이다. 그러다가 1960년대에 들어와 프랑스가 핵보유국이 되고 장차 전쟁도 하늘에서 오가는 미사일들이나 폭격기들의 전쟁이 되리라는 예상이 굳어지면서, '아무짝에도 쓸모없는, 예산만 잡아먹는 퇴물'이라는 인식이 지배적이 된다. 그리고 북대서양조약기구NATO군에서 탈퇴한다는 샤를 드골 대통령(그는 일찍이 군부에서 마지노선 건설에 반대했던 몇 안 되는 사람 가운데 하나였다)의 결정이 1966년에 내려지자, 마지노선은 '나토 군사시설'로 떠넘겨졌다. 다시 말해서 프랑스군이 전원 철수하고 그렇다고 다른 나토 병력이 진주하지도 않음으로써, 을씨년스러운 유령의 장벽이 되었다.

그다음은 하드리아누스 장벽이나 테오도시우스 성벽과 비슷한 운명이었다. 프랑스는 몇 년 뒤 나토에 복귀했지만 마지노선을 유지할 뜻은 없었고, 108개의 요새 가운데 전략적으로 중요한 위치에 있는 몇 곳만 남기고 나머지는 민간에 팔거나 그냥 방치해 버렸다. 두루를 뚫거나 포도밭을 만들기 위해, 요새 사이를 이어 주던 장벽은 대부분 헐렸다. 더 이상 군사시설이 아닌 요새들은 와인 저장고, 버섯 재배소('마지노선 버섯'은 지금 제법 유명한 특산품이 되었다. '이것이야말로 마지노선이 프랑스에 가져다준 유일한 혜택'이라는 비아냥도 있다), 현장학습 견학장, 놀이 시설, 심지어 주거 시설 등으로 뜯어고쳐졌다.

마지노선 건설로 이어진 군사적 고려와 정치적 결정이 흔한 생각처럼 어이없는 것은 아니었다. 오히려 그것은 제1차 세계대전의 교훈을 심사숙고한 뒤 내린 합리적 판단이라고 할 수 있었다(히틀러도 그런 판단을 답습해, 마지노선을 돌파한 2년 뒤 '대서양 장벽' 계획을 세우고 패망할 때까지 추진하지 않았던가). 처칠의 말처럼, 마지노선 자체도 잘만 운용했더라면 효과적일 수 있었다. 대규모 지하 콘크리트 시설이 가졌던 예상 밖의 문제점도 시간이 더 있었다면 해결되었을 것이다. 근본적인 문제는 그런 시간을 더 벌 수 없게 만들었다는 점, 벨기에 땅에 마지노선을 연장할 수 없게 만들었다는 점, 히틀러의 장군들이 앞서 아무리 애써도 뚫을 수 없던 프랑스 북부에 자신감 있는 공세를 펼치도록 만들었다는 점이다. 프랑스는 방어밖에 모르는 바보, 장벽 뒤에 숨어 꼼짝도 못하는 겁쟁이라는 인식을 심어 주고 만 바로 그 태도였다.

전쟁은 공격과 방어로 이루어진다. 모든 전략과 작전은 그 기초에서 비롯되어야 한다. 공격 가능성을 아예 포기하고 방어에만 전념한다는 자세는 어찌 보면 이상적일 수 있다. 모든 나라가 그렇게 한다면 참다운 세계 평화가 이루어질 테니까. 그러나 광분한 침략자가 이웃에 버티고 있는 때에, 동맹국들이 그 침략자에게 밥이 되어 가는 때에, 그처럼 방어에만, 장벽에만 집착하는 모습은 파멸의 도화선이 되기 쉽다.

제3부 세계대전과 냉전, 둘로 쪼개진 세상

7. 게토 장벽

'게토'라 불리는, 오직 유대인들만이 살아가는 도시 속의 또 하나의 도시. 서구에서 이런 개념은 중세 시대부터 있었다. 유대인 거주 지구로서의 게토는 1267년, 폴란드의 브로츠와프시의 기록에 처음 나온다. 그것은 어찌 보면 유대인들에 대한 '자비'이기도 했다. 가령 16세기가 될 때까지도 유대인이 개인 자격으로 거주하는 일은 허용해도 집단을 이루고 사는 일은 엄금하는 경우가 많았기 때문이다. 당시 잉글랜드, 프랑스, 에스빠냐처럼 아예 유대인이 한 명도 살 수 없는 곳까지 있었다.

백인들만의 사회에서 흑인이 사람처럼 여겨지지 않았듯, 앞집 뒷집 이웃집 어디를 봐도 기독교인들이고 요람에서 무덤까지 기독교가 삶의 방식을 이루던 사회에서 '이교도'란 껄끄럽고 거북한 존재일 수밖에 없었다. 그들은 유대인을 기피하고 박해하면서도, 스스로 악행을 벌이고 있다는 양심의 가책을 지우기 위해 유대인에게 사악한 이미지를 씌웠다. 기독교 신학의 기틀을 세운 신학자들은 유대인들을 "음탕하고, 탐욕적이고,

배신 잘하는 강도들, 약탈자"로 몰아붙였다. 초서Geoffrey Chaucer의 『캔터베리 이야기The Canterbury Tales』에서 유대인들은 단지 '기독교에 대한 증오심에서' 성모송을 부르는 죄 없는 어린아이를 잔인하게 살해한다. 셰익스피어William Shakespeare의 『베니스의 상인The Merchant of Venice』에 등장하는 샤일록은 돈밖에 모르는 수전노, 아니 합법적으로 사람을 죽이기 위해 광분하는 악마 같은 유대인이다. 물론 유대인이라고 다 선량한 사람은 아니었겠지만, 자신들을 벌레 보듯 하는 다수 도시민들의 틈바구니에서 겨우 살아가는 소수자들이 그처럼 대놓고 악행을 일삼을 수 있을까? 그것은 질 나쁜 판타지였다. 그러나 그 판타지를 믿는 사람들은 유대인을 박해하는 일이 정의에 부합한다고 신났으며, 박해는 때로 대량학살이나 집단 추방의 모습을 띠었다. 에스파냐인들은 '재정복'으로 이베리아를 기독교화하면서 이슬람교도와 함께 유대인들까지 내쫓았고, 십자군은 중동 출정에 앞서 유럽의 유대인들부터 학살하며 '준비운동'을 했다. 흑사병이 창궐하던 유럽의 곳곳에서는 '유대인들이 우물에 독을 풀어서 전염병이 생겼다'며 유대인들을 집단 학살했다.

유대인들을 차별하면서도 그 인구가 적지 않을 경우의 해결책이 게토였다. 베네치아나 교황령 등 이탈리아에서 조성된 게토들은 길게는 19세기 말까지 존재했다. '공작소'를 의미하는 '게토'라는 명칭은 1516년에 베네치아에서 처음 쓰였다. 하지만 브로츠와프의 예처럼 게토에 해당되는 유대인 거주 지역은 그전부터 있었고, 전 유럽에 널리 퍼져 있었다. 그 규모나 생활도 제각각으로, 주거지를 중심으로 정해지는 경우도, 유대인들이 주로 통행하는 거리를 중심으로 정해지는 경우도 있었다. 비교적 부유한 고급 주택지가 있는가 하면, 최악의 빈민굴도 있었다.

근대에 들어 종교개혁과 시민혁명으로 기독교에 매몰되어 있던 '개인'이 해방되고, '종교, 인종, 출신 등에 상관없이 평등한 천부인권'이라는 관념이 배양됨에 따라 유대인에 대한 노골적인 박해는 차차 완화되었다. 게토도 자취를 감추었다. 로스차일드나 멘델스존Felix Mendelssohn-Bartholdy처럼 유대인이면서 여느 유럽인들의 존중과 흠모의 대상이 되는 사람들도 나타났다.

반유대주의, 되살아나다

그러나 19세기는 자유와 계몽의 시대였던 한편, 민족주의와 국가주의의 시대이기도 했다. '우리 프랑스', '우리 독일'이라는 열정에 불타는 사람들에게 로마 가톨릭은 초국가적인 영향력을 발휘하려 한다는 점에서 더욱 질타의 대상이 되었으나, 한편으로 시오니즘도 그런 의혹을 받았다. 팔레스타인 땅에 옛 이스라엘 왕국을 재건하자는 운동은 각국에서 중요한 자리에 있는 유대인들을 빼내 가는, 불온한 움직임으로 비쳤던 것이다. 다민족 국가였던 오스트리아나 독일에서는 그런 의심이 더했다. 그래서 그땅의 많은 유대인들은 시오니즘 대신 '동화'를 선택해, 조상 대대로의 계율을 버리고 기독교로 개종하여 유대인이 아닌 독일인, 오스트리아인으로 살아가기로 했다. 사실 유럽에 이주해 수백 년을 지내면서 유대인의 혈통은 기원을 찾기 어려울 정도로 뒤섞였고, 유대인의 정체성은 태생보다는 문화, 즉 유대교의 계율을 지키느냐 마느냐에 달려 있었으므로 그것은 자연스러운 '인종 소멸' 과정이라고 할 수 있었다.

그러나 정반대로 생각하는 사람들이 있었다. 그들은 고집스레 유대인을 혈통 개념으로 보았다. 유대교를 버리고 동화하는 일은 그들의 '나쁜 피'를 게르만족의 숭고한 피에 뒤섞고 그 사실을 은폐하는 협잡에 불과했다. 유대인이란 예수를 배반한 유다처럼 성실한 국민인 체하지만 자

모스크바 대공국

스웨덴

스코틀랜드

덴마크

리투아니아

아일랜드

폴란드

잉글랜드

신성로마제국

헝가리

프랑스

베네치아

왈라키아

오스만제국

포르투갈

카스티야

아라곤

교황령

나폴리

- ☐ 유대인 거주 금지 지역
- ☐ 거주 금지법은 없으나 거의 인구가 없던 지역
- ☐ 거주권 인정 지역

16세기 초 유럽에서 유대인의 법적 지위. 거주권 인정 지역 가운데서도 도시나 마을별로 집단 거주는 허용되지 않는 경우가 많았다.

기들의 이익밖에 생각하지 않으며 몰래 적국과 내통해 국가를 내부에서 무너뜨리는 암적 존재였다. 이런 피해망상에 가까운 생각을 처음 떠올린 사람이 아돌프 히틀러는 아니다. 세계대전 이전부터 이런 생각들이 흐르고 있었다. 하지만 독일의 제1차 세계대전 참패와 베르사유 조약 체제에 따른 굴욕, 대공황의 고통 등이 '유대인들의 배신으로 이 꼴이 되었다!', '독일인들은 거지가 되었는데 유대인들은 여전히 호의호식한다!'는 등의 마타도어를 부추겼다. 그리고 러시아에서 최초의 사회주의 국가가 나타나고, 그 수뇌부의 다수가 유대인 출신으로 알려지면서 반유대주의는 반공 이념과도 합체했다.

"그들은 기생충에 불과하다."

"그들은 결핵균처럼 취급당해야 한다."

"유대인을 제거하지 않은 국가는 멸망했다."

— 아돌프 히틀러(1943)

이런 비이성적인 반유대주의를 유사종교의 수준까지 끌어올리고, 그 교주로서 한 국가의 지도자가 된 사람이 바로 히틀러였다. 그는 유대인들이 다만 정치적으로 불온한 존재일 뿐 아니라 경제, 사회, 문화적으로도 백해무익하다고 믿었다. 유대인의 난잡한 생활방식이 전통적인 건전한 생활방식을 좀먹고, 유대인의 저속한 문화가 민족 고유의 숭고한 문화를 위협한다는 것이다. 유대인이란 자본주의의 단물을 빨아먹으면서 국가 경제에 기여하기는커녕 공산주의의 독약을 쳐서 국가를 회생 불가능하게 만들고, 천진한 게르만 소년 소녀들을 잘못된 가르침으로 오도하며, 그들을 능욕하고 폭행하여 끝내 피까지 더럽히는 인간 역병이었다. 역병이 창궐하면 어떻게 해야 하는가? 당연히 박멸해야 한다.

박멸하기에는 너무 규모가 커서 시간이 많이 걸린다면? 그러면 먼저 격리해야 한다. 이것이 19세기에 사라졌던 게토가 부활하게 된 배경이었다. 옛날 것보다 더 크고, 철저하고, 악랄한 형태의 게토가.

다만 히틀러와 나치가 처음부터 가스실에서의 '집단 처리' 방식으로 유대인을 '박멸'하려던 것은 아니었다. 그들은 독일과 점령지에서 유대인의 권리를 박탈하고, 그 재산을 몰수한 다음, 외국으로 추방하려 했다. 게토란 그들을 추방하기에 앞서 '그들의 독소가 선량한 주민들에게 침투하지 못하도록' 임시로 격리 수용하기 위한 공간이었다.

또한 게토는 독일 점령지의 '식민화'를 위한 장치이기도 했다. 제2차 세계대전 직전과 도중에 독일이 점령한 동유럽 국가들에 모두 열여덟 곳의 게토가 설립된 반면, 독일 '본토'의 게토는 독일에 병합된 체코의 테레지엔슈타트 단 한 곳뿐이었음이 그 점을 입증한다. 도시 곳곳에 살던 유대인들은 게토로 끌려 들어갔으며, 그 빈 집을 독일에서 온 군인들과 이주민들이 차지했다.

열아홉 곳의 게토는 구획 방식이 일정하지 않아서, 그중에는 철조망을 둘러치거나 게토임을 알리는 표지판을 세우는 정도에 그치는 곳도 있었다. 기존의 유대인 밀집 지구를 '보강'해서 게토화하기도 했다. 그러나 견고한 장벽을 기존의 도시 한가운데 쌓아 올려 말 그대로 '도시 안의 도시'를 만든 곳도 있다. 가장 많은 유대인 거주민을 수용했던 폴란드 바르샤바 게토였다.

바르샤바 한복판에 세워진 장벽

히틀러가 폴란드를 전격적으로 침공해 제2차 세계대전을 일으켰을 때는 1939년 9월 1일이었다. 그리고 9월 29일에 동맹을 맺은 소련과 폴란드 분할 점령을 마무리 짓는데, 그보다 앞선 9월 9일에 나치의 제국보안청장 하이드리히Reinhard Heydrich는 육군사 병참사령관 바그너Eduard Wagner와 폴란드 문제를 논의하고, "유대인, 지식인, 성직자, 귀족의 박멸" 원칙에 합의한다. 그리고 9월 11일에 제국보안청과 나치 친위대 사이의 협의에서 게토 구상이 나오게 된다. 군사 행동이 채 절반도 끝나기 전에 이뤄진 계획이었으니, 나치가 유대인 문제를 얼마나 중시했는지를 엿볼 수 있다.

폴란드는 당시 유럽에서 유대인 인구가 가장 많은 나라였다. 바르샤바에만 40만 명이 살았는데, 그것은 독일의 전체 유대인보다 많은 숫자였다. 이렇게 많은 유대인들을 갑자기 제국 밖으로 추방할 수 없으니 일단 게토를 만들어 그곳에 분리 수용한 다음, 적당한 이주지가 확정되면 추방한다는 것이 게토 구상이었다.

게토(정식 명칭은 '위생 구역'이었다)의 관리를 위해, 나치는 '유덴라트(유대인 평의회)'부터 구성했다. 랍비들과 유력한 유대인들로 이루어지는 유덴라트는 독일군의 지시에 따라 게토의 행정을 책임지게 되어 있었다. 10월 7일에 바르샤바 유덴라트가 만들어졌는데, 이 역시 폴란드 자체의 행정구역 신설보다 훨씬 앞선 시점이었다. 10월 말에 점령한 폴란드 땅을 단치히-서프로이센과 바르테란트라는 두 개의 제국주州, 독일 본토 병합지(제1차 세계대전 이후에 폴란드에 병합되었던 슐레지엔 등등), 그리고 나머지 점령 폴란드로 분할한 나치는 바르샤바가 포함된 점령 폴란드 땅을 한스 프랑크Hans Frank라는 총독에게 다스리도록 했다. 프랑크가 총독 취임 후 가장 먼저 내린 조치 가운데 하나가 독일령이 된 폴란드 땅의 유대인 60만 명을 점령지로, 그러니까 총독령으로 이주시키고 도합 200만 명의 유대인을 게토에 수용한다는 지시였다.

11월에 독일의 예를 따라 유대인이 사는 집에는 다윗의 별 표시를 그리고 외출할 때에도 별을 달고 다니게 하는 등 노골적인 차별 조치가 취해졌고, 다음 달부터는 게토로 설정된 구역으로 이주하라는 지시가 나오기 시작했다.

나치 총독부는 유대인들에게 재산을 정리할 겨를을 주지 않았고, 그들은 살던 집에 가구, 옷이며 귀금속 등을 고스란히 남겨둔 채 최소한의 짐만 갖고 게토로 쫓기듯 옮겨야 했다. 남은 부동산과 동산은 나치의 차지가 되었다. 폴란드 유대인들만이 아니라 독일의 유대인 일부도 게토로 들어갔다. 약 1년 뒤인 1940년 11월에 입주 완료된 바르샤바 게토에는 40만 명의 유대인이 거주했고, 그 가운데 14만 명은 외부에서 이주한 유대인이었다.

대략 T 자 모양으로 바르샤바 한복판에 설치된 게토의 면적은 3.4제곱킬로미터였고, 여기 40만 명이 모여 살았으니 1.46제곱미터당 1명(물론 거리나 노지까지 포함한 총면적에 따른 계산이다), 방 하나당 7.2명이 꾸역꾸역 모여 살아야 하는 처절한 현실이었다. 그런 현실이라면 누구나 탈출을 꿈꾸지 않겠는가? 그래서 바르샤바 게토만의 탈출 방지책, 바로 장벽이 세워지게 된 것이다.

장벽 안쪽의 생지옥

게토 장벽 건설 대안은 본래 '두 곳의 게토 설치' 대안과 더불어 1940년 3월쯤 논의되었는데, 게토를 두 군데나 설치하면 운영하기 어려우며 도시의 기능을 너무 어렵게 한다는 결론에 따라 인구가 잔뜩 밀집된 게토에서의 탈출을 막는 장벽을 둘러치는 것으로 낙착되었다.

유대인인 로만 폴란스키Roman Polanski 감독이 바르샤바 게토의 생존자인 브와디스와프 슈필만Władysław Szpilman의 실화를 바탕으로 만든 2002년도 영화, <피아니스트>는 평화로워 보이는 바르샤바 골목길에 차갑고 육중한 벽이 쌓아 올려지는 장면을 잡힐 듯이 그려내고 있다. 벽돌담이 집과 집 사이를 가로지르고, 시장을 막고, 길을 끊었다. 높이는 일정하지 않았으나 대체로 5미터쯤 되고, 두께는 1미터 정도였다. 처음에는 출입문이 스물여덟 개 있었으나 나중에는 열다섯 개로 줄었다.

정든 집에서 나와 졸지에 게토에 갇혀 살게 된 유대인들은 너무 좁은 공간을 같이 써야 한다는 어려움만 겪은 건 아니었다. 가장 큰 어려움은 바로 굶주림이었다.

폴란드 총독부는 1940년 8월 29일에 '전시 식량 배급 계획'을 세웠는데, 그에 따르면 식량을 독일인에게 가장 우선적으로 배급하고, 그다음으로 폴란드인 및 우크라이나인에게, 유대인은 가장 마지막에 가장 적은 양을 배급하게 되어 있었다. 그 양은 독일인 배급량의 3분의 1도 안 되었으며, 최소한의 생존에 필요한 수준에 꽤나 못 미쳤다.

그러면 게토의 유대인들을 다 굶겨 죽이려 했다는 말인가? 그렇지는 않았던 것 같다. 프랑크 총독 등의 관계자들이 남긴 기록을 살펴보면, 이 나치 관료들은 유대인들을 게토에 수용하는 일은 임시적이며 그들을 곧 제3국으로 추방할 것이기 때문에 그 '임시적' 상황에서의 처우에 대해서는 어느 정도 소홀해도 좋다는 생각을 갖고 있었던 듯하다.

그래도 그런 '합리적인' 사고만으로는 바르샤바의 독일인들이 유대인들에게 가한 박해를 충분히 설명하지 못한다. 그들은 이따금 불문곡직하고 유대인들을 습격했고, 그들을 개나 돼지처럼 취급하며 희열을 느꼈

나치가 유대인들을 구분하기 위한
표식으로 사용한 '다윗의 별' 배지

유대인들의 탈출을 막기 위해 설치된 바르샤바 게토 장벽

다. 평소 건전하고 착실하게 살아온 숫기 없는 젊은이가 별안간 유대인 소녀를 강간했다. 유대인들에게 돌아가는 배급 식량이 사람 수대로 나누면 턱없이 부족하지만, 당장 눈앞에 보이는 양은 '엄청나다'는 점에 분개해서 '양을 조작할 수 없다면 썩거나 케케묵은 곡물을 배치'하라고 자기 권한을 최대한 발휘해서 괴롭혔다. 그것은 무엇일까. 한나 아렌트Hannah Arendt가 말한 '악의 평범성'만으로는 충분히 설명할 수 없는, 악의를 마음대로 표출해도 좋은 대상이 있을 때 사람들이 간혹 (또는 종종) 저지르곤 하는 악행의 연속이었을 것이다. 달리 말하면 사람들 사이에 유형 또는 무형의 장벽이 둘러쳐져 있을 때 보이는 것들 말이다.

어찌 됐든 게토의 유대인들은 살아남아야 했다. 뭐든 먹어야 했다. 사람이라면 그렇지 않겠는가. 모자라는 식량을 벌충하려고, 그들은 부랴부랴 집에서 나올 때 가까스로 가져올 수 있었던 돈을, 금붙이를, 그리고 나중에는 옷가지와 아이들 장난감까지 팔아야 했다. 팔아서 뭘 사는가? 유덴라트가 외부에서 구입해 들여오는 식료품이었다.

그러나 그렇게 되면 유대인 가운데서도 풍족한 자와 가난한 자가 나뉘기 마련이다. 1941년 말, 바르샤바 게토에는 '자본가 1만 명, 여력 있는 사람 25만 명, 최저생계 이하의 빈민 15만 명'이 살고 있었다는 기록이 있다. 여기에 사정이 나빠질수록 부패도 심해졌다. 유덴라트의 구성원들은 식료품 구입을 도맡고 있었으므로 자신과 가족들 몫으로 식료품을 챙겼다. 그리고 친분이 있거나 뇌물을 주는 사람들에게 먼저 먹을거리가 돌아가도록 하는 반면 빈민에게는 그나마도 먹을 기회를 주지 않았다.

빈민층의 굶주림은 점차 상상을 초월할 지경에 이르렀다. 어떻게든 살기 위해 빈민 집안의 어린아이들이 몰래 게토 장벽에 간간이 나 있는 수챗구멍으로 기어 다니며 밖에서 먹을 것을 가져오곤 했는데(아이들밖에 통과할 수 없는 크기였으므로), 잡히면 가혹한 벌을 받았다. 많은 아이들이 매를 맞다 죽었다.

게토의 생활이 가장 지옥같이 될 때는 겨울이었다. 낮은 영양 상태에다 불충분한 위생 시설(하수도가 얼어붙어서 화장실을 쓸 수 없었고 마치 중세 시대처럼 변을 보고 길바닥에 내버려야 했다), 그리고 월동 대비 용품의 부족 등이 삼박자가 되어 게토의 유대인들, 그 가운데서도 가난한 유대인들을 괴롭히는 나날. 필연적으로 장티푸스를 비롯한 전염병이 돌았고, 죽음이 만발했다. 수많은 유대인이 굶주려 죽거나 병들어 죽었다. 죽음은 마치 그들 곁에 웅크리고 있는 보이지 않는 뱀과 같았으며, 그 뱀은 어느 틈에 몸을 휘감으며 목을 물어뜯곤 했다.

> 침대나 길거리에서 잠에 떨어진 사람들은 아침이면 시체로 변한다. 그들은 몸을 움직이다가, 예컨대 먹을 것을 찾으려는 와중에 죽어 간다. 손에 한 조각의 빵을 든 채 엎어져 죽은 사람도 종종 발견된다.

당시 게토에서 일하던 의사가 남긴 글이다.

사람이 죽어도 장례를 지낼 여유가 없었고, 묘지 따위도 있을 턱이 없었다. 사람이 죽으면 그대로 길 밖에 내버렸으며, 의사의 기록처럼 거리를 비틀거리며 걷다가 쓰러져 죽은 사람도 많았다. 그냥 신문지나 낡은 천조각을 덮어 줄 뿐이었다. 게토의 장벽 위로 아침 해가 떠오르면, 청소부들이 다니며 마치 음식물 쓰레기처럼 집집마다 널브러져 있는 (실제로 쓰레기나 분뇨와 뒤섞여 있는 때가 많았다) 시체들을 쓸어 담았다. 1942년 말, 바르샤바 게토에 40만 명이 입주한 지 2년 만에 사망자는 8만을 넘어섰다.

어떤 의미에서는 현대의 가장 잔혹한 대규모 거주 공간이라고도 할 수 있었을 바르샤바 게토. 이 말도 안 되는 시스템에 대한 변화 시도는 없었을까? 있었다. 하나는 밑으로부터, 다른 하나는 위로부터 시작되었다.

학살, 봉기, 방화

게토의 상황은 폴란드를 통치하던 나치들에게도 상당히 예상 밖이었다. 모두가 벌레 같은 유대인들을 내쫓을 곳이 생각보다 쉽게 확보되지 않아서였다. 쉽게 평정될 줄 알았던 동부전선에서 독일군은 고전을 면치 못했으며, 애써 점령한 지역에서도 반란이 꼬리를 무는 통에 대규모 이주 따위는 생각할 수도 없었다. 아프리카 쪽도 연합군에게 바닷길이 온통 막힌 상황이었다. 더러운 벌레가 계속해서, 비록 게토라는 쓰레기통 안에 갇혀 있을지언정, 우리 땅에 머물고 있다면 어떡해야 할까? 당연하지! 죽여 없애 버려야 한다. '그로스악티온 바르샤우(바르샤바 대작전)'라 이름 붙여진 계획은 1942년 7월에 입안되었다.

바르샤바 게토의 유덴라트에게 알려진 그로스악티온은 '동유럽으로 유대인들을 이주시킨다. 매일 7천 명씩 이주토록 한다'는 내용이었다. "또 떠나는가. 그래, 하긴 어딜 가든 여기보다 못할까? 끝없는 유랑이라는 우리 유대인들의 저주는 그치지 않는군." 이렇게 생각한 유덴라트의 지도자, 아담 체르니아코프Adam Czerniakow는 순순히 '이주'에 협조했다. 그러나 두 달 뒤, 진상을 깨달은 그는 그만 기절해 버렸다. 매일 수천 명씩 '살아서는 못 나갈 줄 알았던' 게토 장벽의 문을 나섰던 유대인들은 동유럽이 아니라 저승으로 떠났기 때문이다. 두 달 사이에 처형된 유대인의 숫자는 30만에 이르렀다.

기절했다가 깨어난 체르니아코프는 한동안 멍하니 있더니, 이렇게 중얼거렸다. "나는 우리 민족에게 이미 너무 많은 죄를 지었다. 그런데 이것은, 이것은 죄라고 부를 수조차 없어." 그는 그 자리에서 목을 맸다.

이 믿지 못할 일(게토에서 갇혀 지낸 세월이 얼만데, 아직도 믿지 못할 일이 일어날 수 있다니!)은 엄중히 비밀에 붙여졌으나, 결국 우중충하

'그로스악티온 바르샤우'에 따라 홀로코스트 기차에 올라타는 유대인들

고 악취 나는 게토의 집집마다 퍼졌고, 절망과 분노 속에서 시체처럼 파리하던 사람들의 눈이 불타올랐다. 이제 그들은 바야흐로 '궁지에 몰린 쥐'가 될 때였다.

1943년 4월 19일, 유대 민족이 모세의 인도로 노예 생활하던 이집트에서 떠나 약속의 땅으로 갔다는 이야기를 기념하는 유월절 전날 밤, 게토 주민은 일제히 봉기했다. 좌익 계열의 '유대인 전투단'과 폴란드 군인이었다가 유대계라는 이유로 끌려와 있던 사람들이 만든 '유대인 군사연합'이 봉기를 이끌었다. 이들 조직은 체르니아코프의 죽음을 전후하여 암암리에 조직되어 왔다. 게토 바깥의 폴란드 레지스탕스와도 손을 잡았다.

숨겨 놨던 권총 몇 자루, 몰래 반입한 수류탄 몇 개, 그리고 수백 개의 화염병이 칠흑 같던 게토의 밤거리에서 작렬하며 환한 불꽃을 일으켰다. 허를 찔린 독일군은 당황했으나, 곧 무자비한 진압에 들어갔다. 봉기 이틀 만에, 궁지에 몰린 쥐는 고양이의 꼬리를 한 번 깨문 걸로 만족하고 숨을 거둘 판이 되었다. 그러나 그 순간 폴란드 레지스탕스가 게토로 밀고 들어왔다. 그들은 잘 무장하고 있었고, 심지어 탱크까지 앞세우고 있었다.

하지만 탄압하는 쪽도 필사적이었다. 그들은 인근 폴란드 교도소의 간수들까지 불러와 저항자들과의 싸움에 투입했으며, 봉기의 주축에 존재했던 미묘한 균열(좌파-군 출신의 우파-폴란드인들이라는)을 최대한 파고들었다. 저항 세력이 동원한 한 대의 탱크에 십여 대의 탱크가, 몇 정의 기관총에 수백 정의 기관총이 맞섰다. 그만큼 바르샤바 게토가 무너진다는 건, 이미 패전의 기미가 짙어진 상황에서조차, 나치들에게는 용납할 수도 용서받을 수도 없는 일이었기 때문이다.

저항을 쉽게 꺾지 못할 듯하자, 그들은 건물에 불을 놓았다. 화염방사기가 건물을 하나둘씩 태워 갔다. 몸을 움직이지 못했던 병자와 노약자들은 꼼짝없이 타 죽었다. 그것은 마치 '이왕 게토 밖에서 벌일 도살을 안에서 벌이는 셈'이었다. 나치들은 다만 '멀쩡한 건물을 태워 버리는 것'을 아까워했다.

1871년 파리의 코뮌 전사들이 세웠던 불의 장벽과는 정반대의 불 장벽은 참으로 효과적으로 저항자들을 몰아붙였다. 4월 말이 되자 게토 안에서의 저항은 사실상 끝났고, 이곳저곳에 숨은 유대인과 폴란드인 '폭도'들과 나치 군인들의 숨바꼭질이 진행되는 동안 게토 바깥에서 폴란드 레지스탕스들과의 전투가 간간이 이어졌다. 그러나 레지스탕스의 힘도 다하고 있었고, 다른 지원이 없다면 게토 봉기가 나치의 승리로 끝나는 것은 시간 문제였다.

어디서 다른 지원이 있을까? 지금 이 순간에도 나치와 치열하게 싸우고 있는 연합군이 아니면 어디겠는가? 실제로 폴란드 망명자들은 런던에서 바르샤바에서의 싸움을 도와 달라고 간절히 요청했다. 그러나 연합군 지도부는 침묵으로 대꾸했다. 그들의 군사전략상 굳이 바르샤바까지 특공대를 투입해 게토를 해방시킬 만한 가치는 없었다. 폭풍 앞의 촛불처럼 하나씩 꺼져 나가고 있는 유대인과 폴란드인 몇 만 명의 생명. 그게 무슨 가치가 있단 말인가? 절망에 빠진 폴란드 망명정부의 각료이며 유대계였던 즈물 지겔보임Zmul Zigelbäum은 자결했다. "나의 죽음이 (…) 유대 민족의 멸망을 방관하고 있는 세계에 대한 최대한의 경고가 되기를 바란다."

무너진 건물 지하에 꼭꼭 숨어 있던 저항자들을 찾기 위해 나치들은 개를 풀었고, 지하로 최루탄을 던져 넣어 저항자들이 참지 못하고 뛰쳐나오게 했다. 때로는 최루탄 대신 수류탄이 쏟아졌고, 지하에 있던 모든 것을 날려 버렸다. 체포된 저항자들은 게토 중앙의 광장으로 끌려가, 총살되었다.

5월 8일에는 마지막까지 저항하던 유대인 전투단의 본거지가 함락되었다. 단장인 모데차이 아닐레비치Modechai Anilevich를 비롯한 수십 명은 독일군에게 잡히기 전에 스스로 목숨을 끊었다. 여드레 뒤인 1943년 5월 16일, 폴란드 총독부는 '진압 작전 완료'라는 보고를 받았다. 투쟁이 시작된 지 대략 한 달, 그동안의 희생자는 1만 3천 명. 그리고 남은 3만여 명은 그로스악티온의 예정에 따라 게토를 나와 가스실로 보내졌다. 이렇게 해서 바르샤바 게토는 끝났다.

1년 뒤, 서부전선에서 노르망디 상륙작전이 성공하고 동부에서도 소련군에게 독일군이 무너져 내리면서 나치의 패색이 짙어지자 바르샤바에서는 다시 한 번 봉기가 일어났다. 이번에는 게토 주민이 아니라, 바르샤바 시민들 일반의 봉기였다. 다시 전국적 봉기로 이어진 이 봉기는 성공했고, 폴란드 레지스탕스가 지리멸렬한 독일군을 몰아내고 소련군에 앞서 폴란드를 해방시켰다. 그때 게토는 을씨년스런 폐허로 변해 있었다. 전쟁이 끝나고, 게토 관리와 진압 또는 학살에 책임이 있던 독일 고위 관료들은 전범으로 기소되었다. 폴란드 총독 한스 프랑크, 바르샤바시 총행정관이던 루트비히 피셔Ludwig Fischer 등은 유죄판결을 받고 처형되었다. 그로스악티온을 총지휘했던 친위대 사령관, 하인리히 힘러Heinrich Himmler는 형 집행 전에 자결했다.

오늘날 게토 장벽은 부분적으로 남아 있다. 이미 민가의 일부가 되어 버려 구분하기 힘든 것들 말고는 시에나가 55번지, 즈워타가 62번지, 발리추프가 11번지의 것들이 원형을 비교적 보존하고 있다. 1948년 4월, 게토 봉기 5주년을 기념해, 최초의 봉기가 일어난 지점에 '유대인 영웅들을 기리는 기념비'가 세워졌다. 1970년 11월 7일, 서독 수상 빌리 브란트Willy Brandt는 이 기념비를 방문해, 죄 없이 스러져 간 유대인들의 넋 앞에 무릎을 꿇고, 동포들의 죄악을 사죄했다.

바르샤바 게토 봉기

1970년 11월 7일, 바르샤바의 '유대인 영웅들을 기리는 기념비' 앞에서 무릎을 꿇으며 동포들의 죄악을 사죄하는 서독 수상 빌리 브란트

장벽은 평등을 준다

장벽은 너무 알기 쉬워서 우스울 정도인 거대한 이분법이다. 그것은 하나로 연속되어 있는 세계를 장벽 '이쪽'과 '저쪽'으로 나눈다. 바르샤바에서 오랜 세월 동안 자연히 생겨난 길과 집의 구획은 하켄크로이츠 마크를 단 군인들이 느닷없이 지도에 쭉쭉 그은 줄에 따라 순식간에 분해되었고, 도시는 사람이 사는 고장과 사람 이하의 해충들이 서식하는 대형 쓰레기통으로 재구획되었다. 그러나 이분법이란 언제나 인간의 하잘것없는 망상이다. 게토 장벽의 이쪽도 저쪽도, 물론 치열함의 정도 차이는 상상 이상으로 심하지만, 악의 지배 아래 붙잡혀 있다는 점에서는 마찬가지였다. 폴란드인도 유대인도 악의 포로였다. 그리고 인정하기 싫을 수도 있지만, 그들을 박해하고 쓰레기 취급하고, 끝내는 학살했던 나치 병사들도 포로일 뿐이었다. 사람을 사람으로 인정하지 않고 사람 같지 않은 일을 저지르도록 강요하는 악의 포로.

장벽은 두 세계를 모두 사로잡는다. 그런 점에서 양쪽에 평등을 부여한다.

8. 베를린 장벽

1970년대 말, 베를린. 그 가운데 동베를린.

수염이 허연 할아버지의 손을 잡고, 막심 레오라는 어린 소년이 아장아장 산책하고 있었다.

"할아버지, 저 벽은 대체 뭐예요?"

막심은 도시 한가운데를 가로지르고 있는 철조망, 그 너머에 우뚝 솟은 감시탑과 총을 든 병사들 사이로 보이는 잿빛의 콘크리트 장벽을 가리켰다.

"'반파시즘 장벽'이란다. 나쁜 파시스트들, 자본주의자들에 맞서 우리 공화국을 지키고 있는 거지."

10여 년 전, 바로 그 장벽 건설에 한몫하기도 했던 노인은 이렇게 대답했다. 그러나 소년은 이상하다는 얼굴을 했다.

"그러니까 자본주의자들이 우리를 공격해 오면 저 벽이 막아 주는 거예요?"

"아니, 그건 아니란다. 저 장벽이 단단하기는 하지만, 탱크를 막을 정도까지야 아니지. 비행기도 있고 말이다. 저건 사람을 막는 장벽이다."

소년은 눈을 찌푸렸다. 아버지가 자기 또래였을 때 막 세워진 장벽 근처에 있다가 곤욕을 겪은 이야기를 들었기 때문이다.

"하지만 저건 이곳 사람들이 저쪽으로 가지 못하도록 막는 것 같아요. 아닌가요? 아빠가 옛날에 저 벽을 물끄러미 바라보기만 했다가 경찰에 끌려가셨다고 해요. 파시스트를 막는 장벽이라면서, 왜 우리를 막아서고 있는 거죠?"

"그건……"

할 말을 찾기 힘든 노인의 난처함이 바로 그 장벽의 본질을 나타내고 있었다. 냉전의 상징물이기도 했던 베를린 장벽. 그 존재는 여러 각도에서 본질적 모순을 안고 있었다. 그것은 사악한 자산가들의 마수에서 선량한 무산자들을 지킨다고 했지만(파리코뮌의 장벽처럼), 실제로는 무산자들이 저쪽으로 넘어가지 못하게 막는 역할을 했다. 그것은 거대하고 이질적인 두 세력의 경계를 짓는 벽이었지만(만리장성처럼), '철의 장막'이라고 불린 서구와 동구의 여러 국경선에 처진 철조망 장벽들과는 달리 고립된 지역을 둘러쳐 가두는 옹벽이었다. 그것은 오랫동안 자연스럽게 형성된 생활 구역을 제멋대로 나눠 버린 근대적 폭력의 선이었는데(게토 장벽처럼), 역설적으로 그 존재가 지키려 했던 체제의 허구성과 모순을 널리 선전해 주는 꼴이 되었다(토끼 장벽처럼).

장벽이 세워지기까지

베를린 장벽이라는 개념의 먼 기원은 1944년 9월 12일로 거슬러 올라간다. 무너진 나치의 영토를 처리하기 위해 이날 모인 연합국 대표들은 '런던 의정서'에 합의하고 베를린을 연합국의 공동 관리 대상으로 삼기로 한 것이다. 미국, 영국, 소련, 프랑스 4개국이 독일을 분할 점령한다는 포츠담 협정에서의 원칙에 따르면 이후 동독 지역으로 불리게 될 소련 점령 지구에 베를린도 포함되어야 했다. 하지만 그 경우 전후 유럽의 구도가 소련 쪽으로 지나치게 기울어질 것을 우려한 서방의 입장에 따라, 베를린도 다른 독일 땅과 마찬가지로 4분할 체제로 관리하기로 한 것이다.

그리고 1949년, 연합군이 점령지에서 철수하면서 독일은 독일연방공화국(서독)과 독일민주주의공화국(동독)으로 분단되었다. 베를린은 여전히 동쪽은 소련, 서쪽은 미국, 영국, 프랑스의 공동 관할 지역으로 남았는데, 분단 이후 서쪽을 거쳐 서독으로 넘어가는 동독인들의 걸음이 멈추지 않았다. 1957년에는 "어떤 이유에서든 허가받지 않은 기간 동안 공화국 밖의 땅에 머무를 수 없다. 적발되면 엄벌한다"는 동독 정부의 선언이 나왔지만 아무 효과가 없었다. 1958년, 이 문제를 둘러싸고 한바탕 옥신각신이 있었다. 소련 공산당 서기장 흐루쇼프Nikita Khrushchyov는 "지역적 분할 원칙에 따라 베를린 전체는 동독에 해당된다. 더구나 베를린은 동독의 수도인데 수도의 절반이 타국의 관리를 받는 상황이 말이 되느냐"라고 밝혔다. 그러나 서베를린 시장 빌리 브란트는 "포츠담 협정 이후 맺어진 런던 의정서에 따라야 마땅하다"라고 맞받았다. 그러자 흐루쇼프는 "동서 베를린의 경계는 유지하되, 서베를린의 서방 병력은 철수하고 베를린을 중립 도시로 만들자"는 제안을 했으나 역시 가차 없이 거부당했다. 그러는 사이에 베를린을 통해 동독을 빠져나간 동독인은 200만 명을 훌쩍 넘어섰으며, 특히 젊고 학력, 기술 수준이 높은 인력이 계속 유출되고 있었기에 동독의 미래가 어두워질 판이었다. 모스크바에서도 사회주의 진영 전체가 우스워지고 있는 꼴을 더 이상 못 봐주겠다는 입장을 세웠다.

그러면 어떻게 할 것인가? 무력을 쓸까? 그것은 자칫 세계대전을 초래할 수 있을 만큼 위험한 선택이었고, 이미 한 차례 실패한 경험이 있었다. '베를린 위기'라 불리는 사건, 아직 두 독일 정부가 수립하기 전인 1948년 1월부터 1949년 5월까지 스탈린의 지시로 서베를린과 서방의 통행로를 총칼로 봉쇄했던 사건이 그것이다. 당시에도 세계대전을 점치는 불안과 걱정이 세계를 뒤덮는 가운데, 미국과 서독 등은 봉쇄된 서베를린에 비행기를 쉴 새 없이 띄워 물자를 공수하며 소련에게 굴복하지 않겠다는 뜻을 분명히 했다. 수송기에 한 번이라도 공격을 가한다면 냉전은 즉시 열전이 될 판이었다. 결국 스탈린도 강철 고집을 꺾고, 베를린 봉쇄를 풀고 기존의 점령 체제를 유지한다는 합의에 서명할 수밖에 없었다. 그러자 기다렸다는 듯, 1949년 5월 제정된 서독 기본법('헌법'이라는 표현은 통일 이후로 미루기로 해서, '임시로 행정의 기본 원칙을 정해 둔 법'이라는 의미로 기본법이 되었다)에는 베를린 전체가 독일연방공화국(서독)의 영토로 명기되었다. 동독과 소련의 방침을 정면으로 들이받은 것이다.

결국 쓸 수 있는 방법은 한 가지였다. 만리장성에서 게토 장벽에 이르기까지 사회주의자들이 혐오해 온 집권자들의 억압의 표상, 장벽! 동독 최고 지도자인 발터 울브리히트Walter Ulbricht는 1961년 6월부터 '동베를린 경계선 폐쇄'안을 시사했으며 여기에는 장벽의 건설도 고려될 수 있다는 입장을 밝혔다. 그리고 8월 초, 흐루쇼프는 울브리히트의 안을 수락하면서 "다만, 서베를린 지역을 침범하면 안 되오! 단 1밀리미터라도!"라고 덧붙였다. 그리하여 1961년 8월 12일 밤, 베를린을 양분하는 장벽이 하룻밤 사이에 지어져 베를린 시민들 앞에 나타나게 되었다.

여기저기서 외침이 들렸고, 총성이 울려 퍼졌다. 특히 베딩 지역의 베르나우어 거리가 심했다. 집은 동독 지역에 있고 생활은 서베를린에서 했던 이 지역의 많은 주민들은 집이 봉쇄되는 모습을 보면서 망연자실했다. 창문으로 몸을 던지고, 창틀에 매달려 부르짖는 사람도 있었다.

당시 상황을 목격한 기자의 기록에 남아 있는 '장벽이 쳐진 밤'의 모습이다. 장벽 연결 및 보강은 그다음 날까지 이어졌고, 곳곳에서 시민들이 철조망을 부수고 경찰에게 돌을 던지며 격렬히 저항했으나 결국 소용없었다. 최종적으로 8월 14일에 브란덴부르크 개선문이 폐쇄되면서 베를린 분단은 완성되었다. 처음으로 모습을 드러낸 베를린 장벽은 대부분 철조망이었다. 베를린을 분리하는 장벽이 43킬로미터이고, 시내 바깥의 브란덴부르크 지역에 또 112킬로미터가 세워져 총 155킬로미터에 달했다.

왜 탈출자가 끊이지 않았는가?

베를린 장벽, 축조자들의 명명에 따르면 '반파시스트 장벽'은 두 차례의 개축 과정을 거쳤다. 철조망으로 이어진 장벽이 목숨을 걸고 장벽을 넘으려는 사람들에게 별달리 효과가 없음이 입증되자(장벽 설치 후 4개월 만에 5만 명 이상이 장벽을 넘어 서베를린으로 갔으며, 11명이 사살되었다), 2차, 3차 보강을 거쳐 1971년에 4차로 전 구간에 걸친 콘크리트 장벽이 축조되었다. 높이 3.6미터에 총길이는 처음보다 늘어나 168킬로미터에 이르렀다. '베를린 장벽에 들어간 콘크리트를 쓰면 작은 도시 하나를 세울 수 있고, 철조망을 쓰면 전 세계를 휘감아 버릴 수 있다'는 계산이 나오는 판이었다.

모양도 본래의 Y 자형에서 L 자형으로 바뀌었으며, 서베를린을 마주 보는 외벽(보통 베를린 장벽의 전부라 알려진)의 안쪽에 둘러쳐진 '보안지대'에는 혹시라도 넘어가려는 사람들의 발을 더디게 만들기 위해 해자처럼 움푹 패고 가파른 경사면을 주었고, 그 안으로는 순찰 도로, 감시 조명등, 감시탑(296개에 달했다), 벙커와 경비견 막사 등등이 들어섰다. 심지어 그 안쪽으로 또 탱크 저지물과 철조망(일부 지역은 지뢰밭까지)으로 된 '내벽'이 세워져, 내벽에서 외벽에 이르는 거리는 평균 200미터가 넘었다. 장벽을 지키는 경비병은 5만 명에 가까웠고, 경비견도 수백 마리가 배치되어 있었다. 그래도 광활한 장벽을 물샐틈없이 지키기란 모자라다 싶어, 전파에 포착되면 자동으로 사격하는 자동 총격 장치까지 배치했다. 그것은 국경의 장벽이라기보다는 포로수용소의 담벽을 연상케 하는 풍경이었고, 누가 봐도 '포로'들은 동베를린 시민들이었다. 서베를린이 아니라!

　　그래도 장벽을 넘는 걸음은 끊이지 않았다. 장벽을 강화한 1971년에서 장벽이 끝장나던 1989년 11월 9일까지 장벽을 넘거나, 운하나 땅굴을 통해 동베를린에서 서베를린으로 넘어간 사람은 5,075명에 이르렀다. 극적인 사례도 널리 매스컴을 타고 전 세계에 보도됐다. 처음 장벽이 세워진 직후인 1961년 8월 15일에 장벽 탈주자를 감시해야 할 콘라트 슈만 Konrad Schumann이라는 동독 감시병이 스스로 철조망을 뛰어넘어 서독으로 넘어가는 일이 있었고, 때마침 그 장면을 포착한 사진과 함께 한동안 화제가 되었다. 1962년 8월 17일에는 페터 페히터 Peter Fechter라는 청년이 장벽을 넘다가 총에 맞았고, 철조망 안쪽으로 떨어져 몇 시간이나 끔찍한 고통을 호소했다. 그러나 그 참상을 빤히 보면서도 서독 쪽에서는 혹시 정치적 문제를 빚을까 봐 그에게 다가가지 않았고, 동독 쪽에서도 손을 대지 않았다. 아직 열여덟 살밖에 되지 않았던 페히터는 그렇게 고통과 고통과 고통을 호소하고 또 호소하다가, 고독하게 숨이 끊어졌다. 아마 유대인 학살 이래 독일 땅에서 벌어진 가장 적나라한 인간 생명의 소멸 현장이었을 것이다(이 사건이 인류의 심금을 크게 울린 나머지, 논란 끝에 1983년에 동독이 자동 총격 장치를 철거하게 되었지만).

　　이 밖에도 운하를 건너다가 익사하고 만 어린아이들, 장벽을 넘는 동안 자신의 아이가 소리 내지 않도록 입을 꼭 틀어막고 있다가 그만 질

1961년, 동독 노동자들이
베를린 장벽을 건설 중인 모습

1961년 8월 15일, 스스로 철조망을 뛰어넘어 서독으로 넘어간 동독 감시병 콘라트 슈만의 탈주 장면

식사시키고 만 어머니 등등의 비극적인 이야기들이 이 장벽에는 절절히 맺히고 새겨져 갔다.

그러면 동베를린 사람들은 왜 그렇게 기를 쓰고 서베를린으로 넘어가려 했을까.

첫째, 분단 전후 베를린시의 산업 지구는 주로 서쪽에, 거주 지구는 주로 동쪽에 많았다. 그런데 거주민들의 생활양식을 전혀 고려하지 않은 선이 그어지고 나니, 동베를린에서 살며 서베를린에서 근무하던 사람들은 하루아침에 실업자가 되었다. 이대로는 살아갈 수 없다는 위기의식을 느낀 사람들이 가족과 함께 한사코 서베를린으로 들어가려는 경우가 적어도 장벽이 아직 세워지지 않았던 초기에는 많았다.

둘째, 베를린 장벽이 세워지기까지만 해도 동서독 경계를 넘는 사람에 대한 발포권은 베를린 지역에서만큼은 주어지지 않고 있었다. 따라서 서독으로 넘어가려는 사람들은 베를린 밖에서도 찾아와서 서베를린으로 탈출하곤 했다.

그리고 장벽이 세워진 뒤조차 탈출 시도가 끊이지 않았던 근본적 이유는 사회주의 체제 구축 과정에서의 갈등이었다. 제2차 세계대전으로 세계 최고 수준의 공업국이었던 독일은 폐허가 되었다. 그 복구 과정은 고달플 수밖에 없었는데, 서독에서는 '마셜 플랜'으로 대표되는 미국이 원조와 영국, 프랑스 등과의 경제 협력으로 비교적 순조로웠다. 그러나 동독에서는 모두 동독인들 스스로의 힘으로 해내야 했다.

그리고 그 복구는 '사회주의화'를 포함했다. 동독 수립 이전에 귀족이었거나 고위 관료, 지역 유지, 지주 등이었던 사회적 신분은 일체 인정되지 않았다. 놀고먹는 사람은 하나도 없이 모두가 직장에서 일해야 했고, 남녀의 임금은 동등하게 책정되었다. 그렇다면 환영할 만한 일이 아닌가? 그렇지만도 않은 게, 하루아침에 사회적 지위를 박탈당하고 평민과, 그리고 여성과 동등한 취급을 받게 된 사람들의 불만은 엄청났다. 이런 불만을 억제하고자 동독 정부는 군과 비밀경찰을 동원해 개인의 자유를 탄압하고 국민의 동태를 감시했으며, 철권 독재정치를 실시했다. 그리고 열심히 일하던 서민 출신 노동자들도 자신의 성과가 금전이 아닌 표창장으로만 인정받음을 깨달았고, 직장에서의 승진 등등은 업무 능력이 아니라 얼마나 공산당과 사회주의 이념에 정통한가에 따라 정해진다는 것도 알았다. 이쯤 되면 '이게 나라냐?' 싶지 않을 수가 없다. 북쪽의 어느 나라처럼 외부의 정보가 일체 차단되어 '사람 사는 게 어디나 다 이렇지' 하고 말 수도 있겠지만, 베를린 장벽은 정보까지 차단하지는 못했다. 바로 눈앞에서 마냥 자유롭고, 번화하고, 풍족해 보이는 생활방식을 날마다 접하는 동베를린 주민들. 그들의 마음은 장벽과 총포만으로 완전히 묶어 둘 수 없을 만큼 부풀어 올랐던 것이다.

'말실수'로 무너진 장벽?

널리 알려진 대로, 베를린 장벽의 파괴는 일종의 해프닝에서 비롯되었다. 1989년 11월 9일 오후 7시 무렵, 동독 통일사회당 베를린 지구당 제1서기 귄터 샤보프스키Günter Schabowski가 내외신 기자들 앞에서 "통일사회당 정치국은 동독의 모든 주민이 동독 국경을 넘어 여행하는 것이 가능하다고 결정했습니다"라고 발표했다. 그런데 그는 본래 결정의 의미, 말하자면 동독인이 서독을 방문하려면 체코 쪽으로 들어갔다가 다시 서독으로 가야 했던 것을 간소화해 주기로 했다는 의미를 충분히 전달하지 않고 그렇게 말해 버렸다. 그러니 '동독이 국경을 완전 개방하고, 동서독인의 자유로운 왕래를 보장한다'고 그 자리에 있던 대부분이 이해했던 것

제3부 세계대전과 냉전, 둘로 쪼개진 세상

이다. 샤보프스키는 한술 더 떠서, 어느 이탈리아 기자가 "언제부터 그렇게 됩니까?"라고 묻자 "지금이죠, 뭐"라고 대답하고 말았다. 그에 대해서는 준비할 시간이 필요하다는 정상적인 답변 말고 왜 그렇게 말했는지는 역사의 수수께끼 중 하나다. 기자의 질문을 오해하여 '언제 그 결정이 내려진 겁니까?'라고 알아들은 걸까? 아무튼 그 내용이 보도되자 난리가 났다.

한밤중, 장벽 앞으로 몰려든 베를린 시민들은 해머를 휘두르며 그들이 태어날 때부터 풍경의 일부였던 장벽을 때려 부쉈다. 국경수비대는 넋을 놓은 채 보고만 있었다. 얼마 지나지 않아 곳곳이 뻥 뚫린 장벽 틈에서 동베를린과 서베를린 시민들이 얼싸안고 춤을 추었다. 울고 웃으며, 어깨동무를 하고 깡충깡충 뛰며, 하나로 어우러진 동서독 군중은 외쳤다. "비어 진트 아인 폴크!Wir sind ein Volk!(우리는 하나의 국민이다!)" 그것은 한 달여 전, "비어 진트 다스 폴크!Wir sind das Volk!(우리가 바로 국민이다!)"라며 민주화 개혁을 요구했던 동베를린 시민들의 외침을 격하게, 행복하게 패러디한 것이었다.

당시 저는 자유, 인간의 존엄성, 자신의 솔직한 입장의 표명, 그 강렬한 체험이 사람들 사이에 걷잡을 수 없이 퍼져 나가는 것을 느꼈습니다. 그것은 도저히 억누를 수 없는 힘을 촉발시켰습니다. 그 힘은 장벽을 무너뜨렸습니다. 무너뜨릴 수밖에 없었습니다.

당시 현장에 있었던 보통의 서베를린 시민의 회상이다.

1990년 10월, 바야흐로 통일된 독일의 수도 베를린시는 175대의 트럭, 65대의 크레인, 55대의 굴착 차량, 13대의 불도저를 동원해 남아 있던 장벽의 대부분을 해체했다. 그렇게 베를린은 하나의 도시로 돌아오고, 장벽은 역사의 반열로 들어가 버렸다.

그러나 장벽은 '하루아침에 무너진 것이 아니다'. 1989년 11월이 되기까지, 베를린 장벽은 점점 더 모순적인 존재가 되었고, 심지어 콘크리트와 철망의 구조물을 넘어서서 정신세계에 존재하는 일종의 상징처럼 되었다. 그것은 결국 오랜 시간 동안 장벽이 장벽으로서의 본래 기능을 잃고, 더 이상 서 있을 필요도 없고, 의미도 없어지는 '무너짐'의 과정으로 풀이될 수 있다.

1960년대에서 1970년대로 넘어가던 때, 베를린 장벽이 2차 개축을 막 끝내던 무렵, 서독 정치에는 새바람이 불었다. 빌리 브란트의 사회민주당이 정권을 잡은 것이다. 집단주의와 경제의 공공성 강화를 모토로 하되 마르크스-레닌주의와는 달리 폭력 혁명이나 프롤레타리아 독재를 내세우지 않고, 의회민주주의의 틀 내에서 진보를 모색하는 사회민주주의는 독일이 본향이며, 19세기에 이미 모습을 보였다. 독일에서 가장 오래된 정당이기도 했다. 그러나 1930년대에 주류화된 북유럽에 비해 독일(서독)에서는 '냉전의 최전선에서 자유민주주의를 수호한다'는 분위기에 쏠렸던지, 전후에는 '만년 야당'의 굴레를 좀처럼 벗지 못했다. 그렇지만 1966년에 단독으로 내각을 구성할 수 없었던 제1당, 우파의 대표인 기독민주당과 대연정에 들어가면서 비로소 그 굴레를 벗고, 3년 뒤인 1969년에 마침내 온건 우파인 자유민주당과의 소연정으로 실질적인 단독 집권에 성공한 것이다.

새 수상이 된 빌리 브란트는 1966년 연립 정권에서 외무장관을 할 때부터 동독과의 화해를 주장했던 사람이다. 그는 수상 취임 연설에서부터 이런 주장을 강력히 내비쳐, '동방 정책'의 시동을 걸었다. 이는 세계의 새로운 움직임과도 잘 맞았다. 1968년에 맺어진 핵확산 금지조약에서 미국, 소련 등 초강대국들이 일단 '힘의 균형'을 유지하기로 합의를 보았으며, 1969년에는 '닉슨 독트린'이 나와 미국이 진흙탕 싸움을 하고 있던 베트남을 포함해 아시아 각지에서 미국의 군사 개입을 줄이며 공산권과의 대결보다 타협을 우선하겠다고 한 것이다.

이는 공산권에서 좋은 반응을 얻었고, 모스크바의 중재로 1970년 3월에는 브란트와 동독 수상 빌리 슈토프Willi Stoph 사이에 정상회담이 열리게 된다.

양독 정상회담은 비록 큰 성과를 내지 못했지만, 브란트는 동방 정책을 포기하지 않고 소련, 폴란드와의 정상회담을 계속하여 양독 관계 정상화에 동의한다는 입장을 이끌어냈다. 이 과정에서 폴란드를 방문해 게토 유대인 희생자를 기리는 기념비 앞에 무릎을 꿇기도 했다.

이러한 행보로 브란트는 등 뒤에 날선 칼을 맞기도 했다. "아무리 그래도 일국의 대표자가 무릎을 꿇다니 있을 수 없는 일이다!", "동독을 국가로 인정한다면 통일은 영영 포기하겠다는 것이냐!" 등등, 대체로 우파들의 볼멘소리에 한때 사민당과 연정했던 기민당도 법석일 수밖에 없었다. 그러나 냉전의 암울함 속에서 두 숙적이 화해할 가능성에 대해 세계 여론은 끓어올랐고, 이를 방패 삼아 브란트는 동방으로, 동방으로 걸음을 재촉했다.

마침내 그 결실로, 1972년 12월 21일에는 동베를린에서 '동서독 기본조약'이 맺어졌다. 이로써 동서독은 사실상 서로를 국가로 인정했으며, 이후 체육, 학술, 문화, 경제 교류 등이 봇물처럼 터지게 된다. 이산가족들에 대한 배려도 점점 늘어서, 1970년대 말쯤에는 마치 보통 이웃나라 오가듯 서로의 집에 놀러 다니며, 편지와 선물도 자유롭게 주고받게 되었다.

이런 분위기 속에서 베를린 장벽은 실질적 기능을 잃다시피 했지만, 1980년대로 접어들면서는 다시 그 '상징성'이 부각되었다. 1980년대에는 미국의 로널드 레이건Ronald Reagan, 영국의 마거릿 대처Margaret Thatcher,

1989년 11월 9일에 열린 통일사회당 기자회견. 귄터 샤보브스키(오른쪽에서 2번째)가
사실을 잘못 전달하며 벌어진 이날의 해프닝은 베를린 장벽 붕괴를 촉발한 계기가 되었다.

1989년 12월 21일, 브란덴브루크문 근처 베를린 장벽이 철거되고 있다.

일본의 나카소네 야스히로中曾根康弘, 한국의 전두환 등 보수적이고 반공 이념에 투철한 지도자들이 줄줄이 나타났다. 이들은 1970년대의 데탕트를 부정하고 '공산주의와는 양보 없이 싸워야 한다'는 입장을 내세웠다. 그리고 마침 그런 주장에 호응이라도 하듯, 소련의 아프가니스탄 침공(1979), 폴란드 자유노조 수립(1980), 대한항공 격추 사건(1983) 등이 잇달아 벌어지면서 동서 간 대립 분위기는 다시금 한껏 고조되었다.

이때 서방 국가에서 사회주의권의 이미지는 그야말로 음험, 잔인, 난폭, 비열 등등 부정 일색이었으며, '철의 장막 저편에 틀어박혀서 자국민에게는 온갖 못된 짓을 하고, 외국에는 호시탐탐 침략을 획책하는' '악의 제국'으로 자리매김되었다. 그리고 바로 베를린 장벽이 그런 철의 장막 이미지와 오버랩되었다. 당시 이런 농담이 돌았다.

세계 최고의 미녀로 유명한 엘리자베스 테일러Elizabeth Taylor가 모스크바를 방문했다. 소련 최고 지도자 브레즈네프Leonid Brezhnev와의 회동에서, 브레즈네프는 뭐든 원하는 게 있으면 말해 보라고 했다. 테일러는 "베를린 장벽을 무너뜨리는 일입니다"라고 말했다. 그러자 브레즈네프는 껄껄 웃으며 "나랑 단 둘이만 있고 싶다는 말을 그렇게 돌려 하시는군요"라고 대답했다.

이 이야기에서 베를린 장벽은 동베를린과 서베를린을 나누는 155킬로미터의 장벽일 뿐인데, 그것이 마치 서유럽과 동유럽을 가르는 1만 킬로미터가 넘는 '철의 장막'인 듯 제시되었다. 그리고 그것이 동독 정부가 아니라 사회주의권의 정점에 있는 소련 서기장의 뜻에 달려 있는 것처럼, 또한 베를린 장벽을 무너뜨리기만 하면 '소련, 동독, 체코, 폴란드 등 모든 사회주의권 국민들이' 걸음아 날 살려라 하듯 서방으로 달아나 버릴 것처럼 제시된 것이다.

그런데 이를 지나친 농담이라고 할 수도 없었다. 로널드 레이건을 비롯한 서방의 지도자들은 베를린을 방문할 때면 으레 장벽 앞에 서서 "소련 서기장 각하, 듣고 있소? 이 장벽을 당장 허물어 버리시오!"라고 외치곤 했으니. 동서독의 교류로 이미 사람의 출입을 막는 장벽 역할은 별로 못하고 있던 베를린 장벽은 이처럼 오히려 전보다도 더 의미가 큰, 상징적 장벽이 되고 있었다.

그리고 1985년 3월, 농담을 현실로 바꿀 가장 중요한 계기가 마련되었다. 소련 서기장에 미하일 고르바초프Mikhail Gorbachyov가 취임한 것이다. 그는 사회주의 경제의 내재적 모순과 서방과의 지나친 군비 경쟁 때문에 거덜 나기 직전이던 소련을 어떻게든 되살려 보려 했다. 그리하여 글라스노스트(개방), 페레스트로이카(개혁) 정책으로 옛 데탕트의 차원을 넘어서는 서방 세계와의 화해, 교류를 추진했다.

이에 따라 독일의 통일 논의도 활기를 띠었다. 한반도와 달리 독일의 분단은 제2차 세계대전의 책임을 지운 결과였고, 동서독 체제의 변경은 원칙적으로 포츠담 협정 당사국들인 미, 영, 프, 소의 합의가 있어야 가능했다. 독일인들이 원한다고 통일이 될 수 없었던 것이다. 그리하여 서독 외교관들은 모스크바, 런던, 파리 등을 바쁘게 오가며 통일에 대한 지지를 이끌어냈다. 역사적으로 독일이 통일되면 꼭 피해를 보곤 했던 프랑스와 영국도 떨떠름해했지만, 가장 큰 걸림돌은 소련이었다. 데탕트를 가져왔던 흐루쇼프가 헝가리에서의 탈사회주의 움직임은 무력으로 잔혹하게 진압했던 사례에서도 보듯, 소련은 주변을 둘러싼 '위성국'이 서방으로 넘어가는 일만은 한사코 막으려 해 왔기 때문이다. 그러나 고르바초프는 통독을 묵인할 수 있다는 제스처를 보였다. 애써 마련한 서방과의 화해 분위기를 깨기도 꺼려졌고, 서독이 약속한 막대한 경제 원조가 절실하기도 했기 때문이다. 1989년 수립된 헝가리의 비공산 계열 정부, 미클로시 네메트Miklós Németh 정부가 같은 해 6월에 헝가리와 오스트리아 사이의 260킬로미터 철조망 장벽을 제거했을 때도 소련은 아무런 행동에 나서지 않았으며, 따라서 독일 통일의 비전은 한껏 뚜렷해졌다. 대놓고 장벽을 타넘는 사람들이 줄을 이었다. 베를린 장벽 건설 이전의 탈출 러시보다 더 많은 숫자였다. 상황을 통제할 수 없다고 여긴 동독 정부는 모스크바에 구원 요청을 했으나, 아무런 답도 얻지 못했다.

1989년 가을, 마침내 두 독일의 대표는 정상회담을 갖고, 연방제를 기본 틀로 하는 단계적인 통일에 합의했다. 동독 입장에서는 그것이 오히려 역설적으로 자국의 명맥을 유지하는 최선의 방책으로 여겨졌으리라. 그러나 1989년 11월 9일이 왔고, 장벽은 거짓말처럼 무너졌다. 그리고 동독 자체가 허물어져서, 서독에 흡수되어 버렸다.

니코시아 장벽

베를린 장벽이 세워진 뒤 25년 만에 세워지고, 무너진 지 18년 만에 무너진 또 다른 '도시를 가르는 장벽'이 있다. 바로 키프로스의 니코시아시를 가로지르던 니코시아 장벽이다.

영어식 발음으로 '사이프러스'라고도 하는 키프로스는 동지중해의 섬나라다. 고대부터 오리엔트 문명과 그리스 문명이 오가는 교차지였으며 사랑의 여신 아프로디테의 고향이라는 전설도 갖고 있다.

그러나 16세기에 오스만제국의 손에 들어갔다가, 19세기 제국이 쇠퇴하자 그리스계가 대부분인 주민들이 '그리스로 돌아가자!'는 운동을 벌였다. 그러나 제1차 세계대전 중 이 섬을 점령했던 영국은 전략적 요충지인 키프로스에 계속 거점을 남겨 두고 싶어 했고, 결국 그리스-터키-영국 3개 주권, 그리스군과 터키군의 분할 주둔이라는 괴상한 형태로 키프로스 공화국이 1960년에 수립되었다. 그러나 이런 어정쩡한 연합은 곧 파열음을 냈다. 1974년, 그리스계 군부가 쿠데타로 집권한 뒤 그리스로의 귀속을 추진하자 터키 주둔군은 키프로스 북부를 점령하고 사실상 독립된 나라로 만들었다. 이 분단 상태는 유엔의 중재 등으로도 완전히 해소되지 못한 채 오늘날까지 이어지고 있다.

키프로스섬을 대체로 7 대 3으로 나누는 분단선은 '그린라인'이라 불린다. 그 그린라인은 키프로스의 최대 도시이자 수도인 니코시아도 반으로 가른다. 그린라인을 둘러싸고는 한반도처럼 비무장지대DMZ가 설정되었고(그러나 말로만 비무장이기는 마찬가지여서, 유엔군이 완전무장 상태로 상시 주둔 중이다), 니코시아 시내에는 라인을 따라 장벽이 설치되었다.

아이러니하게도 니코시아는 원래 장벽으로 유명한 도시였다. 그런데 그것은 여기서 말하는 니코시아 장벽이 아니고, 16세기 중반 이 도시를 지배하던 베네치아 공화국이 방위 목적으로 세운 들쭉날쭉한 형태의 시 방위 성벽이었다. '트라스 이탈리엔'이라 불리는, 성벽을 마치 거대한 별이나 톱니바퀴처럼 들쭉날쭉한 모양으로 지음으로써 화약 시대에도 방위력을 극대

제3부 세계대전과 냉전, 둘로 쪼개진 세상

화하게끔 설계된 방벽은 유럽에 여럿 있지만, 그 가운데서도 니코시아 성벽이 모범적이었기에 일찍부터 널리 알려져 있었던 것이다.

그러나 이제 세워진 장벽은 도시를 무턱대고 둘로 나누는 장벽이었다. 처음에는 양철통과 모래주머니가 동원된, 그야말로 날림식이었다. 하지만 이는 곧 베를린 장벽과 비슷한 콘크리트 장벽으로 대체되었다.

동서 냉전의 종식과 사회주의권의 몰락이 베를린 장벽을 무너뜨리는 원동력이 되었지만, 니코시아 장벽은 유럽연합의 태동에 영향을 받았다. 터키와 키프로스는 모두 유럽연합 가입을 원했는데, 2004년에 키프로스 가입이 승인되었다. 그러나 실질적인 독립국가인 북키프로스의 위치가 모호했다. 이 때문에 한때 남북한의 비무장지대 못지않게 살벌하던 니코시아 장벽-그린라인의 분위기가 누그러졌고, 결국 2007년 니코시아 장벽은 대부분 해체되었다. 마지막으로 남아 있던 레드라 거리의 장벽도 2008년 철거되었다.

이렇게 장벽은 34년 만에 사라졌다. 그러나 아직 분단은 남아 있다. 분단의 원인을 제공한 영국의 거점도 아직 섬나라에 남아 있으며, 많이 엷어지긴 했지만 그리스계와 터키계 사이의 민족 감정도 사라지지는 않았다. 아프로디테의 고향인 이 섬이 정말 사랑과 평화의 고장이 될 날이 언제일지는, 장벽이 제거된 지금에도 아직 미지수로 남아 있다.

돈벌이 거리가 된 비극의 잔재

그리고 무너진 장벽은 그 뒤 어떻게 되었을까? '상품'이 되었다. '역사적 기념물이니 되도록 원형 그대로 보존해야 한다'는 주장(그 주창자 가운데는 빌리 브란트 전 수상도 있었다)과 '역사적 흉물이니 깡그리 없애 버려야 한다'는 주장이 팽팽히 맞서자, 아직 통일 조약을 맺기 이전 시점의 동독 임시정부는 제3의 대안으로서 민간 건설사를 매개로 내세워 해외 구매자들에게 장벽을 조각조각 팔기로 한 것이다. 처음에는 한 변이 3.6미터씩 되게 잘라낸 장벽의 가치가 8천 달러였는데, 나중에는 10만 달러까지 치솟았다.

장벽 붕괴 전에 서독 주민들이 휘갈긴 낙서나 그림이 어떻게 표면에 나타나 있냐에 따라 수집가들의 선호가 갈렸다. 그 가운데는 붉은 토끼들을 묘사한 그림도 있었다. 장벽을 넘다가 희생된 사람들을 상징하기도 하고, 장벽의 공간에 무리 지어 살다가 장벽이 무너지면서 보금자리를 잃고 군중들에게 짓밟혀 죽었던 진짜 토끼들을 묘사한 것이기도 했다. 이윽고 당연하게도 가짜 장벽 쪼가리들이 나돌았고, 판매 대행사는 '큰손'들의 구매욕이 시들해지자 손바닥만 한 크기의 작은 기념품이나 책갈피 정도로 얇게 잘라낸 장벽 조각까지 생산해서 저가 다량 판매에 돌입하며 기념품 판매업의 신기원을 이룩했다. 자본주의의 물결을 차단하려 세워진 "반파시스트 장벽"이 결국 자본주의에 더할 나위 없이 봉사하게 된 셈이다. 기발한 낙서로 덮인 장벽 쪼가리를 손에 넣고 희색이 만면했을 서방 세계의 어떤 수집가는, 그 장벽의 표면에 언젠가 필사의 탈주자가 땀에 젖은 손바닥을 갖다 댔을지도 모른다는 사실을 염두에 두었을까, 아닐까?

장벽 일부는 판매 대신 기증되기도 했다. 미국의 레이건 도서관(냉전을 끝장낸 미국 대통령을 기리는 의미로), 백악관(조지 부시George H. W.

Bush가 있던), 영국 왕실, 로마 교황청 등등에 보내진 장벽 조각은 '아직 분단되어 있는 나라'인 대한민국에도 보내졌다. 그러나 최근, 2018년 6월 8일에 한 그래피티 예술가가 청계천에 세워져 있던 장벽 조각에 그래피티를 그려 '복구 불가능한 훼손'을 입힘으로써 '야만적 행동', '국가적 수치'라는 반응이 일기도 했다. 다만 일반에 잘 안 알려진 사실은 한국에 베를린 장벽 조각이 있는 곳은 이 외에도 최소 다섯 곳 이상이라는 점, 그리고 베를린 현지에서는 1.3킬로미터 정도의 장벽 잔해를 그래피티 예술가들의 자유로운 작업 공간으로 개방하고 있다는 점이다. 그래도 독단적인 '예술 활동'을 옹호하기란 힘들겠지만……

통일 독일은 사라진 장벽을 놓고도 상품화를 시도했다. 진작 철거했던 장벽의 감시 초소들을 '부활'시켜 베를린을 찾는 관광객들의 포토스폿으로 활용하고 있다. 포츠담 광장에 있던 감시탑은 아예 허물지 않고, 입장료를 받고 있다. 그 밖에도 시 곳곳에 장벽을 보존하거나 재현한 장소들이 있는데, 명목은 '역사의 기념'이지만 실질은 관광 수입을 올릴 건수다.

'역사의 기념'을 빙자한 '상업적 축제'도 빠지지 않는다. 2004년에는 '장벽을 넘다 희생된 사람들을 기리는 나무 십자가 행사'가 열렸는데, 열린 장소에 세워져 있던 기념탑은 추후에 부활시킨 가짜였고, 십자가의 숫자는 실제 사망자의 숫자보다 세 배나 되었다. 2009년 11월 9일에는 장벽 붕괴 20주년을 기념한다며 '다시 한 번 장벽을 무너뜨리자!' 행사가 열렸다. 약 1천여 개의 너비 1미터, 높이 2.5미터의 스티로폼 장벽들로 특대 도미노를 만들어, 샤보프스키가 '통한의 말실수'를 했던 그 시각에 맞춰 도미노를 밀어 넘어뜨렸다. 당연히 주변 모텔촌은 방이 동났고, 평소보다 몇 배의 술과 안주와 콘돔이 팔렸다.

오늘날 한편에서는 이와 다른 색깔의 반응도 나오고 있다. '장벽을 아쉬워하는' 반응이다. 왜 그럴까? 통일이 되고 나서 발생한 사회경제적

그래피티가 그려진 베를린 장벽 잔해

혼란은 이제 거의 잦아들었지만, 서독 출신들과 동독 출신들 사이에 발생한 거리감과 불화는 아직 완전히 아물지 않았다. 효율적이고 합리적인 생활방식에 젖어 있던 서독인들의 눈에는 동독인들이 굼뜨고 제멋대로인 듯 보였고, "짜증나는 오씨(동쪽 사람) 놈들"이라는 비아냥이 익숙해지게 되었다. 여기에 대해 동독인들도 반감을 품으며 "오만방자한 베씨(서쪽 사람) 녀석들"이라고 부르게 되었다. 그리하여 '차라리 그때 장벽을 허물지 말고 그대로 둘 걸. 하다못해 원래 계획대로 연방제를 할 걸'이라는 인식이 퍼진 것이다. "왜 중국인들은 늘 실실 웃는지 알아? 그들은 아직도 장벽(만리장성)을 안 무너뜨렸거든"이라는 농담이 돌기도 했다. 동독인들 사이에서도 '옛날 동독 시절이 좋았다'는 의견이 2010년대에 들어와 절반을 넘어섰고 계속 증가 중이다. 이런 '장벽 향수'는 최근 독일에 유입된 난민에 대한 우려와 경계 의식이 높아지면서 새로운 힘마저 얻고 있다.

무리하게 사람과 사람을 나누었던 장벽. 그 존재는 분명 비극이었고, 꾸준한 정치적 노력과 혜안 덕분에 무력화되었으며, 역사적 해프닝을 놓치지 않고 터져 나온 민중의 외침 덕분에 무너졌다. 그러나 그토록 오랜 교류와 협력, 그토록 컸던 탄식과 감동의 목소리에도 불구하고, 장벽은 아직도 사람들 사이에 그림자를 드리우고 있다. 이보다 더 오래, 더 처절하게 장벽을 유지해 온 땅, 바로 한반도에서 살아가는 사람들이 심사숙고해야 할 현실이다.

9. 한반도 군사분계선, 그리고 DMZ

자동차를 타고 캐나다 국경을 넘는 순간 국경이란 이제까지 내가 알고 있던 것처럼 거대한 신성불가침의 영역이 아님을 처음으로 알게 되었다. 국경이란 나라 사이의 경계를 이루는 선이며, 평범한 사람도 쉽게 넘나들 수 있는 선이었다. 그러나 그동안 내가 알고 있던 한반도에서의 남북 국경은 아무나 쉽사리 갈 수도 없고, 가서도 안 되는 곳이었다. (…)

엄밀히 말하면 군사분계선이 국경은 아니지만 현실적으로 남과 북 사이에서는 국경과 비슷한 기능을 하고 있다.

— 김호기·강석훈·이윤찬·김환기, 『DMZ, 유럽행 열차를 기다리며』

38선에서 휴전선으로

1953년 7월 27일 밤 10시, 한반도에서 총성이 멎었다. 그보다 열두 시간

전에 판문점에서 체결된 휴전협정이 발효되었기 때문이다. 유엔군 대표 윌리엄 해리슨William Harrison 미육군 중장과 공산군 대표 남일 북한군 대장이 서명한 협정서는 다시 유엔군 최고사령관 마크 클라크Mark W. Clark, 북한의 김일성, 중국의 펑더화이彭德懷(그는 유일하게 펜을 쓰지 않고, 먹을 갈아 붓으로 서명했다)가 추가 서명함으로써 완성되었다.

이 협정은 결코 쉽게 이루어지지 않았다. 휴전 자체는 이미 1951년 초부터 백악관과 펜타곤에서 논의되기 시작했다. 이에 화답하여 소련 쪽에서도 1951년 6월에 '영토를 고려하지 않는, 철저히 군사적 차원의 휴전 논의'를 제안했다. 말하자면 몇 해 동안 벌어진 처절하고 참혹한 전쟁을 모두 '없던 일'로 돌려 버리고, 전쟁 이전의 38도 분계선으로 되돌아가는 것을 기본으로 삼는 휴전 논의를 해봄 직하다는 것이었다. 이 내용이 우리나라 대중에게 알려졌다면 아마 피가 거꾸로 솟았을 것이다. '이 지경이 된 이상, 통일을 해야 쓰겠다. 아니, 38도선에 비해 얼마만이라도 더 위쪽에 경계를 그어, 우리 땅을 확보해야만 한다'는 게 일반의 염원이었기 때문이다. 그러나 북한과 중국도 이 원칙에 동의를 표시했다. 그만큼 이 전쟁은 고달프고, 앞이 안 보이고, 지긋지긋했던 것이다.

휴전회담은 동년 7월 8일부터 개성의 어느 민가에서 은밀히 이루어졌다. 경기도와 강원도의 곳곳에서는 아직도 매분 매초마다 피가 튀고, 살이 찢겨져 나가고, 화약 냄새와 나무 타는 냄새, 살이 익어 가는 냄새가 코를 찌르고 있던 시점이었다.

처음 쟁점은 '휴전선을 어떻게 긋느냐'였다. 북한과 중국은 '38도선으로 돌아가자'고 주장했고, 미국 등은 '현재 각자가 점령하고 있는 선을 근거로 삼자'고 했다. 언뜻 보면 이상한 일이었다. 북한은 처음부터 '38도선은 제국주의자들이 멋대로 그은 선'이라며 38도선과 대한민국 정부를 모두 인정하지 않았고, 따라서 '잘못을 바로잡는다'는 명분을 내세우며

ARTICLE V

MISCELLANEOUS

61. Amendments and additions to this Armistice Agreement must be mutually agreed to by the Commanders of the opposing sides.

62. The Articles and Paragraphs of this Armistice Agreement shall remain in effect until expressly superseded either by mutually acceptable amendments and additions or by provision in an appropriate agreement for a peaceful settlement at a political level between both sides.

63. All of the provisions of this Armistice Agreement, other than Paragraph 12, shall become effective at _2200_ hours on _27 JULY_ 1953.

Done at Panmunjom, Korea, at _1000_ hours on the _27th_ day of _JULY_, 1953, in English, Korean, and Chinese, all texts being equally authentic.

KIM IL SUNG
Marshal, Democratic
People's Republic
of Korea
Supreme Commander,
Korean People's Army

PENG TEH-HUAI
Commander,
Chinese People's
Volunteers

MARK W. CLARK
General, United States
Army
Commander-in-Chief,
United Nations
Command

PRESENT

NAM IL
General, Korean People's Army
Senior Delegate,
Delegation of the Korean People's
Army and the Chinese People's
Volunteers

WILLIAM K. HARRISON, JR.
Lieutenant General, United States
Army
Senior Delegate,
United Nations Command Delegation

1953년 7월 27에 발효된 한국 전쟁 휴전협정서

6·25 전쟁을 일으켰기 때문이다. 38도선으로 돌아가자는 건 오히려 '원상회복'을 강조한 유엔군 쪽에서 강력히 들고 나와야 하는 것 아닌가?

그러나 실질적으로 다른 노림수가 있었다. 38도선을 경계로 삼으면 황해도 남부의 옹진반도와 개성이 남한의 영역이 된다. 그런데 옹진반도만 남한령이고 그 위쪽은 몽땅 북한령이라면? 외딴 섬처럼 남한 본토에서 고립된 옹진반도는 마치 불구덩이 옆에 던져 둔 종잇조각 같아서, 북한이 마음만 먹으면 언제든 순식간에 점령해 버릴 수 있는 형국이다(그리고 그 때문에 유엔군 측은 38도선 복원을 주장하지 않고 현재의 점령선을 주장했던 것이다. 그들은 그 무엇보다도 전쟁이 재발해서 자신들이 이 빌어먹을 한반도에 돌아오는 걸 싫어했으므로).

그리고 개성은 문화적 의의가 큰 데다 서울과 지척이었기에 남북한이 어떻게든 확보하고 싶던 땅이었는데, 공산군 측은 38도 선을 고집하면서도 '개성만은 우리 쪽으로 귀속되어야 한다'고 주장하여 휴전회담의 난항이 거듭되었다. 공산군 측 주장의 근거는 휴전회담 당시 개성을 그들이 실효 점령하고 있는 상황에서 휴전회담 때문에 중립 지역화되어 있으며, 따라서 개성의 귀속 근거는 자신들 쪽에 더 많다는 것이었는데 현재 실효 지배와 무관하게 38도선으로 돌아가자는 논리와는 맞지 않는, 억지 주장에 가까웠다. 아무튼 그 말대로 개성을 차지하고, 옹진반도는 언제든지 손에 넣을 수 있다면, 38도선 경계를 관철함으로써 한반도 동부에서 (철원, 속초, 양양 등이 모두 포함되는) 큰 영역을 북쪽이 차지하게 된다. 그렇다면 제2의 한국 전쟁이 벌어졌을 때 전보다 훨씬 유리하게 서울을 공략할 수 있을 것이다……. 대략 이런 선에서 공산군은 '38도선 원칙, 개성은 예외'를 고집했고, 그런 억지 주장이 먹힐 가능성이 있었던 이유는 누가 봐도 미국을 비롯한 연합국 쪽이 전쟁에 진절머리를 내고 있다는 사실에 있었다.

하지만 앞서 말했듯 미국 등은 전쟁을 빨리 끝내고 싶어하는 이상으로 전쟁 재발의 소지를 없애고 싶어했다. 그래서 처음에는 실효 지배선보다 더 북쪽의 선을 내놓았다가 (거부되리라는 건 대충 예상했었지만) 물리기도 했다. 그리고 뒤늦게 회담의 추이를 알게 된 이승만 정부와 한국군, 그리고 한국 국민들의 열화 같은 반대 여론이 있었다. 1951년 8월, 이승만은 '정전 반대 총궐기 대회'에 참석하여 "38도선이니 현재 점령선이니 하는데, 다 미친 소리이고 대한민국의 경계선은 압록강이다!"라며 불법 괴뢰 집단인 북한과의 타협은 절대 있을 수 없고, 국토가 두 번 다시 분단되어서는 안 된다고 맹렬히 주장했다. 한편 공산 진영에서도 '38도선을 주장하다가 정 안 되면 차선책으로 가자'는 중국, 소련의 입장에 김일성이 강력히 반발하며 엇박자가 났다.

결국 실력 행사가 회담의 추이를 크게 결정했다. 1951년 10월, 미군이 '펀치볼'이라 부른 강원도 양구 가칠봉 인근의 오목한 지역(38도선에서 상당히 북쪽에 있다)을 유엔군이 혈전 끝에 점령하자, 공산 진영에서는 38도선을 고집하려는 자세가 한풀 꺾였다. 그리하여 11월 말경에는 현재 점령선에 기초한다는 유엔군 측 원칙이 수용되지만, 개성 귀속을 두고 다시 입장이 첨예하게 갈라졌다. 결국 회담은 1952년으로 넘어가야 했다.

1952년에는 중국군이 서해안의 섬들을 공략하여 점령하는 등 소강상태의 전체 전선에서도 서쪽에서 약진을 나타냈다. 반면 동쪽에서는 유엔군의 우위가 확고했다. 옹진반도와 개성에 대해 유엔군이 점점 확보 의지를 잃어 가는 것을 눈치 챈 한국 정부는 자체 병력으로 개성을 공격했지만 여지없이 패퇴하고 말았다. 그리고 동년 11월, 제2차 세계대전의 영웅인 드와이트 아이젠하워Dwight Eisenhower가 미국 대선에서 승리했다. 그가 내세운 공약 제1호는 "한국 전쟁을 끝내겠다"는 것이었다. 이제 싫든 좋든 한반도에서 총성이 멎을 날이 얼마 안 남았음을 서울, 평양, 베이징,

워싱턴, 모스크바 모두가 느끼고 있었다.

한국은 이처럼 휴전협정이 현실화되는 가운데 옹진반도, 개성, 그리고 한강 상류까지 북한에 내주는 추세가 되자 조바심이 났다. 이승만은 계속해서 정전 반대 국민 집회를 가지면서 미군과 접촉했으나 "이젠 그만 좀 하라"는 말만 들을 뿐이었다. 분격하여 "그러면 우리는 단독으로 북진할 것이다"라고 소리쳤더니, "한국군의 전력으로? 자살을 말릴 까닭은 없다"는 대답만 들었다. "이대로 휴전이 되어 버리면 우리는 풍전등화와 같다. 뭐든 보장을 해 주고 전쟁을 끝내려면 끝내라"고, 마침내 자존심이고 뭐고 벗어던진 호소를 해 봤지만 미군 장교들은 어깨만 들썩하고 말 뿐이었다.

그래서 이승만은 '묘수'를 쓰기에 이른다. 1953년 6월 19일, 부산, 광주, 논산 등지에서 '반공포로 석방'을 단행한 것이다. 제네바 협정에 따르면 전쟁 도중에 잡은 적군 포로는 전쟁이 끝남과 동시에 상대국에 송환하도록 되어 있었다. 그러나 이승만은 "포로수용소의 인민군 출신 포로들 상당수가 자유 대한의 품에 돌아오기를 간절히 바란다"며 일방적으로 이러한 조치를 취해 버렸다. 판문점의 회담장은 당연히 발칵 뒤집혔고, 다 된 밥이나 다름없었던 회담은 무기 연기되었다. 이로써 이승만은 단독 북진이라는 '자살 행위'를 하지 않고도 얼마든지 회담을 '깽판' 놓을 수 있음을 보여 준 셈이었고, 미국은 이에 진저리를 치면서도 결국 그가 바라던 대로 한미상호방위조약 체결을 약속해야 했다. 이것으로 휴전협정의 마지막 걸림돌은 빠졌다.

1953년 7월 24일, 서쪽의 임진강 하구에서 동쪽의 고성을 잇는 248킬로미터의 군사분계선이 최종 합의되었고, 사흘 뒤에 판문점에서 조인이 이루어졌다. 이로써 한반도는 다시 정식으로 분단되었고, 그 허리를 가로지르는 장벽이 생기게 된다.

'비무장지대' 아닌 비무장지대

그런데 만리장성이나 베를린 장벽과는 달리, 군사분계선 자체가 장벽을 형성하고 있는 것은 아니다(군사분계선임을 알리는 1,292개의 말뚝만 있다). 정전협정에 따라 양측은 분계선에서 2킬로미터씩 뒤로 물러나, 북방 한계선(북측이 내려올 수 있는 한계선)과 남방 한계선(남측이 올라갈 수 있는 한계선)을 형성했다. 두 선의 중간은 비무장지대DMZ로 설정되었다. 그리고 1954년 2월에는 '군사작전, 군사시설 보호, 보안 유지 목적'을 이유로, 미군사령관 독단으로 남방 한계선에서 5~20킬로미터 밖에 민통선을 설치해 기본적으로 민간인의 출입을 통제했다(민통선 안쪽으로도 민간인이 거주할 수 있지만, 생활과 출입 등에서 군의 엄격한 통제를 받는다).

그런데 정전협정에는 육상의 군사분계선과 비무장지대에 대한 규정은 있었지만, 해상 경계선에 대한 규정은 없었다. 당시 북한 측의 해군력은 없다시피 했으며 한국이 회담에 참여하지 않았기 때문에 빚어진 실수라고 할 수 있는데, 1953년 8월 30일, 유엔군이 북방 한계선NLL을 일방적으로 설정했다. 그 이름이 군사분계선이 아니라 북방 한계선임에서도 알 수 있듯, 이는 육상 북방 한계선과 마찬가지로 군사적 분쟁을 막는 완충선이었다. 그러나 분단 상태가 지속되면서 남측은 이를 사실상의 '영해선'처럼 간주하게 되고, 북한이 뒤늦게 반발하면서 꾸준히 분쟁의 소지가 되고 있다.

그러나 해상 분쟁은 육상 분쟁에 비하면 별것 아니다. 그리고 '북한은 파렴치하게 정전협정을 어기고 무력도발을 거듭했으며, 한국은 일방적으로 북한에 당하기만 해 왔다'는 인식과는 달리, 적어도 초기에는 남측이 더 적극적으로 북쪽을 도발했다. 정전협정 자체를 인정할 수 없고, 북한의 존재도 인정할 수 없다는 생각 때문이었다. 1950년대가 끝나도록, 개성과 연천 등지를 공략하려는 남쪽의 군사작전은 그치지 않았다.

1960년대에도 무력 충돌은 이어졌는데, 최대의 사건은 1968년 9월 27일과 10월 14일, 화천 북방 금성천 일대에서 북파 공작원들로 이루어진 '609 특공대'가 벌인 전투였다. 여섯 명의 전향한 북한 인민군을 길잡이로 앞세운 이들은 인민군 복장으로 위장하고 북한 영역을 4킬로미터 정도 침투했다가, 인민군과 마주쳐 세 차례의 교전을 벌였다. 이로써 인민군 서른세 명, 특공대 한 명이 전사했다. 이는 한국 전쟁 이후 그때까지 한반도에서 벌어진 최대 규모 교전으로, 동년 1월 21일의 '청와대 습격 사건'을 앙갚음하려는 의미도 있었다.

이렇다 보니 한반도의 비무장지대는 그 이름과는 전혀 딴판인, 군사분계선을 사실상의 국경선으로 놓고 서로를 겨누는 '특급 무장지대'처럼 변해 갔다. 비무장지대인 이상 아무런 무장 병력이나 시설도 없어야 하지만, '저놈들을 어떻게 믿나. 언제 쳐들어올지 모른다', '저놈들도 무장하는데 우리가 안 해서는 안 될 말이다' 등의 논리에 따라 양쪽 모두 비무장지대에 병력을 상주시키고(눈 가리고 아웅 식으로, 무장 군인들을 '민정경찰(남한)', '민경대(북한)'라는 이름으로 부른다. 남쪽은 약 2천, 북쪽은 1만 정도로 추정된다), 화기를 설치하고, 지뢰를 매설했다(그 숫자는 아무도 정확히 모르는데, 100만 발 이상이라 전해진다) 남방 한계선을 넘은 비무장지대 내의 요새들을 GP(감시초소)로, 남방 한계선 안쪽 요새들을 GOP(전방초소)로 구분해 부른다.

'장벽'도 현실화되었다. 1964년에 남방 한계선을 목책으로 둘러친 것을 시작으로, 1970년대 초까지 위쪽에 철조망을 두른 약 2미터 높이의 철책이 이중으로 세워졌다. 북쪽도 북방 한계선에 철책을 쳤다. 『장벽: 인간의 또 다른 역사*MURS: Une autre histoire des hommes*』의 저자 클로드 케텔 Claude Quetel은 이를 가리켜 "세계에서 가장 길고 가장 폐쇄적인 국경"이

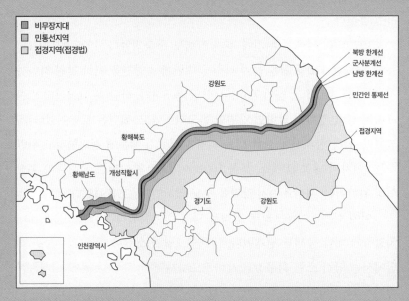

비무장지대
민통선지역
접경지역(접경법)

북방 한계선
군사분계선
남방 한계선
민간인 통제선
접경지역

강원도
황해북도
황해남도 개성직할시
경기도 강원도
인천광역시

휴전선 지도

비무장지대에 매설된 지뢰는
100만 발 이상이라 전해진다.

라고 불렀다.

1970년대 말에는 여기에 추가 장벽도 구축되었다. 1978년부터 1년 동안, 남측은 110억 원을 들여 파주 군내면에서 연천을 거쳐 철원 김화까지 길이 23킬로미터, 높이 7.5미터, 상단 폭 5미터, 하단 폭 16.3미터의 콘크리트 장벽(정확히 말하면 앞면만 콘크리트였고, 뒷면은 토담이었다)을 세웠다. 남방 한계선을 살짝 넘는 지점에 세웠기 때문에 정전협정도 위반하는 (어차피 남쪽 80개소, 북쪽 160개소의 GP 콘크리트 요새들이 몽땅 협정 위반이니, 새삼스럽지 않았을 수도 있지만) 구조물이었다.

이에 북한은 "콘크리트 장벽을 당장 걷어치워라"며 1980년대 내내 치열하게 대남 공세를 전개했다. 1990년 2월 모스크바 미소 외무장관 회담에서는 당시 소련 외무장관 셰바르드나제Eduard Shevardnadze가 "베를린 장벽을 자꾸 따지지 마라. 남한도 그 비슷한 것을 세우지 않았느냐"며 따지고 들기도 했다. 이에 당시 한국 정부는 국내 언론에는 '콘크리트 장벽 같은 것은 존재하지 않는다. 북괴의 생트집일 뿐이다'라는 입장을 반복하였지만 해외 언론에는 '대전차 장벽일 뿐이다'라고 변명했다. 아무튼 북한도 이에 '대항'해, 1980년대 초에 북측 GP 200킬로 이상에 고압선 철조망을 추가로 설치했다.

그런데 '베를린 장벽이나 마찬가지'라는 셰바르드나제의 말은 일리가 있었다. 확실하지는 않지만, 이 장벽의 목적 중 하나는 남한 군인의 월북을 막는 것일 수 있기 때문이다. 1977년 10월 20일, 연천 GP에서 육군 제20사단 62연대의 대대장, 유운학 중령이 무전병 오봉주 일병과 함께 월북하는 사건이 벌어졌다. 한국 전쟁 종전 후 영관급 장교가 월북하는 일은 사상 초유였다. 게다가 GP에서 그랬다는 것은 유사시에 '총을 거꾸로 잡는' 전방 부대가 나올 수도 있다는 말이었으므로 청와대부터 국방부까지 완전히 발칵 뒤집혔다(국내 언론에는 며칠 지난 26일에, 월북이

파주 군사분계선

아닌 '납치'로 보도되었다). 기계화에 특화되어, 유사시 적 전차부대와 정면 승부하게 되어 있던 20사단은 연천에서 포천으로 이동 배치되었고, 대대급까지 여러 사단으로 흩어져 재배치되었다. 이 사건이 있고서 얼마 후에 해당 지역을 튼튼히 봉쇄하는 콘크리트 '대전차' 장벽이 세워진 것은 과연 우연이었을까?

장벽의 고요, 그 속의 피와 눈물

그러나 이 책 내내 재확인되다시피, 장벽은 넘나드는 사람을 줄일 수는 있어도 없어지게 할 수는 없다. 1984년 6월 26일, 고성의 까치봉 GP에서 조준희 일병이 동료 15명에게 총기를 난사, 수류탄까지 투척해 무참히 학살하고는 월북했다. 이 놀라운 사건은 그를 추적하던 병사 3명이 지뢰를 밟아 폭사하면서 비극성을 더했다. 이 밖에도 전쟁이 끝난 뒤 지금까지 대략 600명 정도가 월북했는데, 그 가운데 다수가 전방에서 넘어간 군인들이다(1995년 국방부 국정감사에서 월북 군인 총수가 453명으로 발표되었다. 미군도 총 6명이 월북했다).

그런데 북한이 콘크리트 장벽에 '대항'하여 1980년대 초에 전기 천조망을 세운 사실을 주목해야 한다. 1970년대에서 1980년대까지는 한반도의 세력 구도가 뒤집어지는 시기였다. 그때까지는 국력에서 앞서던 북한이 남한에게 추월당한 것이다. 상황은 갈수록 북에 불리해졌다. 1980년대 말에는 사회주의 동지국들이 하나둘씩 무너지고, 김일성이 사망했으며, 자연재해가 겹침으로써 1990년대의 북한은 '고난의 행군'으로 불리는 최악의 체제 위기에 내몰리게 된다. 한편 같은 시기의 한국은 IMF 위기로 한때 주춤하기도 했으나 대체로 승승장구해, 세계에서 가장 가난하고 보잘것없던 나라에서 세계의 주요 국가 가운데 하나로 올라섰다.

이에 따라 휴전선을 넘나드는 발걸음도 1980년대부터는 역전되어, 월북자는 줄어들고 월남자는 늘어나는 추세로 바뀐다. 전방 장기 근무 경험자들도 "70년대까지는 먹을 것이 부족해 도마뱀이나 개구리를 잡아 먹기까지 했는데, 그러다 보면 '이러느니 확 떠 버리자' 하는 병사들도 없지 않았다. 그러나 차차 사정이 좋아졌고, 오히려 북한 병사들이 굶주림에 지쳐 넘어오는 일이 많아졌다"라고 한다.

북한 병사들이 사선을 넘어 남쪽으로 오도록 결심하는 데 큰 역할을 했던 게 '대북 선무 방송'인데, 직접 말로 하는 설득보다는 감성을 자극하는 쪽이 더 효과적이었다. '비무장지대'로서 본래는 있을 수 없는 곳에 틀어박혀, 열악한 조건을 견디며 세월을 보내는 군인들. 그들의 심리는 만리장성이나 하드리아누스 성벽을 지키던 옛 병사들 이상으로 황폐해질 수밖에 없다. 그 마음의 틈을 비집고 들어가고자, 선무 방송은 말과 음악으로 총성 없는 전투를 펼쳤다.

차차 잊히고 있어 안타깝지만, 한때 한국 만화계의 가장 빛나는 별 가운데 하나였던 고故 고우영 화백은『삼국지』,『서유기』,『일지매』 등등의 고전 서사들을 현대적 유머와 독특한 재해석을 섞어 맛깔스레 그려 내는 것으로 유명했다. 그의『초한지』를 보면 항우가 유방과의 숙명적 결전인 해하 전투에서 끝내 패배하게 되는 '사면초가' 상황이 고 화백 특유의 터치로 묘사된다. 초나라 병사들이 밤새 뜬눈으로 동트면 다가올 결전을 생각할 때, 산봉우리에 오른 한나라의 장량이 부는 퉁소 소리가 그들의 심금을 울린다. 그 노래는 바로 최진희의「사랑의 미로」!

그토록 다짐을 하건만
사랑은 알 수 없어요

사랑으로 눈먼 가슴은

진실 하나에 울지요

(…)

그대 작은 가슴에

심어 준 사랑이여

상처를 주지 마오 영원히

끝도 시작도 없이

아득한 사랑의 미로여

대한민국에서 1983년에 나온 노래가 기원전 202년 중국의 해하에서 울려 퍼졌다는 건 고우영 특유의 해학이지만, 아무튼 이 '초나라의 고향 노래'를 들은 초나라 병사들의 가슴은 무너지고 만다. '내가 왜, 왜 여기 낯선 땅에 엎드려, 추위와 굶주림에 떨며, 죽음을 기다리고 있어야 하나? 가고 싶다, 고향! 보고 싶다, 가족!' 그리하여 탈영의 물결이 이어지고, 동이 터서 전투 준비를 하려던 항우는 심복 몇 사람 말고는 아무도 남아 있지 않음을 알게 된다…….

초나라 노래를 사방에서 불러 항우가 '우리 군사들이 이렇게 많이 항복해 버렸단 말인가? 이젠 졌구나!' 하고 착각하게 만들었다는 사면초가의 고사를 '초나라의 노래로 항우가 아닌 병사들의 마음을 무너뜨렸다'는 이야기로 패러디한 고우영 『초한지』의 장면을 이렇게 길게 늘어놓는 까닭은, 그것이 사실은 1980년대 군사분계선의 실제 상황을 패러디한 것이기도 했기 때문이다.

당시 북녘 GP의 북한 병사들에게 가장 인기 있던 남한 가요가 바로

「사랑의 미로」였다. 이 노래는 휴전선에서 귀환한 병사들을 통해 북한 땅에도 널리 알려져서 '제1급 금지곡'이 되었다는데(그렇지만 정작 김정일은 이 노래를 아주 좋아했다고 한다. 최근 남한 연예인들이 평양을 방문했을 때도 최진희가 함께 가서 「사랑의 미로」를 불렀다), 그만큼 겨울의 혹한이나 찌는 듯한 더위로 한계에 다다랐던 북한군들이 「사랑의 미로」 노래자락에 이끌리듯 귀순해 오는 일이 이어졌다는 것이다.

물론 북한 쪽에서도 확성기를 설치하여 월북을 권하는 대남 방송을 했다. 필자는 1980년대 말에 마지막 '전방 입소(실제 복무기간을 얼마간 빼 주는 조건으로 남자 대학생들이 일주일 동안 전방 GOP 부대에서 합숙하도록 하는 제도였는데, 대학생에게 과도한 안보의식을 주입함으로써 정권에 반대하지 못하게 하려는 의도라는 비판에 따라 1988년 이후 사라졌다)'를 철원으로 갔었다. 그때 환영사에서 중대장이 "이제 GP에도 들어가 볼 텐데, 저쪽 놈들은 정보력이 귀신같다. 때로는 '남조선 ○○대학교 학생들 XX명의 방문을 뜨겁게 환영한다'는 대남 방송이 때맞춰 나오곤 한다"라고 말해서 놀랐던 기억이 있다. 지금 생각해 보면 믿거나 말거나지만……. 아무튼 실제 효과가 갈수록 떨어져서 그랬던지, 북한 대남 방송은 1980년대 이후로 자취를 감춘다. 이후 남북 관계가 좋을 때는 남쪽의 대북 확성기가 철거되고, 나빠지면 다시 등장하여 북한의 격한 항의를 불러오고, 또 좋아지면 또다시 철거하고…… 하는 일이 반복되고 있다.

그런데 이제는 월북보다 월남이 많다지만, 그것은 결코 '해피엔딩'일수가 없다. GP와 GOP의 환경은 여전히 황량하며 비인간적이기 때문이다. 끊이지 않는 총기 사고가 그 사실을 보여 준다. 1984년 조준희 일병처럼 동료들을 몰살한 뒤 월북하는 경우는 좀처럼 없지만, 2005년 503GP에서 총기 난사로 여덟 명을 살해하고 네 명을 부상 입힌 김동민 일병 사건, 2014년 GOP에서 총기 난사 후 무장 탈영했다가 교전 끝에 자살을 선택(미수)한 임도빈 병장 사건, 2015년 가혹 행위를 견디다 못해 자살한 박 일병 사건과 미수에 그친 설 이병 사건을 비롯, 동료 또는 상관에게 방아쇠를 당기고 스스로도 비참한 최후를 맞는 일은 계속해서 일어난다. 사람 사는 곳에서는 어디서나 갈등과 충돌이 빚어지게 마련이지만, '고립되어 있고', '생활 조건이 열악하며', '스트레스가 다른 방법으로 해소되기 어려워 서로를 향하기 쉬우며', '살상무기가 손 닿는 곳에 있는' 최전방의 특성 때문에 더 살벌하고 끔찍한 일이 잘 빚어지는 것이다. 그런 환경은 누구의 잘못인가? 그런 환경을 언제까지나 그대로 두어야 할까?

물론 우리 병사들끼리만 총질을 하는 건 아니다. 국방부에 따르면 휴전 뒤 2017년까지 비무장지대에서 남북의 무력 충돌(국방부의 원래 표현대로는 '북한의 일방적 무력 도발')은 2,266건에 이른다. 매년 평균 약 35건, 일주일이 멀다 하고 총질이 오갔다는 말이다(물론 상대적으로 많았던 때와 적었던 때가 있겠고, 총질까지는 가지 않은 사례도 있겠지만).

'총성 없는 전쟁'은 또 있다. 비무장지대 안쪽은 당연히 민통선을 넘은 지역이지만, 민간인들이 사는 마을도 남북에 하나씩 있다. 그것도 서로 마주 보는 자리에. 파주 대성동 마을, '자유의 마을'로도 불리는 이곳은 50가구 안팎의 작은 마을인데, 비무장지대 안에 자리 잡고 있다. 그 건너편의 북녘 비무장지대에는 기정동 마을, '평화의 마을'이 있다. 성전협정에 근거해 존재 가능한 이들 마을은 '남북의 민간인들이 서로의 생활을 관찰할 수 있는 유일무이한 곳'이었으므로 체제 경쟁이 신명나게 펼쳐져왔다. 가령 대성동 마을 주민은 특수한 법률 관계에 따라 대한민국에 세금을 일절 납부하지 않으며 그 법적 처분도 유엔사령부의 인가를 거쳐야하는 '주권의 경계 지역'에 있는 사람들인데, 나라 살림이 어려울 때도 온갖 혜택을 받고 지냈다. 나라에서 공짜로 집도 지어 주고 밭도 갈아 줬다. 북쪽도 마찬가지다. 그리고 이 마을에서 가장 눈에 띄는 부분은 99.8미터에 이르는, 한국에서 제일 높은 태극기 게양대다. 그 정면에는 기정동 마을의 인공기 게양대가 서 있는데, 160미터다. 둘 다 본래는 평범한 국기 게양대일 뿐이었다. 그런데 어느 한쪽에서 '저놈들보다 높이 달자'고 해서 게양대를 바꾸었고, 그걸 본 반대쪽에서 '우리도 질 수 없다'며 더 높은 게양대를 세우고, 다시 저쪽에서 더 높은 게양대를······. 이렇게 한동안 웃지 못할 '자존심 전쟁'이 휴전선의 작은 마을들에서 펼쳐진 것이다. 물론 마을 주민들의 손으로 펼쳐진 일은 아니었고, 그들의 의사도 아랑곳없었다. 남한 쪽에서는 육군 공병대가 투입되어 구슬땀을 흘리며 새로 게양대를 세우고, 며칠 만에 다시 해체하고 또다시 짓는 작업을 반복했다. 나중에는 더 높이 지을 뿐 아니라 더 빨리 짓는 경쟁까지 붙어서, 하룻밤 사이에 수십 미터짜리 깃대를 만들고 세우느라 병사들이 기진맥진했다고 한다. 결국 이 웃기는 전쟁은 '우리 쪽의 통 큰 양보'에 따라 북한 쪽 깃대가 더 높은 현 상태에서 끝났다.

이 땅에 언제까지 이런 희비극이 되풀이되어야 할까?

군사분계선과 비무장지대의 또 다른 주인공들은 야생동물이다. 흔한 상식의 하나가 '비무장지대는 야생동물의 천국'이라는 것이다. 이는 절반만 맞다.

이곳에 희귀 야생동물이 많이 있는 것은 사실이다. 환경부에서 발표한 대로라면 2018년 6월 현재, 총 4,003종의 야생동물이 살고 있으며 그 가운데는 멸종 위기 야생동물 101종이 포함되어 있다. 세계적으로 2천 마리밖에 없다는 두루미가 500마리 이상 서식하며, 재두루미도 6천 마리 가운데 900마리가 산다. 그 밖에 사향노루, 산양, 담비, 감독수리, 흑고니, 쇠가락갈매기, 청호반새, 금개구리, 가시고기, 대포잠자리 등등 한국에서 발견되는 멸종 위기 동물 가운데 열에 넷은 이곳에서 볼 수 있다.

비록 말 그대로의 '비무장지대'는 아니지만, 사람이 덜 사는 땅이기 때문에 그럴 테다. 하지만 이곳이 '청정 지역'이라고, 야생동물의 천국이라고는 하기 어렵다. 아무튼 100만 발의 지뢰가 묻힌 땅이다. 그리고 사람이 적게 거주하지만 그 사람들의 환경 파괴 행위를 감시하고 통제하기가 어렵다. 1970년까지 비무장지대 인근에 주둔했던 미군 부대가 철수한 뒤 막대한 오염 물질이 비무장지대에 버려져 왔음이 확인되었으나, 비무장지대라는 특성 때문에 철저한 조사와 오염 제거 조치가 아직까지도 취해지지 않고 있다. 그리고 과연 오염 물질을 방출하는 군부대가 미군 부대뿐일까?

그리고 한반도를 가로지른 '장벽'이 끼치는 보이지 않는 피해는 바로 냉전 문화이다. '열전'과 달리 냉전 중에는 당장 적과의 피 튀기는 싸움이 없다. 대신 평화로운 듯한 일상에는 언제나 불안과 공포가 도사리고 있으며, 그런 불안과 공포는 '내부의 적'을 찾아 헤매게 한다. 조금만 '다르'면 '틀리'다고 한다. 빨갱이라고, 반동이라고, 적폐라고, 불순분자라고 한다. 오랫동안 '북풍'에 적대적으로 의존하면서 존립해 온 구 권위주의 세력만이 아니다. 그들을 '냉전 세력'이라며 성토해 온 민주화 운동 진영조차도 그런 냉전 문화에 젖어 있다. 그리하여 끊임없이 자신들 내부에서 '사쿠라'를, '사이비'를, '입진보'를 찾는다.

테오도시우스 장벽이나 파리코뮌의 바리케이드에서 보듯, 강대한 적과의 열전은 내부의 분열을 잠잠하게 한다. '일단 저놈들부터 막고 보자'는 생각에 보수와 진보, 엘리트와 대중, 남성과 여성이 장벽에 기대어 힘을 합친다. 그러나 늘 긴장이 깔려 있지만 겉보기로는 평온이 지속되는 냉전의 장벽은 아군을 분열시킨다. '남남 갈등', '보혁 대립', '남혐 여혐'이 모두 군사분계선과 이를 둘러싼 비무장지대 248킬로미터에서 비롯되는 것이다.

남쪽 대성동 마을의 태극기(위)와 북쪽 기정동 마을의 인공기(아래)가 높이 경쟁을 하고 있다.

북아일랜드 '평화선'

한국의 통일 교육에서 독일 사례만큼이나 많이 거론되는 게 북아일랜드 사례다. 이 사례는 남북한의 사례와 다르면서도 비슷하다. '한 민족끼리의 분단과 전쟁'이라는 의미는 없지만, 오랫동안 적대감과 무력 공격이 끊이지 않았고, 오늘날에도 두 영역 사이에 세워진 장벽이 완전한 화해는 멀었음을 대변해 준다는 점에서 맥락을 같이한다.

일본이라는 나라를 곁에 둔 한국 못지않게, 아니 그 이상으로 아일랜드는 영국을 옆에 두고 있다는 점 때문에 오랜 수난의 역사를 감내해야 했다. 잉글랜드로부터의 침략은 12세기부터 꾸준했으며 15세기부터 잉글랜드 왕이 아일랜드 왕을 겸하되 실질적 독립을 부여하는 형태로 정리되었으나, 이후에도 영국은 아일랜드를 실질적으로 지배하려는 욕심을 버리지 못했다. 가장 난폭하고 잔혹했던 시도는 1649년부터 1652년까지 크롬웰Oliver Cromwell의 영국 혁명정부가 저지른 무력 침략이었다. '왕의 전제적 횡포'를 참을 수 없다며 들고일어난 크롬웰 등은 아일랜드에서는 인권을 철저히 무시하는 정책을 취했다. 수없이 많은 민간인이 살육되었고, 토지는 일체 영국인의 손으로 들어갔으며, 아일랜드인은 부동산 소유권과 선거권, 공무담임권을 박탈당했다. 일제 치하 한국인보다 못한 처지가 된 것이다. 영국이 아일랜드에 그토록 가혹했던 까닭은 '우리와 핏줄이 다르다'는 인식에다 국교회로 돌아선 영국과 달리 아일랜드는 아직 구교(가톨릭)를 고수하고 있던 데서 비롯되었다.

이후 아일랜드 독립을 위한 투쟁은 끊이지 않았고, 제1차 세계대전을 계기로 영국의 쇠퇴와 제국주의의 퇴조가 함께 이루어짐에 따라 마침내 1921년에 독립이 성취되었다.

그러나 그때부터가 또 문제였다. 영국은 아일랜드 독립을 승인하면서 16세기부터 꾸준히 자국민을 이주시켜 온 북아일랜드는 그대로 영토에 남겨 두었다. 당연히 아일랜드공화국군IRA을 비롯한 무장 단체들은 투쟁을 계속했고, 1960년대에서 1980년대까지 서방 세계에서 가장 격렬하고 처절한 테러가 영국의 곳곳에서 벌어졌다. 북아일랜드에서는 영국 이주민과 아일랜드 원주민 사이의 충돌이 벌어져 사람들이 죽고 다치기도 했다.

그러다가 1990년대 초에 죄 없는 어린아이들이 테러에 희생되는 일이 벌어졌고, 이를 계기로 영국과 아일랜드의 정파들이 반성의 기회를 가짐으로써 뿌리 깊은 원한은 웬만큼 정리되었다. 1998년의 평화협정에 따라 북아일랜드 자치정부가 영국계와 아일랜드계 공동 참여로 수립되었다.

그러나 테러와 폭동은 아직도 간간이 일어난다. 그래서 아직 장벽은 서 있다. 북아일랜드 중심 도시 벨파스트를 둘로 나누는 장벽은 1920년대에 처음 임시로 세워졌다가 분쟁이 극심했던 1969년에 콘크리트와 철망으로 본격 세워졌다. 장벽을 경계로 벨파스트 북서쪽은 아일랜드계가, 남동쪽은 영국계가 살고 있다. '평화선'이라는 희망적인 이름을 가진 (그러나 최초 목적은 아일랜드계의 폭력 시위를 차단하려는 데 있었다) 이 장벽의 길이는 34킬로미터, 높이는 8미터이다.

1998년 이래 북아일랜드에서는 두 주민들 사이의 적대감을 없애고 화해해야 한다는 평화 교육이 실시되고 있다. 하지만 아이들의 가슴에도 아직 장벽은 존재한다. 물리적 장벽이 미처 두르지 못한, 벨파스트의 일부 영국계-아일랜드계가 함께 거주하는 지역, 그곳에서는 길바닥이 경계가 된다. 어린아이라도 뛰어놀다가 '상대편 쪽 길바닥'에 발을 디디는 일을 절대로 하지 않는다.

장벽을 허물, 사람의 지혜와 인내를 기대하며

이 장벽은 과연 무너질 날이 올 것인가. 2018년 4월 27일 오전 9시 반, 세계는 이 '장벽'을 가볍게 넘나들 수 있는 장난감처럼 취급해 버리는 두 사람을 목격했다. 휴전협정이 체결된 곳이며 군사분계선이 그 가운데를 지나감으로써 남북의 병사들이 공동경비구역JSA을 이루어 지키고 있는 판문점, 그곳에서 그들은 군사분계선을 장난처럼 함께 넘고 또 넘었다. 남북정상회담을 위해 북측 판문각에서 걸어서 분계선을 넘어 남측으로 온 김정은 위원장. 그를 맞이한 문재인 대통령이 "북한 최고 지도자가 남쪽으로 오신 일은 역사상 처음입니다. 저는 언제 북쪽으로 넘어갈 수 있을까요?"라고 웃으며 말하자 김 위원장이 "그러면 지금 넘어가 보죠. 뭐!" 하며 문 대통령의 손을 잡고 북쪽으로 이끌었다. 두 사람은 함박웃음을 지으며 분계선 북쪽에서 기념사진을 찍은 다음 다시 손을 잡고 남쪽으로 넘어왔다.

겨우 몇 분 사이에 김정은 위원장이 세 번, 문재인 대통령이 두 번 넘은 선, 높이와 너비가 몇 센티미터에 불과한 문지방 같은 선은 그들의 선배 지도자들이 만들고, 지키고, 압박함으로써 수없이 많은 사람들의 피와 땀과 눈물을 자아낸 장벽이었다. 한반도의 허리에 문신처럼 새겨진 이 장벽을 그들은 비로소 허물기 시작한 것일까?

더 놀라운 일이 이어졌다. 2019년 6월 30일, 이번에는 김정은 위원장과 도널드 트럼프 미국 대통령이 손을 잡고 군사분계선을 넘은 것이다. 이로써 트럼프는 '북한 땅을 밟은 최초의 미국 대통령'이 되었고, 김정은은 한때 '미제의 수괴'로 최고의 비난 대상이었던 사람과 정상회담은 물론 가장 친밀한 장면까지 연출한 첫 북한 최고 지도자가 되었다.

이는 단지 정치적 제스처에 지나지 않는 것일까? 그럴지도 모른다.

하지만 북한과 미국은 핵 문제 등에 일단 큰 진전을 보이고 있고, 트럼프는 거듭해서 북한과의 긴장 완화가 자신의 최대 업적이라고 주장하고 있다. 이에 맞춰 남한도 '비무장지대 전사자 유해 공동 발굴', 'GP 동시 철수', '비무장지대 평화 지대화' 등의 계획을 활발히 논의 내지 실행하고 있다. 평화 지대화라지만 사실 정전협정에 따라 비무장지대였어야 할 땅이 세계에 유례가 없을 만큼 살벌한 무장 대치 지역이었던 셈이니, GP 동시 완전 철수가 실현된다면 그것은 곧 '비정상의 정상화'가 될 것이다. 정전협정을 말 그대로 준수한다는 것, 그 자체는 근본적 평화 정착과 통일과는 거리가 한참 멀다. 그러나 분명 남북 사이에 '규칙을 지키기로 한다'는 원칙이 정착된다면 그로부터 착실한 발전을 시작할 수 있을 것이다.

그러나 너무 오랜 긴장, 가짜 평화의 세월이었다. 그 세월의 찌꺼기를 말끔히 걷어내고, 눈에 보이는 장벽과 보이지 않는 장벽을 허물어 내자면 많은 시간과 행운이, 지혜가, 그리고 인내와 노력이 필요하리라. 북핵 문제란 결코 단칼에, 정상회담 몇 번으로 해결될 수 있는 문제가 아니다. 남북 사이에, 그리고 남과 남 사이에 파여 있는 불신의 골, 불통의 장벽 역시 비무장지대보다도 만리장성보다도 넘기 어려운 장애물이라고 볼 수 있다.

그러나 그럼에도 불구하고 비정상의 정상화, 그것이 끝내 이루어진다면? 후대의 역사가들은 말할 것이다.

신이 만든 대지에 사람은 장벽을 세웠다. 그리고 그 장벽을 허문 것도 사람이었다.

제4부   무너진 마음, 견고한 장벽이 되다

10. 팔레스타인 분리 장벽

1991년 겨울의 팔레스타인. 작가는 그곳에서 이스라엘군에게 사랑하는 사람을 잃은 소년과 그 소년이 던진 화염병에 맞아 숨진 이스라엘 소녀를 본다.

필자는 2002년에 세계적으로 유명한 미국의 '코믹 르포' 작가인 조 사코 Joe Sacco의 『팔레스타인Palestine』을 번역하며 역자 후기에 이렇게 썼다. "팔레스타인의 이런 비극적 상황은 10년이 지난 지금도 거의 달라지지 않았다"는 말도 덧붙였다. 그리고 또 10년이 넘게 지난 지금도 사정은 마찬가지다. 다만 지금은 그사이에 크게 달라진 점이 하나 있기는 하다. 2002년부터 건설되기 시작한 '분리 장벽', 이스라엘이 붙인 이름으로는 '대테러 장벽'의 존재다.

이스라엘 영토와 '요르단강 서안 지구'를 분리하고 있는 총 730킬로미터, 높이 8미터의 이 장벽은 도시 지역에서는 콘크리트로 만들어졌고, 농촌에서는 철책으로 만들어졌다. 철책은 아무래도 콘크리트 벽만큼 안

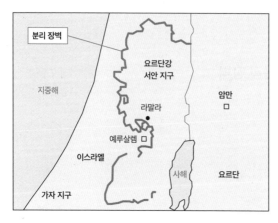

팔레스타인 분리 장벽 지도

심이 안 되었던지, 양쪽에 2.4미터 깊이의 참호를 파고 다시 면도날처럼 날이 선 철망으로 이중 보호를 한 모습이다.

이 장벽은 왜 세워졌을까? 그 이야기를 하자면 팔레스타인의 '짧고도 오래된 비극의 역사'를 먼저 살펴보아야 한다.

바벨론의 강가에 앉아, 우리는 울었다네

도시를 지키는 성벽으로는 가장 오래되었다고 알려진 예리코 성벽 유적이 아직 남아 있는데, 예리코 또한 서안 지구에 있다. 그런 성벽이 있었다는 사실에서도 우리는 이 땅에 아주 오래전부터 문명이 있었고, 또한 갈등도 오래전부터 있었음을 알 수 있다.

팔레스타인에 히브리인(유대인)이 살게 된 것은 기원전 21세기, 수메르에서 아브라함이 그 땅으로 이주했을 때부터라 하지만 신화로 보아야 할 것이다. 역시 신화적인 성격이 짙지만, 이집트나 다른 고대 왕국의 기록에 비추어 어느 정도 믿을 만한 때는 모세의 인도로 히브리인들이 이집트를 나와 '약속의 땅'인 팔레스타인에 이르렀다는 기원전 15세기 초다.

그러나 팔레스타인에는 이미 다른 민족이 살고 있었다. 따라서 전쟁이 벌어졌으며, 예리코 성벽이 무너진 것도 그때라고 한다. 이후 14세기 초까지 전쟁은 계속되고, 히브리인들은 결국 승리하여 팔레스타인의 상당 지역을 점령하고 여기에 정착하게 된다. 이 시기를 '전쟁 시대'로, 이후 기원전 11세기 초에 헤브라이 왕국이 수립되기까지의 시기를 '사사 시대'로 부르는데, 유대인들은 이 시기를 신의 도움으로 억센 야만인들을 물리치고(가령 예리코의 성벽은 노래를 불러 무너뜨렸다고 한다), 이스라엘이 신의 영광을 떨쳤던 시기로 부르며(사사 가운데 가장 유명한 삼손은 평생 팔레스타인인들을 남녀노소 가리지 않고 때려죽이며 살았던 사람이다. 그들 입장에서는 갈아 마셔도 시원찮을 삼손을 끝내 붙잡아 구경거리로 세우자, 신은 그에게 최후의 힘을 주어 '자살 테러'로 수없이 많은 민간인들을 학살하며 스스로도 죽게 만들었다), 오늘날 이스라엘의 학생들에게도 이렇게 교육하고 있다.

이후 기원전 930년에 헤브라이 왕국이 이스라엘 왕국과 유다 왕국으로 분열하기까지 히브리인들은 팔레스타인 전역을 지배했으며, 남쪽으로 시나이반도 어귀에서 북쪽으로 레바논까지, 서쪽으로 동지중해에서 동쪽으로 사해 반대편의 오늘날 요르단 영토 일부까지 왕국의 경계로 삼았던 것 같다(『성서』의 일부 구절을 근거로, 시리아와 메소포타미아까지 헤브라이가 지배했다고 주장하는 경우도 있다).

남북으로 갈라지고, 아시리아, 신바빌로니아, 페르시아, 알렉산드로스 제국, 로마 등등 강력한 제국들이 주변에 잇달아 나타나면서 이후 수백 년 동안 헤브라이는 정복과 복속의 시련을 겪어야 했다. 특히 기원전 722년에 북쪽의 이스라엘 왕국이 멸망하고, 기원전 587년에는 남쪽의 유다 왕국이 멸망하며 시드기야Zedekiah 왕을 비롯한 유대인들이 바벨론에 포로로 잡혀가는 고난을 겪었다. 당시의 고통과 설움은 『성서』「시편」에 나타나 있다.

우리는 바벨론의 강가에 앉아
시온을 기억하며 울었네.
우리가 강가의 버드나무에 우리의 수금을 걸었으니
우리를 사로잡은 자가 거기서 우리에게 노래를 청하며
우리를 황폐하게 한 자가 즐기고자 자기들을 위하여 시온의 노래 중 하나를 노래하라 함이네.
우리가 이방인의 땅에서 어찌
야훼의 노래를 부르랴?
예루살렘아! 내가 너를 잊을진대
내 오른팔이 어깨에서 떨어져 나가리라.

기원전 63년에 로마의 속국이 되었을 때는 한동안 평화가 이루어져, 로마 황제의 신임을 받는 헤롯Herod 왕의 손으로 불타 없어진 예루살렘 성전을 재건하는 등 기본적인 안정이 이루어졌다. 예수가 나타났을 때도 이때다. 그러나 율법을 고집하는 유대인들과 로마의 종교와 생활방식을 영위하는 로마인 및 친로마 유대인들 사이에 갈등이 점점 커졌으며, 결국 기원후 66년에 유대인의 전면 반란이 일어난다.

하지만 나중에 로마 황제가 되는 티투스Titus에 의해 유대 땅은 철저히 유린되었으며, 그는 예루살렘 신전을 파괴하고는 유대인을 팔레스타인 땅에서 추방해 버렸다. 이로써 수백 년 동안 '방랑하는' 유대인들의 슬픈 역사가 시작된다. 세계 각지에 흩어진 유대인들은 난민으로서 낯선 제도와 문화에 적응하며 살았으나, 그 땅의 종교로 개종하지 않는 한 늘 박해에 노출되어 있었다. 특히 유럽에서 어땠는지는 앞서 「게토 장벽」에서 이야기한 대로다. 오랜 세월이 지나며 일부는 개종해서 보통 유럽인이 되었고, 일부는 종교와 계율은 버리지 않았으나 피는 여러 민족과 섞이면서 혈통적 정체성은 사라졌다. 게오르규Constantin Virgil Gheorghiu의 소설 『25시Vingt-cinquième heure』에는 유대인인 주인공 모리츠가 엉뚱하게도 '순혈 게르만 인종의 표본'으로 여겨져 한동안 나치들 사이에서 호의호식하는 장면이 나오는데, 그만큼 유대인의 혈통적 특성이나 정체성은 없다고 볼 수 있다. 유대인이냐 아니냐의 기준은 오직 유대교를 믿느냐에 달려 있다.

그러나 나치는 이 사실을 외면하고 '조상 몇 대까지 유대인이 있으면 유대인'이라는, 혈통에 근거한 방식으로 유대인을 가려내고 학살했다. 그 가운데는 잡혔을 때에야 비로소 "엄마, 아빠, 내가 유대인이었어요?" 하며 소스라친 사람들도 많았다. 이러한 경험과 그 이전에 공산화된 러시아에서 벌어진 유대인 대량 숙청 경험으로 유럽과 미국에 정착했던 유대인들은 자신들이 오랫동안 추구해 왔던 두 발전 방향 가운데 하나로 무게중심을 옮기게 되었다. 바로 '유대인만의 국가를 만든다'는 것! 다른 하나인 '각자 정착한 나라에서 동화되어 평화롭게 산다'는 것은 근본적으로 위험하다는 게 밝혀지지 않았는가? 이방인의 땅에서 야훼의 노래를 부를 수는 없다!

박해받던 자들이 박해받던 그대로

그리하여 야훼가 '조상들'에게 준 약속의 땅인 팔레스타인에 새 국가를 세우자는 '시오니즘' 운동이 1890년에 처음 시작된 후 제1, 2차 세계대전을 거치며 급물살을 탄다. 그것이 실현될 가능성은 1917년의 밸푸어 선언이 열었다. '팔레스타인 땅에 유대인들의 국가를 수립하는 일에 영국은 최선을 다해 돕겠다'는 내용의 이 선언은 당시 러시아의 지원이 절실하던 참에 혁명 러시아 지도부에 유대인이 많다는 점, 그리고 영국의 후원 아래 당시 명목상 터키 영토이던 팔레스타인이 독립하면 팔레스타인이 영국 자치령이 될 가능성이 높다는 점을 계산에 넣은 결과였다.

이로써 그때까지만 해도 '이미 인구가 밀집되어 있는 팔레스타인은 현실적으로 어려우니, 아프리카의 우간다나 남아메리카의 아르헨티나에서 거주 인구가 적은 지역을 개척하는 게 낫지 않겠느냐'는 목소리는 죽어 버렸고, 유대인들은 저마다 '모세와 다윗의 땅으로 가자!'는 꿈에 부풀어 올랐다.

그런데 밸푸어 선언은 사실 사기나 마찬가지였다. 그보다 3년 전에 '맥마흔 선언'이 이미 나왔기 때문이다. 아랍계 팔레스타인인들이 영국을 도우면 그들이 터키에서 독립해 독립국을 세우는 데 힘을 아끼지 않겠다는 선언이었는데, 훗날 사우디아라비아를 세울 아랍인들이 후방에서 터키를 괴롭히도록 하려는 뜻에서 나온 선언이었다. 그러나 이 모두 비밀스러운 '선언'이었기에, 분명 서로 모순됨에도 1차 대전이 끝날 때까지 국제적 문제가 되지는 않았다.

1917년에 팔레스타인을 군사 점령한 영국은 1920년까지 군정으로, 이후 1947년까지 민정으로 그 땅을 통치했다. 그 시기는 '이스라엘 건국 준비' 시기라고 봐도 좋았다. 영국 총독부는 계속해서 이주해 오는 유대인들에게는 온갖 편의를 봐주면서, 이에 항의하는 팔레스타인 원주민들은 가차 없이 탄압했다. 1936년에는 팔레스타인인들이 수립한 자치정부, '아랍고등위원회'가 총파업을 단행하자 무력 진압에 나서, 5천 명 이상의 팔레스타인인들을 살육했다. 당연히 이주 유대인과 팔레스타인 원주민 사이의 갈등도 격화되어 갔다. 1929년에는 한 팔레스타인인이 유대인 민간인 67명을 학살하는 테러가 빚어졌다. 오늘날에도 이스라엘의 초등학교에서는 이 사건에 대해 자세히 수업하며 '잊지 말아야 한다!'고 아이들에게 당부한다. 그런데 1944년에 한 유대인이 기관총을 들고 모스크에 난입해, 기도 중이던 팔레스타인인인 29명을 학살한 사건을 비롯한 유대인 쪽의 테러 행위는 한마디도 언급하지 않는다.

1940년대 중반, 시오니스트들은 온갖 방법으로 유대인 국가 건설을 추진했다. 나치가 벌이는 유대인 학살이 불러온 동정 여론을 사그라뜨리지 않기 위해 구조할 수 있는 유럽 유대인들을 외면하기도 하고, 그동안 유대인들의 편의를 봐줬지만 전쟁 상황에서 석유를 가진 중동 국가들 눈치를 보기 시작한 영국을 상대로 테러를 벌이기도 했다. 마침내 1947년 2월에 영국은 팔레스타인에서 물러나기로 결정하고, 팔레스타인 문제는 유엔으로 넘어갔다.

1947년 11월 29일, 유엔 총회는 팔레스타인에 유대인과 팔레스타인 아랍인의 두 국가를 세우고, 예루살렘과 베들레헴은 신탁통치 구역으로 만든다는 결의를 했다. 팔레스타인인들은 그 결의에 분노했다. 그때까지 유대인들은 팔레스타인 땅의 6퍼센트 남짓을 차지하고 있었는데, 그들에게 56퍼센트를 떼어 주고 원주민들은 42퍼센트만 가지라고 했기 때문이다. 그러나 유대인들도 내심 불만이었다. 그들은 아직도 배가 고팠다. 먼저 유대인 몫으로 정해진 땅에서 총칼로 팔레스타인 주민들을 몰아내는 일부터 시작한 그들은 좀처럼 멈추려 하지 않았고, 팔레스타인 몫의 땅까지 쳐들어가 드잡이를 했다. 1948년 3월 10일, 텔아비브에서 결정된 '인종 청소'의 지침은 이랬다.

첫째, 팔레스타인 주민들을 대대적으로 위협한다.

둘째, 마을과 인구 밀집지를 포격한다.

셋째, 팔레스타인 주민의 동산과 부동산을 불태운다.

넷째, 강제로 주민들을 내쫓는다.

다섯째, (다시는 주민들이 돌아오지 못하도록) 타 버린 거주지에 지뢰를 매설한다.

불과 십수 년 전 나치가 독일과 폴란드 등의 유대인들을 강제로 이주시키던 방법과 무섭도록 닮아 있는 (지뢰 매설만 빼고) 이 잔학무도한 방법은 과연 나치를 본뜬 것이라고밖에 말할 수 없었다. 실제로 게토에서 나치의 앞잡이가 되어 동족들을 박해하다가 이제는 '희생자'로서 팔레스타인에 이주해 온 옛 민족 반역자들이 그런 인종 청소를 이끌었다. 일제 강점기에 동족을 괴롭히던 한국계 순사들이 해방 후 대한민국 경찰이 되어 전에 하던 대로 '빨갱이'들을 때려잡은 일과 반대라고 할까? 이 경우에는 본래 반민족이었다가 반이민족이 되었으니? 아니, 그보다는 똑같다고 해야 하리라.

　당연히 아랍 국가들 사이에는 반유대 정서가 솟구쳤고, 수백 년 전의 십자군과 오늘날의 시오니스트들을 겹쳐 보았다. 많은 열혈 아랍인들이 자진해서 무기를 들고 팔레스타인으로 가서 무슬림 동포들을 도와 유대인들과 싸웠다. 그리고 자국 정부에 '보고만 있지 말고 유대인들을 지중해로 쓸어내 버려라!'라고 촉구했다. 그 도화선은 이스라엘 건국이었다.

　1948년 5월 14일, 세계 시오니즘 단체 경영이사이자 팔레스타인 유대인 기구 대표 다비드 벤구리온David Ben-Gurion은 "유대 국가를 수립하고 이스라엘 국가로 한다"고 선언했다. 그다음 날, 영국은 공식적으로 팔레스타인 통치를 종료했고, 미국은 이스라엘을 승인했다. 또 그다음 날, 이집트가 팔레스타인을 침공하고, 시리아, 레바논, 요르단 등이 가세하면서

1948년 5월 14일, 세계 시오니즘 단체 경영이사인 다비드 벤구리온이 이스라엘 국가 수립을 선언하는 모습

제1차 중동 전쟁이 일어났다.

이 전쟁은 세 가지 신화를 남겼다. 첫째, '유대인-이스라엘은 아랍인-이슬람보다 우월하다!' 둘째, '아랍은 침략자-가해자이고, 이스라엘은 방어자-피해자다!' 셋째, '이스라엘은 언제나 침략과 박해를 받았다. 살아남기 위해서는 강하고 독해져야 한다!'

상황을 잘 모르는 사람이 보기에 이스라엘은 정말 대단했다. 사방이 적대적인 아랍 국가로 포위되어 있고, 수적으로 상대가 안 되는데도 일방적으로 승리해서 침략을 매번 막아 내다니! 아인슈타인을 비롯해서 세계 과학을 선도하는 천재들이 대부분 유대인이라는 대중적 인식이 겹쳐지면서, '유대인은 본래 우수하다. 이스라엘이 부럽다' 등의 인식을 낳았다.

그러나 이것은 상당히 왜곡된 면이 있다. 이스라엘군은 소수였지만 1920년대부터 꾸준히 군사훈련을 해 온 정예병인 데다 미국이 지원해 준 첨단무기로 무장하고 있었다. 반면 아랍군은 수적 우위를 빼면 볼 것이 없었다. 가장 큰 문제점은 다국적군이 되면서 아랍 국가들 사이에 손발이 맞지 않았고, 지휘 체계가 엉망이었다는 점이다.

또한 위에서 보듯 이스라엘은 오래전부터 팔레스타인인들이 살던 땅을 야금야금 침략해 왔으며, 인종 청소까지 벌이며 아랍인들을 내몰았다. 전쟁 도중에도 휴전협정 기간에 미국에서 무기가 들어오자 일방적으로 공격을 재개하는 등 전혀 '신사적'이지 않았다. 그런데 홀로코스트의 이미지까지 덧입어 '침략에 맞서 조국 방위를 위해 최선을 다했을 뿐'이라는 이미지를 제조하여 널리 선전했다.

그리고 스스로를 약자이자 피해자의 이미지로 내세우면서, 이후의 전쟁과 끊임없는 불법, 침략, 잔혹 행위를 정당화해 온 것이다. (대체로 유대인 자본이나 감독의 손으로 만들어진) <영광의 탈출>, <십계> 같은 할리우드 영화들도 그런 정당화에 한몫했다.

아무튼 1949년 3월에 이스라엘과 아랍연맹 사이에 휴전 조약이 맺어졌는데, 이때 그어진 '그린라인'으로 요르단강 서안 지구는 요르단이, 동쪽 해안가의 가자 지구는 이집트가 관리하며 나머지 팔레스타인 땅은 이스라엘이 '일시 점령'하도록 되었다. 결론은 팔레스타인의 동포들을 돕는다고 벌인 전쟁의 결과 이집트와 요르단만 얼마간 득을 보고, 그 동포들은 나라를 깡그리 잃어버린 셈이었다. 이스라엘은 전쟁 중과 직후에도 인종 청소를 계속했고('일시 점령'했다는 땅에서도!), 팔레스타인인의 418개 마을을 부수고 수만 명을 학살했으며, 75만 명의 난민을 발생시켰다. 그리고 예루살렘을 이스라엘의 수도로 선포했다. 이 모든 행위는 1947년의 유엔 결의를 정면으로 위반하는 것이었으나, 미국 등의 비호 아래 이스라엘은 유엔이나 일부 국제 여론의 비난에 아랑곳하지조차 않을 수 있었다.

1956년의 제2차 중동 전쟁(이번에는 이스라엘의 선공이었다)으로 이집트령 시나이반도를 일시 점령하고, 1967년의 제3차 중동 전쟁(겨우 6일 만에 결판났다 해서 '6일 전쟁'으로도 불린다)으로 시리아령 골란 고원과 요르단, 이집트가 각각 통치하고 있던 서안 지구와 가자 지구까지 점령(이는 팔레스타인 전체의 '통일'을 뜻했다)한 이스라엘은 거칠 게 없어 보였다. 유엔은 1967년 11월에 결의안 242호를 통해 이스라엘이 점령지에서 즉각 철수할 것을 촉구했으나, 이스라엘은 코대답을 했다.

다만 1973년의 제4차 중동 전쟁, 이른바 '욤 키푸르 전쟁'은 이집트와 이스라엘 사이에 누구도 확실한 승세를 거머쥐지 못한 채로 끝났으며, 마침 미국에서도 인권 외교를 표방하는 지미 카터Jimmy Carter 행정부가 들어서면서 '패도' 위주의 이스라엘 대외 정책은 숨고르기에 들어간다. 그 결정판은 1978년에 미국의 중재로 이집트와 이스라엘 사이에 맺어진 캠프 데이비드 협정이다. 이로써 제1차 중동전부터 반이스라엘 진영의 대표 주자였던 이집트는 이스라엘을 승인하고 뒤로 물러났으며, 이스라엘은 점령하고 있던 이집트 영토인 시나이반도에서 철수하고 가자 지구와 서안 지구는 시간을 두고 자치정부를 세워 독립시키기로 했다. 말하자면 6일 전쟁으로 완전히 먹구름에 뒤덮였던 팔레스타인 국가의 수립 전망은 이 협정으로 희미하게나마 빛을 되찾게 된 셈이다.

그러나 빛은 희미할 따름이었다. 이스라엘은 마지못해 가자 지구와 서안 지구가 자신들의 영토가 아니라고 인정했지만 그 뒤에도 정착촌 건설을 멈추지 않았다. 팔레스타인인이나 아랍국들이 항의하면 '정부가 추진하는 게 아니고, 민간인들이 멋대로 한 일이다. 시정하겠다'라고만 했다. 그리고 시정은커녕 은근히 정착촌 건설에 힘을 실어 주었다. 사실 그래야만 하기도 했다. 19세기 말부터 꾸준히 팔레스타인으로 들어온 유대인들의 수는 이스라엘 건국과 중동전 이래 부쩍 늘어서, 1948년 65만 명이던 것이 1968년에는 250만 명에 이르렀기 때문이다.

두 지구 외의 땅, 즉 유엔 결의에 따르면 팔레스타인 국가의 땅이었으나 중동 전쟁으로 실질적인, 캠프 데이비드 협정으로 사실상 법적인 이스라엘 땅이 된 곳에서의 팔레스타인 주민들도 고난의 세월을 계속 겪어야 했다. 이스라엘 정부는 '안보상의 이유'라는 명목으로 팔레스타인인들의 땅을 강제 몰수한 다음 유대인들에게 헐값으로 팔았다. 불과 몇 년 만에 해당 지역에서 2~3퍼센트의 땅을 가졌던 유대인들이 98퍼센트의 땅을 차지하게 되었다.

또한 서안 지구와 가자 지구로 흘러 들어가는 수원을 차단하고 헐값으로 유대인 거주민들에게 제공해, 이들 지구 팔레스타인 주민들의 농사를 파탄 나게 했다. 그런 방법으로 서안 지구와 가자 지구의 땅도 1988년까지 33퍼센트가 유대인들에게 넘어갔다. 독일 땅에서 유대인과 집시들을 몰아내고 게르만인들만의 독일을 만들려고 했던 히틀러의 이상과 방법이 충실하게 재현된 것이다.

정착촌으로 야금야금 땅을 빼앗으면서도 이스라엘이 '명목상' 서안지구와 가자 지구를 자국 영토에서 제외한 데는 또 다른 꼼수도 있었다. 이들 지역의 팔레스타인 주민들에게 자국의 노동법을 적용하지 않아도 되었기에, 1990년대까지 이스라엘 노동자 임금의 반값도 안 되는 임금으로 그곳 사람들을 부려먹을 수 있었던 것이다. 이 저임금 노동집약 산업은 이스라엘 경제가 급속히 발전하는 데 큰 역할을 해냈다. 이 역시 나치가 게토에 몰아넣은 유대인들의 노동을 착취했던 것과 똑같은 방식이었다.

인티파다와 장벽의 탄생

1987년 12월 말, 이스라엘 군대의 나치스러운 태도와 만행에 더 참지 못한 사람들이 가자 지구에서 봉기했다. 봉기는 탄압을 부르고, 탄압은 더 크고 더 많은 봉기를 불렀다. '인티파다(저항)'의 시작이었다.

인티파다가 '돌들의 혁명'으로 불린 까닭은 시위대의 주무기가 돌멩이였기 때문이다. 일부는 화염병을 만들어 던졌고, 새총을 쏘는 사람들도 있었다. 여기까지는 1970년대와 1980년대에 서울과 한국 대도시들에서 벌어지던 학생 시위와 비슷했다. 그러나 진압 측의 자세가 달랐다. 이스라엘 정부는 최루탄과 경찰봉, 살수차가 아니라 소총과 미사일, 탱크로 시위대를 상대했다.

이처럼 말도 안 되는 싸움이었지만 인티파다는 1년 넘게 계속되었고, 1988년에는 팔레스타인 해방기구PLO(1964년 수립)가 독립을 선포하며, 가자 지구와 서안 지구를 영토로 삼고 동예루살렘을 수도로 삼는다고 선언했다. 인티파다 동안에 1천 명이 넘는 팔레스타인 민간인이 살해되었고, 그 가운데 237명이 17세 미만이었다. 부상자는 수만 명에 이르렀는데, 팔이 부러진 10대 소년들의 수는 셀 수 없을 정도였다. 자신들에게 돌을 던지는 소년들을 붙잡은 이스라엘 군인들이 개머리판으로 팔을 내리쳐 부러뜨린 것이다. 그들 중 상당수가 영영 한쪽 팔을 못 쓰게 되었다.

탱크로 민간인들을 깔아뭉개고, 어린아이와 여자들에게까지 총기를 난사하는 장면이 방송을 타자 이스라엘에 대한 국제 여론도 급속히 나빠졌다. 결국 이스라엘은 타협에 나서기로 하고, PLO와 협상에 들어가게 된다.

그 결실은 1991년 마드리드에서 시작해 1993년 오슬로에서 끝맺은 오슬로 협정이었다. 이츠하크 라빈Yitzhak Rabin 이스라엘 총리와 야세르 아라파트Yasser Arafat PLO 의장이 만나 체결한 이 협정에 따라 이스라엘은 가자 지구와 서안 지구에서 철군하며 정착촌 건설을 중지하기로 했고, 5년 기간을 두고 이들 지구를 통치할 팔레스타인 정부를 세우며 그동안에는 자치 정부가 통치를 맡기로 했다. 1994년 7월, 아라파트는 팔레스타인 자치 정부 수립을 공식 선언했다.

그러나 악마는 디테일에 숨어 있었고, 겉보기로는 팔레스타인의 독립을 보장하는 듯했던 이 협정은 "자치 정부에 의한 5년 동안의 임시 통치"라는 구절에서 적어도 그 기간 동안 가자, 서안 지구의 실질적 주권은 이스라엘에게 있다는 내용을 못 박고 있었다. 팔레스타인인과 대다수의 아랍인들이 꿈에도 인정하지 않아 온 내용이 인정되고 만 것이다.

이를 근거로 이스라엘은 두 지구의 팔레스타인인들을 옥죄는 정책을 멈추지 않았고, 1995년 11월에 라빈 총리가 암살된 뒤 수상이 된 베냐민 네타냐후Benjamin Netanyahu가 점령지에서의 철군을 쉽사리 이행하지 않을 뜻을 보이자 팔레스타인 저항 세력이 분열했다. 오슬로 협정에 미련을 가진 PLO가 대이스라엘 온건 노선을 고집한 반면, 인티파다 과정에서 탄생한 하마스는 '협정도 이스라엘도 자치 정부도 인정하지 않는다'는 방침을 내세우고 과격 투쟁을 선언한 것이다.

이는 또 다른 인티파다의 길을 열었다. 2000년 9월, 이스라엘 리쿠드당 당수 아리엘 샤론Ariel Sharon이 예루살렘을 방문해 "예루살렘은 이스라엘의 영토이며 수도"라고 발언하자 분노한 예루살렘의 아랍계 시민들이 돌을 던지며 제2차 인티파다가 시작되었다. 이스라엘은 다시금 총과 대포와 탱크를 꺼냈고, 주로 하마스에 소속된 팔레스타인인들은 몸에 폭탄을 감고 유대인들이 많이 모인 장소나 군대에 몸을 던지는 자살 폭탄 테러로 맞섰다. 그렇다. 막가는 대로, 갈 데까지 간 것이다. 한 해에 400명이나 되는 이스라엘인들이 희생된 것은 분명 그 어떤 중동 전쟁도 해내지 못한 '성과'였다. 흥분한 이스라엘은 팔레스타인인들을 '잔인무도한 테러리스트!'라고 매도했다. 미국도 그랬다. 우리나라도 그랬다. 그런데 과연 그렇게 매도할 만한 것일까? 그들의 처지가 되었다면? 누가 더 큰 규모의 테러와 침략과 탄압을 저질러 왔던가?

그러자 2001년 총선에서 승리해 총리가 된 샤론은 "이 사악하고 야만적인 테러를 차단할 확실한 방책이 있다!"고 주장했다. 바로 라빈이 죽기 전에 구상했다는, '대테러 장벽'이었다. 이는 1949년에 설정된 서안 지구의 경계인 그린라인(315킬로미터)을 따라 구축될 예정이었지만, 실제로는 그 이상(730킬로미터)으로 뻗어 나감으로써 예루살렘까지 파고들고, 서안 지구를 (엄밀히 말하면 장벽이 침입하지 않은, '아직 팔레스타인인 인구가 많은 서안 지구'를) 거대한 감옥으로 만드는 장벽이 되었다. 한때 장벽 안에 갇혔던 사람들이, 다른 사람들을 장벽 안에 가둔 것이다.

유대인이 세운 '21세기의 게토'

이 장벽을 지나기 위해서는 띄엄띄엄 설치된 검문소를 거쳐야 하고 50세 이상 남성과 45세 이상 여성만 자유 통과할 수 있다. 그 밖에는 허가증이 필요한데, 아예 안 내 주거나 집안에서 한 명만 내 주는 경우가 많아 서안 지구 사람들의 고통이 크다. 서안 지구 청장년층은 대부분 그 바깥에 있는 직장이나 학교를 다니기 때문이다. 그런데 허가증이 나오지 않아 강제 실직, 자퇴를 당한 경우가 많고, 나왔다고 해도 바로 눈앞에 있던 학교나 직장에 나가기 위해 장벽을 따라 한참이나 걷거나 차를 타고 검문소로 가고, 다시 검문소에서 목적지로 달음질을 쳐야 하는 상황이다. 허가증을 가진 사람들도 고통과 치욕을 견뎌야 한다. 매일같이 검문소를 지나다니는데도, 숨긴 무기가 없는지 확인한다는 이유로 젊은 팔레스타인 여성들은 이스라엘 병사들 앞에서 히잡과 차도르를 벗어 보여야 한다. 우리 입장에서는 별것 아닐지 몰라도 이슬람교도에게는 외간 남자들 앞에서 벌거벗는 것과 마찬가지의 치욕이다.

장벽 높이를 8미터 이상으로 만리장성만큼 높게 지은 까닭은 사람이 넘지 못하도록 할 뿐 아니라 돌멩이나 화염병을 담 너머로 던지지 못하게 하기 위해서다. 역시 그런 취지에서, 장벽 전후로 2~3미터는 민간인이 접근할 수 없게 되어 있다. 어떤 구역에는 아예 이 '민통선'에 철조망을 쳐서 이중 장벽을 만들어 두었다. 이 때문에 눈물을 삼켜야 했던 사람도 많다. 바르샤바의 게토 장벽이 기존의 집이고 골목이고 무시하고 지도 위에 죽 그은 선을 따라 집을 관통하거나 통행로를 막아 버리며 지어졌듯, 서안 지구 분리 장벽도 오밀조밀하게 이어져 있던 주거 지구와 상업 지구를 거침없이 돌파하며 지어졌기 때문이다. 게다가 이스라엘은 장벽을 지을 땅 주변을 강제 몰수하고, 장벽이 지나가는 구역에 있는 것은 민간 주

팔레스타인 서안 지구 분리 장벽

택이든 상점이든 유치원이든 깡그리 밀어 버렸다. 그렇다 보니 집과 땅, 생활 터전을 하루아침에 잃고 거리의 노숙자가 된 사람들이 많다. 그들은 아직도 옛날 자신의 집이나 상점이 있던 곳의 장벽 근처에 자리를 깔고 누워서, 하루 종일 멍하니 차가운 콘크리트 장벽을 쳐다본다. 노래와 춤으로 예리코의 장벽을 무너뜨렸다는 히브리인들처럼, 그 시선에 담긴 원한으로 장벽을 무너뜨릴 수 있다는 듯.

그러나 이처럼 철통같아 보이는 분리 장벽이지만, 몰래 장벽을 넘는 사람들은 끊이지 않는다.

17일 새벽 예루살렘 북부의 팔레스타인 임시 수도 라말라 접경지대에 설치된 콘크리트 장벽 앞. "휘~익" 라말라 쪽에서 동아줄 한 끝이 높이 8미터의 장벽을 넘어 예루살렘 쪽으로 넘어왔다. 장벽 한쪽에 숨어 있던 한 청년이 나타나 넘어온 동아줄을 잡고 "얄라 얄라('어서어서'라는 뜻의 아랍어)"라고 말하며 신호를 보냈다. 이내 장벽 위로 허름한 옷차림의 청년들이 올라왔고, 3초 만에 줄을 잡고 미끄러지듯 내려왔다. 이들은 주위를 둘러보지도 않고 인근 건물 뒤를 향해 뛰어갔다.

국내 한 언론 기자가 직접 목격한 '영광의 탈출' 장면이다. 서안 지구의 임금 수준이 이스라엘 땅의 임금의 절반도 못 미치기 때문에, 장벽을 넘어서라도 이스라엘 공장에서 몰래 일을 하며 식구들을 먹여 살리려는 팔레스타인인들이 위험을 무릅쓰고 있는 것이다. 그러다 들키면? 심하면 테러 분자로 몰려 그 자리에서 총살될 수도 있다. 아니면 이스라엘 감옥에 갇혀 조사받은 끝에 거액의 '벌금'을 물고 풀려나거나, 그만큼은 안 되는 뇌물을 찔러주고 모면하거나다.

국제사회는 이 장벽을 승인했을까? 그럴 리가 없다. 2003년 10월,

유엔은 이 장벽 건설이 반인권적이며 불법적이라는 성명을 채택했다. 2004년 7월, 국제사법재판소는 장벽이 "명백한 불법"이라 규정하고 건설 중단-철거-보상 조치를 이스라엘 정부에 요구했다. 이때 사법재판관 열다섯 명 중 장벽 불법화에 찬성표를 던지지 않은 재판관은 한 명뿐이었는데, 미국 국적이었다.

그러면 이스라엘은 이런 결정을 겸허히 받아들였을까? 만에 하나도 그럴 리가 없다! 강제집행권이 없는 입법 권력, 사법 권력은 권력도 뭣도 아니라는 국제정치 교과서의 내용을 이스라엘은 충실히 입증해 주었다. "당사국의 입장을 반영하지 않은 국제기구의 결정은 전혀 무의미"하다는 성명 한마디만 내놓은 다음, 이스라엘은 기존 장벽을 유지 강화할 뿐 아니라 더 연장하겠다는 발표까지 거듭했다. 2013년 11월, 기존의 장벽을 연장하여 서안 지구와 요르단 사이의 경계에도 장벽을 짓겠다고 발표한 것이다. 서안 지구 주민들이 요르단으로 들어가 요르단 국경을 통해 이스라엘로 들어가는 경우가 있다는 이유였다. 이것이 실현된다면 서안 지구는 완전히 장벽으로 둘러싸인 '게토'가 될 판이다. 그리고 2017년 8월, 기존의 장벽 아래로 40미터 깊이의 '지하 장벽'을 짓겠다는 발표도 했다. 하마스가 땅굴을 파서 테러 행위를 벌이고 있다는 분석에 근거한 것이다. 아무튼 땅굴을 원천 봉쇄하는 지하 장벽은 땅굴 노이로제가 있는 대한민국도 구상한 적이 없는데, 이것이 실현되면 역사상 최초의 '사실상의 국경선인 지하 장벽'이 탄생할 판이다. 국제사회의 결정을 이렇게 대놓고 무시하고 위반하는 나라라면 '불량국가'라고 불릴 만도 한데, 어떤 미국 대통령도 이스라엘을 그렇게 부르지 않았다. 아마 앞으로도 그럴 것이다.

분리 장벽은 한편 전혀 장벽이 아니기도 하다. 이스라엘 쪽에서 넘어가는 사람들에게는! 지금 이 시간에도 서안 지구를 좀먹는 정착촌은 꾸준히 세워지고 있다. 그들의 행동은 미국 서부 시대에 인디언들을 몰아낸 백인들, 아니, 원시 시대에 다른 부족을 때려 내쫓던 부족들과 닮았다. 팔레스타인 사람이 살고 있는 집에 마음대로 벽을 뚫고 들어와 '여기는 내 집이다!'는 표시로 문에 '다윗의 별'을 그려 놓는다. 나치 지배하에서 '여기는 유대놈이 산다'는 표시로 그리도록 강요되던 다윗의 별, 희생자의 표식이 이제는 침략자의 표식이 되었다.

서안 지구 팔레스타인 주민들은 자신들이 이스라엘 국민이라고 생각하지는 않지만, 어쨌든 통치를 이스라엘이 하고 있기 때문에 수도세, 오물 수거비 등등 공공요금을 다 납부한다. 그러나 물도 수시로 끊기고 오물 수거는 아예 해 주지 않는다. 정착촌은 오슬로 협정에서나 이스라엘 국내법에서나 일단 불법이다. 공공요금도 안 낸다. 그러나 전기, 수도 모두 원활히 공급받는다. 정착촌이 하나 만들어지면 도로도 놔 준다. '너희가 명백한 불법행위를 이렇게 방관하니까, 아니 지원하니까 국제사회에서 욕을 먹는 거 아니냐'는 버락 오바마의 압력으로 20채를 마지못해 철거했으나, 정착촌민들은 그다음 날 다시 세웠다. 이스라엘 정부의 추가 조치는 전혀 없었다.

이렇게 야만적인 침탈에 맞서던 팔레스타인 지도 세력도 힘이 전 같지 않다. 2004년에 PLO의 대부와도 같던 아라파트가 숨지고(암살 의혹이 많다), 그가 1959년에 창립한 뒤 팔레스타인 자치정부의 집권당으로 지내 온 파타의 부정부패 의혹이 계속 불거지면서(분리 장벽에 쓰일 시멘트를 공급하고 이익을 챙긴 경우도 있었다), 2006년 3월에는 이스마일 하니야Ismail Haniya가 이끄는 하마스가 자치 정부를 이끌게 되었다.

제2차 인티파다에서 자살 폭탄 테러를 이끌었던 하마스가 정권을 잡자 이스라엘과 미국은 신경질적인 반응을 보였다. 대규모 공습과 요인 암살 등 폭력적 수단을 동원했을 뿐 아니라 (가령 2006년 6월의 가자 지구 대공습에서는 450명의 민간인이 사망했는데, 여기에는 17세 이하의 어린이도 88명 포함되어 있었다) 보다 '고분고분'하다 여겨진 이전의 집권파, 파타를 지원함으로써 '갈라치기'를 시도하기도 했다. 그 시도는 성공했다. 2007년에 파타파와 하마스파는 내전을 벌였으며, 하마스파가 승리하자 파타는 가자 지구를 포기하며 그곳을 근거로 삼은 하마스 정권을 결코 인정하지 않는다고 선언했다. 그 뒤로 서안 지구는 파타, 가자 지구는 하마스가 각각 정통 팔레스타인 정부임을 주장하며 대립해 오고 있다. 하나로 똘똘 뭉쳐도 이스라엘, 그리고 그 뒤를 봐주는 미국에 대항하기란 턱없이 부족한데, 내분까지 일어난 이상 팔레스타인이 박해를 극복하고 유엔이 인정한 대로의 명실상부한 독립국가를 건설하기란 멀고도 멀 것이다. 2017년 10월, 두 세력은 10년 동안의 분열을 끝내자며 가자 지구의 하마스 행정위원회를 해체하고, 가자 지구를 파타 중심의 자치 정부가 접수하기로 전격 합의했다. 그러나 이스라엘이 하마스를 테러 단체로 못 박고서 가자 지구를 포위하고 공세를 멈추지 않기 때문에 하마스의 무장을 자치 정부에 넘기는 일은 쉽지가 않다. 무장을 넘기지 않는 이상 하마스가 자치 정부의 통치권을 받아들였다고는 볼 수 없다는 게 자치 정부의 입장이다. 하마스는 이스라엘과의 평화 협상을 위해 노력하는 한편 자치 정부와 협의를 계속하고 있으나, '자치 정부에서 반역자로 규정하여 구금 중인 하마스 사람들을 석방하라'는 하마스의 요구에 자치 정부가 불응하는 등 매듭이 완전히 풀리려면 넘어야 할 산이 많아 보인다.

팔레스타인인들이 스스로를 도울 힘이 부족한 가운데, 외국인과 일부 양심적인 이스라엘인들이 분리 장벽과 이스라엘의 만행에 돌을 던지고 있다. 2007년, 이스라엘 고등법원은 예루살렘 도시 내의 장벽이 주민의 생활권을 침해한다 하여 건축 취소령을 내렸다(다만 그것은 어디까지나 예루살렘 시가 내의 장벽이었으므로, 전체 장벽 시스템에는 큰 변화가 없었다). 같은 해에 이스라엘 예비군 장교 101명은 유혈사태 확대를 불러

온다며 장벽 건설을 중단하라는 연명서를 이스라엘 정부에 보냈다.

2004년에는 국제적십자사가 장벽이 "불법이며 인권 탄압"이므로 즉각 철거해야 한다는 성명을 냈다. 같은 해에 국제앰네스티, 휴먼라이츠워치 등도 공동성명에서 비슷한 주장을 했다. 2009년에는 유엔 인권위가 하마스의 실태를 조사하고, "하마스는 이스라엘의 선전과 달리 민간인을 인간 방패로 삼고 있지 않다. 오히려 이스라엘 쪽의 인권 탄압 사례가 수도 없이 많다"며 장벽도 그런 인권 탄압의 핵심에 서 있다고 발표했다. 캐나다와 유럽연합은 장벽 건설에 일부 타당성이 있다면서도 그린라인을 넘어 예루살렘과 서안 지구 내부까지 장벽이 뻗어간 것은 불법이라는 입장이다. 노르웨이는 장벽 건설에 항의하여 이스라엘 군수 업체인 앨비트사와의 거래를 끊었다.

2009년 1월, 분쟁으로 파괴된 가자 지구 전경

리마 분리 장벽

남미 페루의 수도 리마, 이곳에도 10킬로미터에 이르는 장벽이 있다. 페루인들의 조상인 잉카제국 시대의 유물일까? 아니다. 1985년에 세워진 이 콘크리트 장벽은 이 나라의 가장 부유한 계층(카수아리나스)과 가장 빈곤한 계층(팜플로나 알타) 사이에 경계를 짓기 위해 만들어졌다.

리마의 해변 지역에는 아름다운 고급 저택들이 들어서 있다. 그러나 이 부촌을 따라 올라가다 보면 구릉지가 나오고, 구릉지에는 마치 한국의 '달동네'처럼 허름한 집들이 빼곡히 들어차 있다. 이 달동네 주민들이 혹시 부촌으로 내려와 범죄라도 저지를까 봐, 장벽이 세워진 것이다. 높이는 3미터밖에 안 되지만, 윗부분에는 철조망이 둘러쳐져서 넘으려는 사람을 차단한다.

이 장벽보다 더 처절한 점은 벽을 사이에 두고 있는 리마 시민, 페루 국민의 삶이 너무도 확연하게 차이 난다는 점이다. 부촌 주민들은 뉴욕이나 런던 시민들 이상으로 모자란 것 없이 산다. 그러나 벽 건너편 사람들은 플라스틱이나 판자 쪼가리로 얼기설기 엮은 집에서 산다. 상하수도 시설도 제대로 못 갖추고 있어서, 생수를 사서 식수나 생활용수로 쓰고 길가에서 용변을 본다. 전기도 안 들어온다. 어린이들이 학교에 다니거나 부모들이 변변한 직장을 가질 수 없는 점은 말하나 마나다.

부촌에서 카수아리나스의 정원사나 가정부, 청소부 등으로 일하는 것도 '변변한 직장'을 가진 경우다. 그러나 그들은 장벽 때문에, 직선거리라면 10분도 안 걸리는 거리를 특수 이동 차량을 타고 장벽을 한참 돌고 돌아 지정된 문으로 두 시간 이상 걸려 출퇴근해야 한다. 장벽 너머 유대인 거주구에 직장이 있는 팔레스타인 주민들처럼.

이런 장벽이 국내외적으로 아름답게 보일 리가 없다. 세워질 때부터 논란이 많았던 이 장벽은 '수치의 장벽'으로 불린다. 팔레스타인 장벽이나 서사하라 장벽도 그런 이름으로 불리지만 페루인들은 자신들의 이 장벽이야말로 가장 수치스럽다고 말한다. 적어도 다른 나라의 장벽들은 인종이나 종교가 다른 사람들을 갈라놓고 있지만, 그들의 장벽은 오직 가진 재산을 기준으로 갈라치기를 하고 있으므로,

　페루는 전 세계에서 빈부 격차가 가장 심한 나라 중 하나다. 그리고 이는 갈수록 악화되고 있다. 페루 국민총소득이 2.5퍼센트 오르는 동안 부유층의 소득은 10퍼센트 가깝게 올랐다. 과연 이 장벽이 무너질 날이 있을까? 영원한 것은 없으므로, 그런 날이 오기는 할 것이다. 그러나 과연 그것은 수치를 정말 가슴으로 새긴 정치인들과 부자들이 스스로 허무는 형태로 다가올까, 아니면 성난 사람들이 베를린 장벽 무너뜨리듯 하는 식이 될까?

페루 리마 분리 장벽

장벽이 남긴 진짜 공포

오늘날 분리 장벽은 과거의 베를린 장벽처럼 수없이 많은 그래피티와 구호로 덮여 있다. 영국의 그래피티 미술가 뱅크시Banksy는 2005년과 2007년에 야자나무 해변의 풍경이 내다보이는 큰 출입구들을 장벽에 그려 넣었다. 비폭력 평화주의의 상징인 마하트마 간디Mahatma Gandhi의 초상, 당나귀를 고문하는 군인(조 사코가 『팔레스타인』에서 묘사해 유명해진 풍자로, 이스라엘의 첩보 기관 모사드가 당나귀를 고문해서 스파이라고 자백시킨다는 내용이다) 그림, 풍선을 타고 장벽을 넘어 날아가는 아이 등도 그렸다. 그 옆에는 "예루살렘 게토에 오신 것을 환영합니다!", "이 세상은 너무 좁다. 그런데 왜 벽으로 갈라놓는가?" 등의 구호와 그림이 선명하게 새겨져 있다. 1979년에 억압적인 사회를 풍자하며 「벽The Wall」이라는 히트곡을 내놓은 영국 록밴드 핑크플로이드의 일원인 로저 워터스Roger Waters는 「벽」의 가사 일부를 분리 장벽에 써넣었다. "벽을 때려 부숴라!Break the wall!" "오래 함께하였던 이 땅 어디서나 순결한 꽃들 피어나고, 푸른 의의 나무가 가득한 세상, 우리 함께 보리라." 이렇게 한글로 적힌 그래피티도 있다.

2009년에는 남아공의 인권운동가, 파리드 에시크Fharid Yeshik가 기부한 돈으로 2천 단어의 '평화 기원' 메시지가 2,500미터에 이르는 장벽의 표면에 그려졌다.

스스로 유대인이며 홀로코스트에서 간신히 살아남았던 지그문트 바우만Zygmunt Bauman은 세계적으로 가장 영향력 있는 현대 사회학자 중 한 명이었다. 2011년에 분리 장벽을 바르샤바 게토 장벽과 마찬가지라며 비난했던 그는 2012년의 『이것은 일기가 아니다This is not a Diary』라는 책에서 이렇게 썼다.

뱅크시가 분리 장벽에 그려 넣은 그래피티의 일부

우리의 손자 세대가 지금까지 상상할 수 없는 규모로 쌓여 상환을 요구하는 국가 부채를 물려받았다는 것을 알게 될 때 느끼게 될 참담함과 괴로움에 대해 상상조차 하기 힘들다. 심지어 우리는 '보수 자유주의' 정부 덕분에 손자 세대에게 솥으로 떠먹여질 쓰디쓴 술을 먼저 몇 숟갈 맛볼 기회를 얻은 이후에도 그런 상황을 상상하려 하지 않는다. 그리고 우리는 또한 지식 분배 센터의 입구를 막는 재정적인 형태의 베를린 장벽, 혹은 팔레스타인 장벽의 건설로 이어질 수밖에 없는 사회, 문화의 완전한 황폐화를 거의 상상하지 못하고 있다. 하지만 우리는 공유된 미래의 위기에 직면해 이를 상상해야만 하고, 상상할 수밖에 없을 것이다.

"시멘트와 철조망이 장벽을 형성하는 것은 아니다"라고 했던가. 분리 장벽의 진정한 무서움과 위력은 실제 구조물에 있는 게 아니라, 바우만이 본 것처럼 그런 장벽을 용인하거나, 정당화하거나, 무관심하게 여기는 우리의 마음에, 그런 마음을 콘크리트 벽처럼 고착화하는 오늘날의 제도에 있을지도 모른다.

11. 난민 장벽

전쟁이나 재난 따위를 당하여 곤경에 빠진 백성

가난하여 생활이 어려운 사람

국어사전에 나와 있는 난민의 정의다. 그러나 1951년 맺어진 난민 조약에 따른 난민, 다시 말해 국제적으로 보호를 받을 자격이 있는 난민의 정의는 이렇다.

인종, 종교, 국적 또는 특정 사회 집단의 구성원 신분 또는 정치적 의견을 이유로 박해를 받을 우려가 있다는 충분한 이유가 있는 공포로 인하여 국적국 밖에 있는 자로서 그 국적국의 보호를 받을 수 없거나 또는 그러한 공포로 인하여 그 국적국의 보호를 받는 것을 원하지 아니하는 자

여기에 따르면 국어사전적 정의에 따른 난민 가운데 천재지변이나 빈곤,

생활문화의 열악함 등의 이유로 살던 나라에서 떠난 사람들은 난민으로 보호받을 수 없다. 또한 정치적 박해를 받는 사람이라도, 그 나라를 벗어날 수단이 없어 나라 밖으로 나가지 못한 사람은 난민 인정을 못 받는다. 이후 이보다 넓은 개념 정의가 필요하다는 지적이 여러 번 나왔고, 일부 국가나 인권 단체들은 실제로 가난이나 재난에 따른 난민도 난민으로 인정하고 있다. 하지만 난민 조약상의 정의는 요지부동이다.

왜 그럴까? 난민은 부담스러운 존재이기 때문이다. 일시적으로 먹고 잘 수 있게 해 주는 정도라면 못할 것도 없지만, 아무리 부유한 나라라도 낯선 사람들을 '자국민'으로 받아들이기란 어렵다. 아니, 오히려 부유한 나라일수록 더 가난하고, 못 배우고, 이질적 문화가 몸에 밴 사람들이 자신들과 섞이게 되는 것을 싫어하는 국민이 많다. 그렇다 보니 난민의 법적 정의를 까다롭게 하기로 국가 간에 합의해 버린 것이다.

최근 한국도 '난민의 진입장벽이 너무 높다'는 비판을 들은 적이 있다. 난민 신청자 가운데 약 3퍼센트 정도만 난민으로 인정하고 있어, 세계 평균 5퍼센트, 경제협력개발기구OECD 평균 7퍼센트보다 낮다는 것이다. 그러나 평균은 대개 기댈 만한 자료가 아니다. 난민이 발생하는 나라와 워낙 가깝다 보니 할 수 없이 난민을 많이 받아들이는 경우도 있고, 우리보다 더 철저히 난민을 거부하는 나라(가령 난민 인정률이 1퍼센트 미만인 일본)도 있다. 그리고 심지어 말 그대로의 '장벽'으로 난민을 막고 있는 나라들도 있다.

서사하라 모래 장벽

1980년부터, 가도 가도 모래뿐인 서사하라 사막에 못 보던 구조물이 세워지기 시작했다. 모래로 쌓은 장벽! 높이는 2~3미터로 그리 대단치 않아 보이지만, 두 줄 내지 세 줄로 연달아 쌓여 있는 데다 철조망과 지뢰밭, 그리고 만리장성이나 하드리아누스 장벽처럼 일정 간격마다 만들어져 있는 무장 초소들이 어지간해서는 돌파를 어렵게 만든다.

이 '서사하라 모래 장벽'은 본래 난민을 막으려고 세워진 장벽은 아니었다. 1971년, 스페인의 식민 지배로부터 독립을 외치며 서사하라 지역에서 일어난 폴리사리오 인민해방전선은 치열한 무장 투쟁을 전개했다. 그러다가 1976년에 맺어진 마드리드 협정으로 서사하라가 모로코와 모리타니의 영토가 되자 폴리사리오는 반발했고, 스스로 '사하라 아랍민주공화국'을 선포하며 두 나라와 싸우기 시작했다.

두 나라 가운데 군사력이 약했던 모리타니는 1979년 자국이 차지했던 서사하라 땅을 포기하고, 사하라 아랍민주공화국을 승인했다. 그러나 모로코는 이를 인정하지 않았고, 모리타니령까지 자신들의 땅이라 선언해 버렸다. 이제 서사하라에서의 전투는 양자 대결로 바뀌었다.

그리하여 폴리사리오의 공격을 막기 위해 쌓은 것이 모래 장벽이었다. 모두 여섯 차례 건설되어 총 2,720킬로미터에 이르며, 한반도 비무장지대보다 네 배나 많은 400만 개의 지뢰가 매설됨으로써 '세계에서 제일 긴 지뢰밭'이라는 오명을 갖게 되었다. 장벽을 쌓은 모로코 쪽에서는 '방어 장벽'이라고, 폴리사리오와 그 후원 역할을 맡아 온 알제리에서는 '수치의 벽'이라고 부른다. 1991년 휴전협정으로 전쟁은 일단 끝났고, 폴리사리오는 장벽 이쪽의 서사하라를 차지하게 되었다. 그러나 주요 도시나 항구, 탄광 등 국가의 노른자위는 모조리 장벽 저편에 있으며, 폴리사리오에게 남겨진 몫은 모래사막밖에 없다.

전쟁은 오래전에 끝났지만, 스페인의 식민 지배가 끝난 뒤 끊임없이 이어진 난리통에 발생한 난민은 10만 명을 넘는다. 이들은 본래 고향으로 돌아가지 못한 채 난민 캠프에서 연명하고 있다. 그리고 그 수는 점점 불어난다. 알제리와 리비아를 비롯해, 아프리카의 다른 지역에서 발생한 난민들도 합류하고 있기 때문이다. 그리고 그들이 모로코 땅으로, 나아가 최근에는 난민을 환영하는 입장으로 바뀌고 있는 스페인으로 건너가지 못하게 막고 있는 게 1993년 모로코-스페인 접경지에 세워진 11킬로미터의 멜리야 장벽, 8킬로미터의 세우타 장벽, 그리고 바로 서사하라 모래 장벽이다.

중앙아시아에서 아프리카 남부까지, 난민 장벽들

1999년, 우즈베키스탄은 이웃나라 키르기스스탄과의 국경 사이에 870킬로미터 길이의 철조망을 설치하기 시작했다. 1991년에 구소련이 해체되면서 나란히 독립한 두 나라 사이에 무슨 일이 있었을까? 우즈베키스탄은 독립 이래 2016년까지 이슬람 카리모프Islam Karimov에 의한 독재정치가 계속되었으며, 그는 터키의 케말 파샤Kemal Pasha를 본받아 이슬람 원리주의를 배격하고 세속국가주의를 지향했다. 인구의 88퍼센트를 이루는 이슬람 국민의 문명개화를 위해서라기보다는 스스로의 권력을 튼튼히 하려는 의도가 다분했겠지만, 어쨌든 이슬람 원리주이 단체인 '우즈벡이슬람운동IMU'을 탄압하고 이슬람교 정당의 수립을 금지했다. 이에 항의하는 시위대를 무력으로 진압하기도 했다.

그렇다 보니 이웃나라로 피하거나 이웃나라에서 물자와 인력을 데리고 들어오는 반정부 원리주의자들이 많을 수밖에 없었다. 그래서 철조망 장벽으로 키르기스스탄(우즈베키스탄 수도인 타슈켄트와 가깝기 때문에, 반정부 인사들이 우즈베키스탄을 둘러싸고 있는 다섯 나라 가운데 키르기스스탄 국경을 넘나드는 경우가 가장 많았다)과의 국경을 봉쇄한 것이다.

그런데 카리모프는 2년 뒤인 2001년에 다시 아프가니스탄과의 국경에 장벽을 쌓았다. 길이는 209킬로미터로 키르기스스탄 장벽보다는 짧지만 380볼트의 고압전류까지 흐르고, 지뢰밭까지 곁들인 이 장벽의 건설 이유는 2001년 9월부터 시작된 미국의 대테러 전쟁으로 발생한 아프가니스탄 난민이 이웃인 우즈베키스탄으로 몰려들 조짐이 보였기 때문이다. 그것은 어느 정도 타당성이 없지 않은 결정이었다. 그러나 스위스와 마찬가지로 사방이 이웃나라로 둘러싸인 우즈베키스탄 같은 나라가 국경마다 방어벽을 치는 태도는 결코 좋게 보일 수 없는 법이다. 그 보복(?)으로, 이번에는 타지키스탄과 카자흐스탄이 '우즈베키스탄의 난민과 범죄자를 차단하겠다'며 국경에 장벽을 치기 시작했고, 투르크메니스탄 역시 1,700킬로미터의 장벽을 우즈베키스탄과의 국경 지대에 설치했다. 우즈베키스탄이 항의해도 '장벽은 너희만 세울 수 있는 줄 아느냐'는 대답에 할 말이 없었다.

그리고 장벽이란 어느 경우에든 상주하는 병력이 없으면 큰 효용이 없다. 우즈벡-아프간 장벽의 경우에는 고압전류와 지뢰가 일부 몫을 해 주지만, 인구도 많지 않고 국가 수입도 시원찮은 이 중앙아시아 국가들이 국경선을 온통 장벽으로 두르고 많은 병사를 상주시키는 일은 결코 현명한 선택이라고 보기 어렵다. 그러나 구소련 붕괴와 이후 신국제질서 형성 과정에서 빚어진 혼란과 무력 충돌, 그리고 그로 인해 난민이 발생함에 따라 이러한 장벽 건설이 정당화되어 왔고, 따라서 오랫동안 동서양을 이어 주던 비단길을 마구 가로질러 세워진 장벽들이 말끔히 걷어치워지는 일이 진정한 세계 평화의 표시가 될 것이다.

인도도 '현대의 난민 장벽' 역사에서 빠지지 않는다. 2004년에 북부 카슈미르 지역에 550킬로미터의 장벽을 세운 것을 시작으로, 동쪽으로 방글

라데시와의 국경에 3,268킬로미터, 서쪽으로 미얀마와의 국경에 1,624킬로미터의 장벽을 건설 중이다.

카슈미르 지역은 인도, 파키스탄, 그리고 중국까지 영토권을 주장해서 전쟁을 포함한 분쟁이 그치지 않은 지역이다. 1948년에 주민투표에 따른 귀속이라는 방법이 유엔에서 결의되었으나, 인도와 파키스탄은 각자의 점령지에서 떠나지 않았으며 결국 지금까지 점령지의 경계가 그대로 국경처럼 되어 두 나라 사이에 반분된 상태로 이어지고 있다.

따라서 그런 땅에 인도가 일방적으로 장벽을 세우는 일은 파키스탄의 반감을 살 수밖에 없는데, 그러거나 말거나 1990년대부터 이중의 전기 철조망 장벽(지뢰밭을 곁들인)이 세워지기 시작했다. 파키스탄은 외교적 항의와 군사 도발로 맞섰고, 인도 군인들은 그야말로 '싸우면서 건설'하여 2004년에 공사를 마쳤다. 이 장벽은 영토를 확정하고 군사 도발을 방어하는 성격도 있었으나, 아무래도 파키스탄에서 넘어오는 피난민 차단의 용도가 가장 두드러진다. 장벽 건설 후, 인도 정부는 "이 장벽 덕분에 파키스탄 밀입국자가 80퍼센트 감소했다"고 발표했다.

카슈미르 장벽이 쓸 만하다는 결론을 내린 인도는 방글라데시와 미얀마에도 난민 차단용 장벽을 건설 중이며, 아예 파키스탄과의 국경 전체를 봉쇄하는 2천 킬로미터의 장벽을 더 지을 것을 고려 중이다. 이들 장벽이 모두 완성되면 총길이는 7,442킬로미터가 될 것이며, 그렇다면 오스트레일리아 토끼 장벽의 길이를 두 배 이상 뛰어넘으며 '세계 최장의 울타리'를 가진 국가가 될 것이다.

투입되는 병력도 어마어마할 것이다. 지금 카슈미르 장벽에는 30만 명 이상의 병력이 배치되어 있고, 이로 미루어 보면 최소 400만 명 이상의 병력(대한민국 군 병력 전체의 6.6배 이상)이 인도 각지의 장벽에 배치될 것이다. 인도 같은 인구 대국이 아니면 애초에 꿈도 꿀 수 없는 규모라지만, 지원병제라 병력이 127만에 불과한 현행 인도 국방 체제로는 불가능하다. 그러면 징병제로 바꿀 것인가? 인종, 종교, 지역 사이의 격차가 매우 큰 인도가 그럴 수 있을까? 어떤 생각으로 인도 정부가 장벽에 또 장벽을 짓고 있는지는 몰라도, 간디와 네루의 평화주의를 바탕으로 외교와 국방 정책을 설계했던 인도 건국 당시와는 많이 동떨어져 있음은 분명하다.

나라를 온통 장벽으로 둘러칠 꿈을 꾸고 있는 나라는 우즈베키스탄이나 인도만이 아니다. 아랍 최대의 국가, 사우디아라비아는 2004년에 예멘과의 국경에 75킬로미터짜리 난민 장벽을 세웠다. 예멘은 사막이 대부분인 아라비아반도 남단의 비교적 비옥한 땅에 자리 잡고 있어, 고대에서 중세까지만 해도 '행복의 아라비아'로 불리며 번성했다. 그러나 16세기 초 오스만 투르크의 지배 아래 들어가고, 다시 19세기 초 전략적 요충지(수에즈 운하에서 인도양으로 나가는 길목에 있었기에)라는 점을 고려한 영국이 예멘 남부를 무력 점령해 남북으로 분단된다. 그리고 제1차 세계대전으로 오스만제국이 해체되는 과정에서 아직 오스만 치하에 있던 북예멘이 독립했으며, 남예멘은 1967년에 영국에서 독립하여 마치 한반도에서처럼 이념(북예멘은 자본주의, 남예멘은 사회주의를 채택했다)과 지리로 나뉜 한 민족 두 국가가 수립되었다. 그 뒤 예멘의 역사는 분란과 전쟁으로 점철되었다. 두 예멘은 한때 통일했다가, 다시 갈라졌다가, 다시 무력으로 강제 통일되었다가를 반복했으며 아직도 분쟁은 끝나지 않았다. 게다가 최근에는 시아파와 수니파의 대립, 이에 따른 사우디아라비아와 이란의 외세 개입까지 겹치며 온 국토가 쑥대밭이 되고 있다. 이런 와중에 당연히 대량의 난민이 발생했으며, 그들 일부는 2018년도에 대한민국 난민 신청을 하면서 난데없는 '난민 논쟁'을 한국에 불러일으키기도 했다.

이처럼 어느 정도는 자신들의 책임이기도 한 예멘 난민의 진입을 막

제4부 무너진 마음, 견고한 장벽이 되다

는 장벽을 친 사우디아라비아는 10년 뒤에는 두 차례의 전쟁으로 만신창이가 된 이라크와의 경계에 900킬로미터의 장벽을 세웠다. 당연히 이라크에서 넘어오는 난민을 막기 위해서다. 5중 철조망에 78기의 감시탑, 레이더, 열감지 카메라에다 장벽 밑으로 땅굴을 팔 가능성까지 고려해 지하 동작 감지기까지 설치해 철통같은 방어 태세를 갖추고, 3만 명의 병력이 상시 주둔할 것이라 한다.

사우디아라비아는 앞으로 시리아, 요르단 등과의 국경에도 장벽을 쳐서, 6,500킬로미터에 이르는 국경선 전체를 장벽화할 예정이다. 인구는 인도에 못 미치지만, 돈은 넘치는 나라의 배짱이랄까. 그러나 그 또한 자신의 가르침이 아라비아반도를 넘어 전 세계로 퍼져나가기를 바랐고, 찾아오는 빈민과 불우한 사람들을 마다하지 않았던 무함마드의 고향 나라이자 세계 최대의 이슬람 원리주의 국가가 취해 마땅한 길인지는 알 수 없다.

아프리카 북쪽에 2,720킬로미터의 서사하라 모래 장벽이 있다면, 아프리카 남쪽에는 500킬로미터의 보츠와나 전기 철조망 장벽이 있다. 2003년부터 설치한 이 장벽을 두고 보츠와나 정부는 "짐바브웨에서 넘어오는 가축이 우리 가축에 전염병을 일으키기 때문"이라고 설명했다. 그래서 이름도 '위생 장벽'이다. 높이는 2미터로 낮은 편이며, 전기 철조망이라지만 실세 선기를 통하게 하지는 않는다. 그런데 짐바브웨는 이것이 위생 장벽이라는 걸 믿지 않는다. 짐바브웨에서 보츠와나로의 이민을 막기 위한 장벽일 뿐이라고 본다.

사실 아프리카 남부, 사하라 사막 이남에서도 2000년대 전후로 정치 혼란, 사회 불안, 자연 재해 등등이 겹침으로써 여러 나라에서 난민들이 샘솟듯 나타났다. 그리고 그들은 보다 가까우면서 비교적 안정된 나라들인 보츠와나나 남아공으로 향했다. 지금은 대략 정리가 됐다지만, 21세기 초에 본래는 타워팰리스 같은 고품격 아파트로 지어졌던 남아공의 폰 테시티가 아프리카 남부 각지에서 몰려든 난민들에게 점거되면서 '세계에서 가장 높고(173미터) 가장 호화로운 난민 수용소'로 떠올랐던 일도 그런 경향을 보여 준다.

그리하여 보츠와나도 겸사겸사(?) '위생 장벽'을 건설했으며, 남아공도 동쪽 국경 지대의 크루거 국립공원에 120킬로미터의 장벽을 지은 데다, 다시 짐바브웨 국경에 225킬로미터의 장벽을 신설해서 난민 유입을 막고 있다.

21세기 유럽의 난민 장벽들

이제까지 이야기한 장벽들은 1990년대 말에서 2000년대까지, 동서 냉전 시대가 끝나고 새로운 국제질서가 세워지는 과정의 혼란 속에서 생겨났으며, 난민을 막는다는 의미 말고도 군사적 의미와 대테러적 의미를 두루 띠고 있는 장벽이라고 할 수 있다. 그러나 이제부터는 그야말로 난민을 막기 위한 장벽이다. 그리고 2010년대에, 미국이나 유럽 등 주요 선진국의 국경에 쳐진 장벽들이다.

유럽 각국의 국경에 우후죽순처럼 장벽이 솟아난 계기는 2011년부터 터진 시리아 내전이었다. 2000년에 30년 이상 시리아를 일인 통치한 하페즈 알아사드Hafez al-Assad가 죽고 그의 아들 바샤르 알아사드Bashar al-Assad가 뒤를 이었을 때, 비록 세습으로 집권했다고 하지만 새로운 지도자를 맞이하여 시리아의 독재 체제도 변화될 것이라는 희망이 컸다.

그러나 이후 10년 동안 기다려 봐도 아사드 본인이 약속한 인권, 정치 개혁이 성사될 조짐이 없자, 반정부 시위가 일어나기 시작했다. 그리고

제4부 무너진 마음, 견고한 장벽이 되다

이 시위를 정부가 무력으로 진압하려 하면서 그 누구도 상상 못했을 '시리아의 비극'이 탄생한다.

2011년 3월부터 전국적으로 매주 금요일마다 대규모 시위가 벌어졌고, 정부군과 충돌해 몇 명에서 몇 십 명까지의 사망자가 나오자 그것이 시위를 더 격렬하게 만드는 휘발유가 되었다. 5월에는 시리아 남부는 시위대, 북부는 정부군이 우위를 장악한 채 분란이 격화되는 형국이 펼쳐졌다. 6월부터는 시위대가 우위인 도시를 탈환하고자 정부군이 탱크까지 동원해, 그야말로 시위 진압이 아니라 내전의 양상을 띠어 갔다. 2013년에는 정부군 쪽에는 러시아와 이란이, 시위대에는 레바논의 헤즈볼라 반군과 카타르, 사우디아라비아의 와하브파의 지원이 붙으면서 더욱 격화되었다. 이제 반정부 세력은 단지 민간 시위대가 아니라 무장 반군이라 불려야 했다. 또한 단지 시리아 국내의 갈등이 아니라 수니파-시아파의 종교 갈등, 주변국들이 개입한 국제 분쟁의 양상마저 띠었다. 예멘 사태와 비슷하게 돌아갔다고 할까. 예멘보다 더한 점은 악명 높은 이슬람국가IS가 반군의 중심 세력으로 떠올랐다는 점이다.

그리고 '헬게이트' 본격 개방! 시리아 정부군은 사린 가스를 비롯한 화학무기까지 동원해 대량학살을 저질렀다. 러시아가 정부군을 응원하며 시리아에 파병했다. 미국은 처음에는 시리아 편, 나중에는 반군 편에 서서 공격했다. 심지어 터키까지 잠시 개입해서 정부군에 포격을 가했다. 이런 난장판이 이어지면서 사망자 1만 내지 2만(정확한 통계는 낼 수 없는 상황이다), 난민 650만 명이 발생했다(1천만이 넘는다고도 하는데, 그렇다면 시리아 인구의 절반이 넘는다).

이들 난민은 인근 레바논, 요르단, 터키로 몰려들었다. 그러나 이들 나라는 난민에게 친절하지도 않았고, 수십만의 난민을 수용할 힘도 부족했다. 결국 난민들은 지중해를 건너 풍요와 평화의 세계, 유럽으로 가려고 했다.

2011년 4월 29일, 시리아의 바니아스에서 일어난 반정부 시위

독일, 그리고 초기의 이탈리아처럼 난민을 환영하는 입장의 유럽 국가들도 없지는 않았다. 그러나 21세기의 민족 대이동과도 같은 이 사태에, 일찍이 민족 대이동으로 세워진 나라들인 대부분의 유럽 국가들은 질색을 했다. 그리고 원시적이면서도 효과적인 방법, 장벽 세우기에 들어갔다.

2014년에 불가리아는 터키와의 국경선에 길이 30킬로미터, 높이 3미터의 철조망 장벽을 쳤으며, 이듬해에 그 길이를 130킬로미터로 연장하기로 했다.

2015년에는 헝가리가 세르비아와 크로아티아와 맞닿은 국경선에 장벽을 쳤다. 길이는 523킬로미터이며, 높이는 4미터인 철조망 장벽이다. 2015년 9월에만 14만 명에 육박하는 사람들이 헝가리로 들어왔는데, 이 장벽으로 그 숫자가 수백, 수천 수준으로 급감했다. 같은 해에 오스트리아도 슬로베니아와의 국경에 15킬로미터의 장벽을 쳤다. 그 슬로베니아도 크로아티아와의 국경에 장벽을 짓고 있다.

역시 같은 해에, 그리스와 마케도니아 사이에도 30킬로미터짜리 장벽이 세워졌다. 헝가리 장벽을 본떠 만든 이 장벽은 그리스 땅에서 마케도니아로, 나아가 유럽 중심부로 들어가려는 난민들과의 몸싸움이 벌어지고 열여덟 명이 부상을 당한 2015년 11월의 사건 직후 건설되었다. 난민은 러시아를 경유해 동유럽을 지나 서유럽까지 들어가는 경로도 선호하는데, 이를 막기 위해 우크라이나와 에스토니아는 러시아와의 국경에 장벽을 쌓는 일을 최근 완성했다.

2016년에는 프랑스에서도 난민 장벽을 세웠다. 대서양에서 프랑스로 들어오는 전통적 관문인 칼레항 진입로 양쪽에 각각 길이 1킬로미터, 높이 4미터로 지어진 이 장벽은 이제껏 이 책에 나온 장벽들에 비하면 소소한 규모다. 그래도 의미가 없지 않은 까닭은 그 진입로 양쪽에 난민촌이 있기 때문이다. 프랑스는 유럽에서 난민들이 가장 많이 몰려드는 나

세르비아와의 국경 지대에 세워진 장벽을 순찰하는 헝가리 기마 경관

라 중 하나이며, 특히 과거에 프랑스가 아랍계 북아프리카를 식민 지배했기 때문에 아랍계 난민들이 많다. 그래서 프랑스 정부와 국민의 대우가 갈수록 나빠지자(이슬람 여성의 부르카 착용을 공공장소에서 금지하는 등), 프랑스를 거쳐 영국으로 건너가려는 난민들도 끊이지 않는다. 그래서 일단 칼레항에 그들을 수용하고 영국 입국 여부를 심사하기 위한 난민촌을 만들어 놓았는데, 여기서 몰래 탈주해 영국으로 건너가는 난민들이 끊이지 않기 때문에 '자유의 나라 프랑스가 21세기에 만리장성을 쌓고 있다'는 비아냥을 무릅쓰고 건설한 것이다. 그리고 그 비용 부담은 영국이 졌다. 영국과 프랑스의 합작품이라 할까. 아니, 바다라는 천연의 장벽에도 안심할 수 없던 영국이 건너편 땅에 세운 '외지 장벽'이라 하리라. 2019년 9월 17일, 프랑스 정부는 이 장벽 근처의 난민촌을 강제 철거함으로써 난민에 대해 프랑스 대혁명의 '박애' 정신을 더 이상 보여 주지 않겠다는 뜻을 분명히 했다. 하지만 난민촌을 철거해도 난민을 없애버릴 수는 없지 않은가? 나치 독일처럼 학살하지 않을 바에야. 그래서 칼레에서 쫓겨난 난민들은 다시 파리 근교로 옮겨 가 새로 난민촌을 짓는다. 그러면 얼마 지나지 않아 또 정부의 철거가 이루어질 것이고, 난민들은 다시 죽지 못하는 몸을 이끌고 낯선 땅을 배회할 것이다. 자유와 평등과 박애의 이름으로 세워진, 다만 제한적인 사람들에게만 그것이 허락된 땅에서.

미국-멕시코 국경 장벽

그러나 가장 유명하고, 가장 거대한 규모로 건설될 예정인 난민 차단 장벽은 미국과 멕시코 사이에 세워졌고, 세워질 예정인 장벽이다.

사실 미시시피강을 경계로 하는 미국 서부는 앵글로색슨보다 히스패닉계의 그림자가 짙은 땅이다(그 이전에 아메리카 인디언의 땅이겠지만). 16세기 중 브라질 외의 남아메리카 전역을 지배하게 된 스페인은 계속 북상하여 18세기 중반까지 멕시코는 물론 지금의 캘리포니아와 텍사스, 뉴멕시코, 플로리다, 오리건, 알래스카 일부까지 손에 넣었다. 한때는 루이지애나까지 장악해, 북아메리카의 절반(사람이 살 만한 땅만 따지면 3분의 2 이상)을 먹고 있었다.

그러다가 1821년에 멕시코가 독립했고, 그 영토는 캘리포니아와 뉴멕시코, 다시 말해서 지금 미국 영토의 서부 거의 전체를 포함하고 있었다.

그러나 미국은 1803년에 프랑스에게서 루이지애나를 매입한 뒤 본격적으로 서부로 진출하기 시작했다. 그 영향 아래 1836년에는 멕시코에서 캘리포니아가 분리 독립했고, 1846년에는 미국-멕시코 전쟁이 벌어진 뒤 멕시코는 승자인 미국의 뜻대로 캘리포니아와 함께 텍사스까지 내주어야 했다. 그리고 1854년에는 어차피 유지가 어려웠던 애리조나와 뉴멕시코를 미국에 매각, 미국은 리오그란데강을 경계로 멕시코와 경계선을 긋게 되었다.

이렇게 오늘날의 미국과 멕시코 영토는 구분되었지만, 100년이 넘도록 스페인-멕시코 땅이었던 데다 지리적 접근도 쉬웠으므로 미국 서부에서 히스패닉계의 존재는 좀처럼 지워지지 않았다. 강을 경계로 북쪽은 점점 발전되어 갔고, 남쪽은 그에 비해 초라해져 갔지만 사람과 말과 문화의 연결은 끈덕지게 계속되었다. 그게 꼭 아름다운 모습으로서만은 아니었지만 말이다.

2006년, 미 의회는 '미합중국 육지 및 해상 국경선에 대한 작전 통제를 수립하는 법'을 통과시켰다(하원 283 대 138, 상원 80 대 19). '작전 통제operational control'란 곧 장벽을 뜻한다. 그래서 이 긴 이름의 법률은 보통

'국경장벽법'이라 불린다. 장벽 건설의 명분은 9·11 테러 이후 날카로워진 미국인들의 안보 의식을 바탕으로 테러범과 마약 밀수범의 유입을 통제한다는 것이었으나, 실제 주목적은 1년에 400만, 하루에 1만 1천 명에 이르고 있던 멕시코로부터의 밀입국자를 차단하려는 것이었다.

이들 밀입국자가 모두 미국에서 살기 위해 몰래 국경을 넘는 것은 아니다. 20세기 초까지는 주로 미국의 농업 부문에서, 이후로는 공업 부문에서 단기 또는 일일 체류하며 일하다가 집으로 돌아가는 멕시코 노동자들이 많았다. 이들은 대체로 미국 노동자보다 낮은 임금과 대우에 만족했으므로 미국에서도 좋게 여겼다. 따라서 오랫동안 미국 정부는 국경을 넘는 밀입국 노동자들은 봐주되, 밀수범과 이민자들은 막는 입장을 유지했다.

하지만 1980년대 말이 되면서 사정이 달라졌다. 불법 이민에 대한 우려는 높아진 대신, 저임 노동에 대한 수요는 낮아졌다. 미국 경제의 성장세가 수그러들며 실업률이 높아지고, '외국의 불법 체류자가 미국인 일자리를 빼앗고 있다'는 목소리가 높아진 탓이었다. 그리하여 1994년에 북미자유무역협정NAFTA을 캐나다 및 멕시코와 맺은 미국은 '저임 노동의 메리트는 이제 멕시코 국내에 머물러 있는 노동자들로 충분하다'면서 멕시코와의 국경을 엄격하게 통제할 뜻을 노골화하기 시작한다.

그리고 장벽이 세워지기 시작했다. 미국과 멕시코 사이의 국경 장벽이 2006년 국경장벽법을 계기로 비로소 등장한 것은 아니다. 1990년대 초에 이미 캘리포니아의 샌디에이고-티후아나 지역에 65킬로미터짜리 장벽이 주정부의 결정에 따라 세워졌다. 이 콘크리트 기둥-철책 장벽은 이후 논의되거나 건설된 장벽만큼 엄중해 보이지는 않지만, 36곳의 검문소를 두고 출입자를 관리하고 있다. 미국의 샌디에이고와 멕시코의 티후아나는 사실상 서로 붙어 있는 하나의 도시와 같았으므로, 티후아나 장벽(일명 '토르티야 장벽')은 베를린 장벽이나 이스라엘의 분리 장벽과 유

캘리포니아-티후아나의 국경 장벽

사한 셈이다.

이 샌디에이고 근방에는 5.5~10미터 높이의 여러 가지 모양의 콘크리트 장벽 모형들도 늘어서 있다. '장벽 전시회'라도 열린 듯한 이곳은 이 캘리포니아 장벽을 '보강'하고, 미국과 멕시코의 국경 전체를 봉쇄하기 위한 '트럼프 장벽'의 기본형을 고르기 위해 마련된 곳이다.

'트럼프 장벽'은 본래 '부시 장벽'이었다. 2006년 국경장벽법이 통과되던 때의 대통령이 조지 W. 부시George W. Bush였고, 그 아이디어를 열심히 밀어붙인 게 부시 본인이었기 때문이다. 당시 상원에서의 표결 때, 공화당의 존 데이비드 헤이워드John David Hayward 의원은 이렇게 소리쳤다.

> 우리 국경 장벽에서 저는 이런 낙서를 보았습니다. "장벽, 그것은 대지 위에 그어진 흉터다." 그러나 아닙니다, 의장님과 동료 의원 여러분! 장벽은 흉터가 아닙니다. 저 9·11이 있은 뒤인 오늘날, 국민국가들이 각자의 주권과 안보를 지키기 위해 만든 합리적이고 필요한 정치적 분계선인 것입니다.

그러면서 "좋은 장벽이 좋은 이웃을 만든다Good fences make good neighbors"는 속담까지 인용했다. 그러나 멕시코 정부는 이 계획을 비난했다. 멕시코의 비센테 폭스Vicente Fox 대통령은 이 장벽을 "수치의 벽"이라고 불렀다. 서사하라 모래 장벽에 가로막힌 서사하라인들이 그 장벽에 붙인 이름 그대로! 미국 내에서도 텍사스 주지사 릭 페리Rick Perry 등이 반대 입장이었으며, 주의회를 움직여 텍사스 경계의 장벽 건설을 거부한다는 결의를 이끌어냈다. 2007년에는 텍사스주의 장벽 건설 예정지의 소유주인 토지 소유자 25명이 "장벽 건설을 위해 내 땅을 수용하는 일에 반대한다"고 공동성명을 냈다. 그래서 부시 장벽은 법안이 통과되고도 실현에 난항을 거듭했다. 천문학적인 장벽 건설 비용도 난항의 중요한 요소였다.

인권 문제도 대두되었다. 2010년에 나온 한 논문은 "1994년부터 2009년까지 장벽을 넘으려다 소노란 사막에서 죽은 사망자 수는 3,861명에서 5,607명에 이른다. 연평균 356명에서 529명이 사막에서 죽은 것이다"라고 지적하며 부시 장벽이 완성되면 더 많은 인명 피해가 예상된다고 주장했다. 2007년에는 유럽연합이 "우리는 국경에 장벽을 쌓는 일이 바람직하지도 효과적이지도 않다고 본다"는 성명을 발표했다. 바로 몇 년 뒤에 그 회원국들이 너도나도 장벽을 쌓게 될 줄이야 몰랐겠지만. 이 장벽이 야생동물들의 자연스러운 이동을 막음으로써 환경 문제를 일으킨다는 환경 단체들의 반대 성명도 나왔다. 그들에 따르면 장벽 때문에 생존의 위협을 받는 동물이 100종에 이른다.

이렇다 보니 장벽 건설은 지지부진했고, 캘리포니아에 이어 애리조나주, 그리고 텍사스주의 일부에 2010년까지 장벽이 들어섰을 뿐 나머지 국경 지역에서는 실현을 보지 못한 채로 시간이 흘렀다.

그러다가 2016년 11월 8일, 도널드 트럼프가 미국 대통령에 당선되었다. 그의 대표적 공약 가운데는 미국-멕시코 국경 장벽을 완전히, 더 강화된 형태로 쌓겠다는 것도 있었다. 그는 취임 직후인 2017년 1월 20일에 국경 장벽을 '즉시 건설하라'는 행정 명령을 내렸다.

이 '트럼프 장벽' 구상에 따르면 미국 남부 국경에 509킬로미터의 장벽을 새로 세우고, 기존의 장벽을 보강하는 655킬로미터의 장벽을 또 세우게 된다. 이렇게 함으로써 3,219킬로미터에 이르는 미국-멕시코 국경은 철통같이 봉쇄된다.

새로 쌓는 장벽은 규모도 이전과는 비교가 안 된다. 절반은 콘크리트, 절반은 '그 밖의 재료'로 이중의 장벽이 세워지고, 두 장벽 사이에는 최첨단 전자기기로 24시간 탐지되는 순찰구간이 들어선다. 벽의 두께는 3미터 이상으로 중화기가 아닌 이상 무엇으로도 파괴할 수 없으며, 땅굴

제4부 무너진 마음, 견고한 장벽이 되다

을 고려해 지하로도 18미터 깊이로 장벽이 내려간다.

트럼프 장벽의 문제는 크게 두 가지다. 첫째, 예산 확보가 어렵다. 트럼프는 부시가 빠졌던 딜레마를 해결할 수 있다며, '국경 장벽 건설은 멕시코인들의 범법 때문이니 전적으로 멕시코에게 귀책사유가 있다'는 논리로 멕시코가 240억 달러에서 400억 달러로 추산되는 건설 비용을 전액 지불하도록 만들겠다고 했다. 하지만 멕시코는 '누구 맘대로?' 하고 콧방귀만 뀐다. 미국 자체적으로 마련한 예산은 현재 2천만 달러를 약간 넘을 뿐이다. 게다가 실제로 장벽을 완공하려면 해당 지역에 사유지를 가진 토지 소유자 수천 명에게 보상-수용 과정을 거쳐야 하는데 이들이 정치적, 경제적 이유로 호락호락 수용에 응할 리가 없다는 점도 골칫거리다. 장벽 건설 및 유지 비용을 조금이나마 덜기 위해 장벽 전체에 태양열 발전 시설을 갖추는 방안, 장벽을 관광 코스로 만드는 방안 등이 논의되고 있지만 어려운 이야기다.

예산 문제에는 장벽을 장벽답게 하는 필수 요소인 경비 병력 충원과 유지 문제도 포함되는데, 트럼프는 이를 연방군이나 주방위군이 아닌 민간에서 담당하게 될 것이라면서 '장벽이 완성되면 지금 국경 수비 병력을 그만큼 절감하는 효과도 가져올 것이다'라고 장담한다.

둘째, 여론이 좋지 않다. 국경 장벽 건설을 맡은 민간 업체 입찰은 유찰을 거듭하고 있는데, 수익이 매우 짭짤한 거대 토건 사업임에도 불구하고 그런 까닭은 업체들이 사업에 선정되었을 경우 국내외에서 낙인 찍힐 것을 겁내고 있기 때문이라 분석된다. 실제로 민주당이 의회를 장악한 캘리포니아주와 뉴욕주에서는 '장벽 건설에 참여하는 업체를 블랙리스트에 올린다'는 방침을 천명하기까지 했다.

워싱턴에서는 "트럼프는 싫다. 장벽도 싫다!"는 구호를 외치는 시위대들을 종종 볼 수 있다.

전문가들은 '합법적으로 미국에 입국했다가 비자 만료를 무시하면 그만'이라며 장벽이 불법 이민 차단에 별 효과가 없을 것이라고도 지적한다. 그러나 백악관의 돌쇠, 트럼프는 굽히지 않고 있다. 2018년 초, 그는 샌디에이고에 마련된 '장벽 전시장'을 찾아 장벽이 반드시 세워지고 말 거라며 자신했다. 2019년에는 장벽 소요 예산 가운데 36억 달러를 주한미군 예산을 포함한 국방예산에서 전용해 충당하기로 결정했다 그리고 9월에는 역시 샌디에이고 장벽울 찾은 자리에서 "2020년 말까지 500마일(약 800킬로미터)가량의 장벽을 완성하겠다"고 밝혔다.

제4부 무너진 마음, 견고한 장벽이 되다

사하라의 만리장성?

'장벽 성애자' 트럼프는 미국-멕시코 장벽에 '올인'하고 있을 뿐 아니라, 장벽 아이디어를 외국에 수출까지 하려고 한다. 2018년 9월, 스페인을 방문했을 때 "아프리카에서 밀려오는 난민 때문에 골치가 아프시죠? 제게 좋은 생각이 있어요!"라고 하며 내놓은 게 '사하라 사막을 횡단하는 초대형 난민 장벽 건설'이었다.

이에 따르면 대서양에서 홍해까지, 서사하라에서 이집트까지 사하라 사막을 가로지르는 4,828킬로미터짜리 장벽이 세워져, 북아프리카를 나머지 아프리카와 완전히 분리하게 된다. 아프리카 난민이 유럽으로 진입하는 통로 중 하나인 스페인 쪽으로는 이미 서사하라 모래 장벽과 세우타 장벽, 멜리야 장벽이 있지만, 역부족이므로 아예 아프리카 전체를 봉쇄하자는 것이다.

이 야심찬 아이디어가 실현될 가능성은 매우 낮다. 이집트, 수단, 차드, 니제르, 말리, 모리타니, 서사하라, 알제리, 리비아 9개국의 국경을 지나거나 영토를 분단하게 되어 주권 문제, 안보 문제가 복잡하게 얽히는 데다 장벽과 직접 접하지는 않더라도 사하라 사막이 차단되는 데 따라 영향을 받게 되는 튀니지, 모로코 등도 목소리를 낼 것이다. 게다가 스페인은 최근 난민 문제에 관대해지는 쪽으로 정책을 바꾸고 있어서, 적어도 가까운 장래에 '사하라의 만리장성'이 세워질 것 같지는 않다.

그러나 그런 생각 자체가 나왔다는 (그것도 자타공인 세계 최강자인 미국의 대통령에게서) 사실 자체가 결코 가볍지 않은 의미가 있다. 갈수록 난민들이 증가하고 있고, 앞으로 경제 위기나 에너지 위기, 환경 위기까지 가속화된다면 그 숫자는 실로 상상을 초월할지도 모른다. 그러면 난민이 발생할 가능성이 가장 높은 사하라 남부 아프리카를 '거대한 게토'로 가둬 버리자는 아이디어에 동의하는 나라가 많아질 수도 있다.

장벽은 계속될 것인가?

이 밖에도 세계 곳곳에서 난민 장벽이 세워졌거나, 세워지고 있다. 본래는 난민을 받아들이는 대신 유럽연합으로부터 여러 혜택을 받던 터키도 이제는 혜택조차 포기하고 반난민 정책으로 돌아서서, 시리아, 그리고 이란과의 국경에 장벽을 세우고 있다. 완공되면 각각 828킬로미터, 144킬로미터가 될 예정이다.

중국과 북한의 국경 지대에도 장벽이 건설되고 있다. 완성되면 1,413킬로미터에 이르러 한반도 군사분계선의 여섯 배나 될 이 장벽은 난민 차단이 주목적이다.

보르네오섬의 소국 브루나이에도 국경 장벽이 생겼다. 소국이지만 석유 때문에 국왕부터 전 국민이 부자로 살아가는 (세금 한 푼 내지 않으며, 대학까지 무상교육에다가 각종 연금이 귀찮을 정도로 많다) 이 나라로 들어오려는 사람들을 막기 위해 2005년에 20킬로미터의 장벽을 세운 것이다. 토끼와 딩고를 막기 위해 세계 최장의 울타리를 건설했던 오스트레일리아는 따로 사람을 막는 장벽을 자국 영토에 세우고 있지는 않지만, 자국으로 들어오는 난민들을 나우루나 파푸아뉴기니처럼 가난한 나라에 보내 그곳 수용소에서 연명하게 하는 정책을 시행 중이다(그 나라들은 워낙 돈이 없다 보니 그런 역할을 마지못해 받아들이고 있다). 이 수용소에서는 번번이 난민들의 폭동과 자살 시위가 벌어져, 오스트레일리아의 인권 정책에 비난이 집중되곤 한다.

어쩌면 우리 모두는 난민의 후손이다. 아득한 옛날, 아프리카에 살던 오스트랄로피테쿠스가 어떤 이유로 (아마 살기 편한데도 그러지는 않았으리라) 고향을 떠나 세계 각지로 퍼져 나감으로써 오늘의 인류와 민족들이 있게 된 것이니까. 역사 시대에 들어서도 사람들은 자연이나 정치, 경제의 변동에 따라 끊임없이 이동했다. 물이 높은 데서 낮은 곳으로 흐르듯, 불우한 나라에서 풍요로운 나라로의 이동이 계속되었다. 그 과정에서 멸망한 제국도 있었고(가령 로마), 번영을 맞이한 나라도 있었다(가령 미국).

존 데이비드 헤이워드 미국 상원의원의 말처럼, 난민 장벽은 국민국가의 주권적 의지의 구현이라고 할 수 있다. 그것은 전근대 시대 거듭되어 온 민족 이동을, 그리고 포스트모던 시대의 '국경을 초월하여 사람과 자본과 정보가 유동하는' 현상을 통째로 부정하는 존재다.

인류애를 발휘하여 난민을 무조건 받아들여야 한다고 말할 수는 없다. 난민을 받아들였을 때 그 직접적인 피해는 사회적으로 약자층이 주로 부담하는 경우가 많기에(일자리 문제, 범죄 문제, 문화적 갈등 문제 등등), 더더욱 그렇게 말해서는 안 된다. 그러나 난민을 들이고 안 들이고의 문제가 몇몇 정치인이나 엘리트들의 펜대 굴리기로 결정되어서도 곤란하다. 장벽으로 상징되는, 차갑고 딱딱한 국가권력이 민주주의 국가에서조차 국민의 뜻과 상관없이 마음대로 세워졌다 중단되었다 해서도 곤란하다. 세계는 이미 한 국가로만 오롯이 살 수 없는 상황이며, 환경 위기나 금융 위기, 테러 등 지금 평화로운 일상을 순식간에 지옥으로 만들 수 있는 요인은 지그문트 바우만의 말처럼 어디서나 도사리고 있다. 난민을 어떻게 정의하며 어떤 절차를 거쳐 어떻게 대우하느냐에 대한 국제 협약이 필요하다. 국내적으로도 국민적 합의 과정이 필요하다. 최고 통치자의 이름이 붙은 장벽을 떡하니 세우고 끝내는 일은 가장 원시적이고, 야만적인 해법이다.

12. 사이버 장벽—"사이버 만리장성"

사람을 드나들지 못하게 하는 게 장벽이고, 그런 장벽이 '국경을 초월하여 사람과 자본과 정보가 유동하는' 이 세계의 조건과 모순된다고 하면, 더더욱 모순되는 것이 정보를 차단하는 장벽, 눈에 보이지 않는 정보를 눈에 보이지 않는 수단으로 막는 사이버 장벽이다.

잘 알려졌듯, 사이버 세계는 본래 1960년대 말에 군사적인 목표에서 생겨났다. 핵전쟁이 벌어지더라도 유지될 수 있는 통신망이 필요했기 때문이다. 미군이 쓰던 초기 인터넷을 민간용과 군사용으로 분리해서 민간에서도 사이버 세계를 활용할 수 있게 된 때는 1983년이다. 그런데 애초의 설계에서 '핵전쟁으로 여러 곳의 서버가 파괴되어도 통신은 가능한 한 유지되어야 한다'는 필요성이 제시되고, 그에 따라 '라우터(경로기)'라는 게 생겼다. 네트워크와 네트워크 사이에 놓인 중개소 내지 관문 (처음에는 관문을 의미하는 gateway로 불렸다) 같은 이것은 정보 요청이 오면 여러 회선 가운데 가장 빨리 연결될 수 있는 회선을 골라 연결해 준다. 따

제4부 무너진 마음, 견고한 장벽이 되다

라서 몇 개의 네트워크가 파괴되었다고 하더라도 살아남은 네트워크의 회선을 활용해 통신 기능을 되살릴 수 있도록 한 게 라우터인 것이다.

그런 중개소는 오늘날의 상업용 인터넷에도 존재하며, 인터넷 속도를 빠르게 해 주는 데 일정 역할을 하고 있다. 그러나 중개소는 곧 검문소가 될 수도 있다. 라우터마다 '이러이러한 정보 요청은 차단하라'고 목록을 내려보내기만 하면 '불법 유해 정보'에 접속하는 일을 원천 봉쇄하거나, 아예 한 나라의 통신망이 외국 사이트와 연결되지 못하도록 만드는 일이 가능한 것이다.

그러나 '우리는 길을 찾아낼 것이다. 언제나 그랬듯이!' 라우터의 검문을 우회하는 방법이 VPN(사설 통신망)을 활용하는 방법이다. 본래 공용 통신망을 사용할 때의 문제점들(속도, 보안 등)을 해결하려는 몇몇 기업이 구축한 사설 통신망은 특정 사이트의 정보를 요청하면 해당 사이트로 직접 연결되기 전에 (다시 말해 라우터를 거치기 전에) VPN 서버로 먼저 연결된다. 그러면 그 특정 사이트에 대한 특정국의 금지 조항에 구애받지 않는 네트워크 회선을 VPN 서버가 찾아서 연결해 주는 것이다. 당연히 속도는 느려지지만 대한민국의 많은 (아마도?) 네티즌들도 이 방식을 써서, 특정 사이트에 접속했을 때 경찰청 마크가 새겨진 경고창만 뜨고 마는 일을 피하고들 있다. 그렇지만 이 방법도 난공불락은 아니다. 해당 VPN에 요청해서 '이러이러한 정보 요청은 차단해 주시오'라고 하거나, 아예 해당 VPN까지 라우터에서 막아 버릴 수 있기 때문이다.

만리장성의 나라, 가상 세계에도 장성을 쌓다

그리고 이렇게 국가가 나서서 외국의 네트워크 접속을 대규모로 차단하고, 그것이 보호무역주의 내지 정보 통제라는 점에서 손가락질을 받고 있는 대표적인 사례가 중국의 '사이버 만리장성'이다.

만리장성을 영어로 Great Wall이라 하는데 Great Firewall, 그대로 새기면 '거대 방화벽'으로 읽어야 할 말장난에서 유래한다. 그 뒤 '만리장성이 북쪽 흉노족의 침입을 막기 위한 것이었다면 사이버 만리장성은 중국 내부의 인터넷 감시와 검열이 목적이다'라는 인식이 널리 퍼지며 유명해졌다.

이 사이버 만리장성 구축의 아이디어는 이미 1980년대, 덩샤오핑의 "창문을 열어 두면 파리가 날아드는 법이다"라는 말에서 비롯되었다고 한다. 1994년에 중국에 인터넷이 들어오자, 공산당 당국은 이를 환영하는 동시에 꺼려했다. 당시 열심히 추진하고 있던 자본주의적 경제발전(이른바 '사회주의 시장경제')의 쓸 만한 도구가 될 법해 보였고, 동시에 체제를 좀먹고 급기야 무너뜨릴 원흉이 될 소지도 보였기 때문이다. 그래서 1997년, 중국 공안부는 "국가 안보를 위해 포괄적인 네트워크 보안 체제를 구축할 필요가 시급하다"고 발표했다. 그런 인식은 이듬해 노골적인 반사회주의, 친자유주의 노선을 내걸고 만들어진 중국민주당이 인터넷을 이용해 빠르게 세를 불린 일 때문에 한결 높아지게 된다. 그래서 1997년 전국인민대표회의에서 채택된 보안법에는 새롭게 '사이버 범죄' 항목이 들어갔으며, 2003년부터 '금순공정金盾工程', 즉 사이버 보안망을 구축하는 '황금 방패 계획'이 가동되었다. 13억 인구의 정보 내역을 데이터베이스화하는 일부터 시작한 이 계획은 3만 명의 사이버 보안경찰이 투입되어 밤낮으로 감시와 조치를 취하게 될 거대 보안 시스템 구축으로까지 이어진다. 이 시스템이 완성되면 중국 사이버 네트워크는 '거대한 하나의 인트라넷'이 된다.

중국은 이 만리장성을 완벽히 갖추기 위한 노력을 멈추지 않는다.

2017년 1월에는 '라우터를 우회하는 VPN 접속 때려잡기'에 나서 '중국 정부의 승인 없는 VPN은 모조리 단속하겠다'며 석 달 동안 가상공간을 이 잡듯 뒤졌다. 그리고 문제가 되는 VPN 서버들에는 거액의 벌금을 강요했다.

사이버 만리장성에서 차단되는 사이트는 범죄나 음란물을 다루는 사이트 말고도, '대만에서 만들어졌거나 대만을 깊이 다루는 사이트', '달라이 라마Dalai Lama와 티베트 망명정부에 대해 다루는 사이트', '천안문 사태 및 중국의 인권 탄압 사례를 조명하거나 중국 민주화를 촉구하는 일체의 사이트(여기에는 다수의 서방 언론 사이트들도 포함된다)' 등도 포함된다. 심지어 중국 최고 지도자 시진핑習近平의 별명 '시따따(시 씨 아저씨)', 또는 더 조롱기를 담은 '곰돌이 푸'가 언급된 인터넷 페이지도 중국에서는 접속이 불가능하다. 이쯤 되면 중국 정부가 국민의 눈과 귀를 가리고, 21세기 중국인들을 세상 돌아가는 일에 어두운 사람들로 만드는 '21세기 쇄국정책'을 하겠다는 것과 마찬가지가 된다.

그런데 황금의 방패는 다른 면도 있다. 황금을 자석처럼 빨아들여 감춰 버리는! 중국은 2016년에 새로 만든 '사이버보안법'을 2017년 6월부터 발효시켰다. 여기에는 인터넷 실명제 도입과 네트워크 운영자에게 중국 보안 규정 준수 책임 부과, 보안을 이유로 한 공안당국의 네트워크 검열 등의 내용과 함께 "중국에서 획득한 데이터는 중국 내에 보관해야 한다. 사업상 꼭 필요하다면 중국 정부의 허락을 얻어 해당 데이터를 사용해야 한다"는 내용이 있다. 다시 말해서 서버를 중국 내에 두고 서버 관리권도 중국에 넘겨야 한다는 것! 이렇게 되면 중국인을 대상으로 사업을 벌이는 외국 업체는 고객 정보를 열람할 때마다 중국 정부의 허락을 일일이 구해야 한다. 반면 중국은 가만히 앉아서 방대한 자국민 신상정보를 입수할 수 있게 된다. '재주는 곰이 넘고 돈은 왕 서방이 받는' 이런 모양새는 해당 데이터가 중요한 산업 기술 정보일 경우 더 심각해진다. 이에 대해 세계 각국의 정부와 기업체들이 끊임없이 중국에 항의했지만 요지부동이었다. 데이터 관련 규정만은 하도 항의가 심하니 일단 유예했지만, 2018년 11월에는 새로운 조항들이 추가됐다. '공공 보안 기관의 인터넷 보안 감독 및 조사에 대한 규정'은 중국 공안부가 컴퓨터 네트워크를 조사할 권한과 방법을 정한 것이다. 이에 따라 중국 공안 요원은 다섯 대 이상의 컴퓨터가 연결된 곳이라면 가정이든 회사든 들어가서, 사용자 정보, 네트워크 정보, 도메인 정보, 콘텐츠 배포 정보 등을 손에 넣을 수 있게 되었다. 말하자면 규정상으로만 중국 내 외국 기업의 지적 재산을 빼앗을 수 있게 했을 뿐 아니라 빼앗는 구체적 수단까지 마련한 셈이다! 이렇게 새로운 무기를 추가한 사이버보안법은 2018년 12월 최종 단계까지 발효되었다.

그런데 '외국 데이터는 우리 것, 우리 데이터도 우리 것'이라는 이런 '왕 서방식 보호무역주의'를 반기는 민간인들도 있다. 바로 중국의 토착 인터넷 기업이다. 워낙 인구가 많은 나라이니 선점만 하면 떼돈을 벌 텐데, 사이버 만리장성이 하도 높다 보니 페이스북도 트위터도 유튜브도 인스타그램도 스냅챗도 손을 털고 물러나 버렸다. 아마존은 끈질기게 버텨 보았지만 결국 2019년에 두 손을 들었다. 2010년에 일단 물러났던 구글은 까다롭기 그지없는 중국 사이버법에 따라 수많은 검색어를 사용할 수 없게 하는 중국 전용 검색 프로그램을 개발하여 중국 정부가 고개를 끄덕여 주기만 바라고 있다. 페이스북도 비슷한 프로그램을 고려 중이며(그리고 페이스북은 사우디아라비아처럼 문화적 장벽이 높은 나라들의 사정을 고려해, '국가별로 다른 페이스북'화를 추구하고 있다), 심지어 마이크로소프트조차 중국 전용 윈도우를 내놓았다. 아무튼 그렇다 보니 구글 없는 산에서 중국 검색 업체 바이두가 판을 치게 되었다. 페이스북과 트위터 대신으로는 위챗, 웨이보가 물을 만났다. 아마존 대신으로는 징동, 알리

바바가 있다. Q&A 사이트 즈후, 온라인 쇼핑몰 타오바오 등도 번창한다. 물론 중국 정부의 엄격한 규제와 검열을 순순히 받아들인다는 조건으로.

한편 중국의 이런 태도에 분통을 터뜨리는 국가들도 당연히 있다. 그 대표가 바로 미국. 더구나 '미국 우선주의'를 앞세우는 트럼프 행정부라면 이를 가볍게 볼 리가 없다. 이를 두고 '파렴치한 기술 도둑질'이라 맹비난해 온 미국은 2018년부터 중국을 상대로 벌인 '무역전쟁'의 명분 가운데 하나로 중국의 '사이버 불공정성'을 들었다. 2019년 3월의 미-중 무역회담에서도 중국 사이버 장벽의 완화 문제는 중요한 의제였다. 이 밖에도 유럽연합과 일본도 국제회의 등에서 중국의 정책을 강력하게 비판하고 있다.

사이버 세계의 위험, 중국은 '글로벌 스탠더드'가 될 것인가?

그런 한편 각국 정부들은 내심 '우리도 사실 중국처럼 해야 하는데'라고 생각하고 있다. 그들은 자유로운 정보 유통을 방해하고 자국민의 인권을 짓밟는다고 겉으로는 중국을 비난한다. 그러나 사이버 세계에서 보안을 지켜 내고자 한다면, 그리고 탐욕스러운 다국적기업들 앞에서 국가의 이권을 지켜 내고자 한다면 고대부터 계속해서 국가 지도자들의 마음을 움직여 온 수단, '장벽'에 눈을 돌리지 않을 수 없다.

당연하게도, 미국이나 유럽 국가들이 사이버 만리장성을 구축할 기술이 없지는 않다. 그러나 그렇게 하지 않는다. 아니 못한다. 『사이버 보안과 사이버 전쟁*Cybersecurity And Cyberwar*』의 저자 P. W. 싱어P. W. Singer와 앨런 프리드먼Allan Friedman의 말처럼, "많은 나라가 자국과 전 세계 인터넷을 잇는 게이트웨이를 통제할 방법을 찾고 있지만, 그 구조상 정부의

중국판 트위터로 통하는 웨이보(위)와 중국 최고 지도자 시진핑(아래)

중국에서는 시진핑을 조롱하는
의미가 담긴 단어를 인터넷에서
검색하는 것이 불가능하다.

군사 목적과 민간 목적을 구분할 수가 없"기 때문이다. 다시 말해서 중국처럼 무지막지하게 라우터를 통제하고 VPN을 위협할 수도 있지만, 그것은 사회주의 체제에서나 가능하지, 민간의 자유를 국가가 통제할 헌법적 근거가 요구되는 자유민주주의 체제에서는 불가능하다(과연 자유민주주의인지 모호한 체제에서는 가능하다. 가령 러시아는 중국을 그대로 본보기 삼아, 2017년에서 2018년까지 자국의 사이버 안보를 강화하는 한편 사이버 언론 자유를 마구잡이로 탄압했다. 이제 그 나라에서는 정부의 구미에 맞지 않는다면 개인 블로그나 기업 홈피 등은 아무 때나 차단될 수 있다).

버락 오바마 대통령은 취임하면서 "미국의 사이버 안보를 포괄적으로 향상시킬 방안을 마련하겠다"고 공언했으나, 실현해 내지 못했다. 한편 재계에서 오래 자유민주주의의 자유를 누리다가 백악관에 입성한 도널드 트럼프는 선거 공약에서부터 물리적인 장벽 건설을 내세우고 야심차게 추진하고 있지만, 사이버 장벽에 대한 언급은 전혀 하지 않는다. 고 노무현 대통령의 말대로 "권력은 시장에 넘어가 있다". 중국이나 북한이 아닌 이상!

하지만 아무리 그래도 사이버 장벽은 필요하다고 한다. 일단은 전산망 마비, 금융 사기, 개인 정보 탈취 등을 비롯한 사이버 범죄 때문이다. 컴퓨터 바이러스나 웜을 살포하거나, 디도스DDos 공격, 즉 해킹으로 엄청난 숫자의 PC를 '좀비 PC'로 만들고 한꺼번에 접속 요청을 발하게 함으로써 서버를 마비시키고 대상 사이트를 다운시키는 공격은 '흔해 빠질' 정도로 잦다. 정보 유출도 빈번하다. 1970년, 미국의 유니온다임세이빙 은행의 뉴욕 지점 직원이 자기 은행 전산망을 뚫고 150만 달러를 빼냈다. 1995년, 러시아 마피아 보스인 블라디미르 레빈Vladimir Levin이 시티은행을 해킹해 고객 비밀번호를 빼낸 다음 수백만 달러를 인출했다. 2000년,

'마피아보이'라는 이름을 쓰는 해커가 이베이, 델 컴퓨터, CNN, 야후 등의 사이트에 디도스 공격을 가해 초토화시켰다. 2004년, 마이크로소프트의 윈도우 2000 소스가 털렸다. 2010년, 굴지의 네트워크 기업 시스코의 컨퍼런스 참여자 정보가 유출되었다. 2011년, 소니픽처스의 고객 정보 수만 건이 털렸으며(여기에는 북한이 관여했다는 의혹이 있는데, 아직 확실히 밝혀지지는 않았다), 코모도, 디지노타, 글로벌사인 등 주요 SSL 디지털 인증서 공급 업체들이 한 사람의 이란 대학생에게 유린됐다. 같은 해에 한 영국 대학생은 페이스북의 소스를 훔쳤다. 2012년에는 야후에서 개인정보 45만 건이 유출되었다. 라스베이거스의 신발 및 액세서리 판매 업체 자포스에서도 개인정보 2400만 건이 유출되었다. 2013년에는 애플에서 10만 건 이상, 어도비에서 3800만 건 이상 개인정보가 유출됐다. AP통신의 트위터 계정도 해킹되었다. 2018년에는 페이스북에서 5천만 건의 개인정보가 유출됐다. 이런 범죄들을 때려잡는다고 명성을 쌓아 온 RSA, 비트9, 시만텍, HB게리페더럴 등의 보안 업체들도 해커들의 저격에 한 번 이상 망신을 당했다. 2019년에는 세계 5대 PC 공급 업체의 하나인 에이수스가 정식 인증서를 버젓이 쓰면서 통상 업데이트 과정을 통해 '섀도해머' 랜섬웨어를 퍼뜨리는 공격에 무너졌다.

한국에서도 2003년 한국통신의 혜화 전화국에 대한 공격으로 아홉 시간 동안 인터넷이 마비된 '인터넷 대란'을 시작으로, 2009년 미국과 한국의 정부기관과 은행, 포털 등에 대한 무차별 공격, 2011년 선거관리위원회의 서버 마비, 2014년 KB국민카드, 롯데카드, NH농협은행 등의 개인정보 2천만 건 유출, 2018년 빗썸의 가상화폐 유출 등 굵직굵직한 사건이 잇달아 벌어지고 있다. 한 번이 아니고 지속적이고 순차적인 공격으로 철통같은 보안망을 파괴하는 지능형 계속공격APT의 사례도 잦아지고 있다. 2010년 구글의 지적 자산이 그런 식으로 수개월 동안의 공격 끝에 탈취되었는데, 유력한 범인은 묘하게도 구글에게 치욕을 안겨준 사이버 만리장성의 주인, 중국이었다.

2018년 5월, 유럽연합은 개인정보보호규정GDPR을 발효해 회원국에 진출한 기업이 고객 신상 정보를 남용해, 불법 활용하거나 과잉 수집하는 행위를 금지했다. 그리고 아직 국가별로 존재하는 사이버 보안 시스템을 통합하여 '유럽연합 전체를 방어할 사이버 장벽을 건설'할 필요성을 논의 중이다. 비슷한 시기에 미국도 연방정부 차원의 대응은 더디지만 주정부들은 움직이고 있다. 2018년, 캘리포니아주에서 개인정보보호법을 강화하면서 사실상 외국 기업의 사이버 활동을 제한했다. 이는 사이버 범죄에 맞서고 개인정보 관련 인권을 옹호한다는 명분을 담고 있지만, 한편으로 중국의 황금 방패처럼 다국적기업들이 자국 국민의 데이터를 상용화하는 일을 막는 보호무역주의의 일환이라고 볼 수도 있다.

무역 장벽

역시 '가상의' 장벽이지만, 그래도 장벽으로서 자유로운 흐름을 인위적으로 차단하는 역할을 하는 또 다른 중요한 장벽이 바로 '무역 장벽'이다. 중국의 사이버 만리장성을 비롯한 사이버 장벽들도 상업적 목표로만 보면 이런 무역 장벽에 포함된다고 할 수도 있다.

전근대부터 있었던 무역 장벽의 예로는 한 나라의 정부가 특정 국가 또는 특정 상품의 수출입을 금지하는 정책을 쓰는 경우가 많았고(가령 로마제국은 사치 풍조를 억누르고자 한 때 중국 비단 수입을 금지했다. 그런데 중국은 오랫동안 비단을 만들어 내는 누에고치와 비단 제조 기술 수출을 금지했다. 또한 임진왜란은 상당 부분 명나라의 조공 무역 제한 정책에서 비롯되었으며, 청나라와 중국 왕조를 몰락하게 만든 아편 전쟁도 아편 수입 금지가 원인이었다), 관세를 매겨서 자유로운 상품 수입을 못하게 하는 경우도 일부 있었다(중세 유럽의 경우 '한 나라' 안에서도 귀족의 영지를 드나들 때마다 관세를 매겼다. 이에 대한 불만은 결국 중앙집권적 국민국가의 탄생으로 이어진다. 그 가장 나중의 예라 할 수 있는 것이 1834년 이루어진 독일 관세동맹이다. 당시 프로이센이 내건 상호 관세를 철폐하는 동맹에 여러 북독일 국가들이 가입했으며, 이것이 독일제국의 창립으로 이어졌다).

그렇지만 현대의 무역 장벽은 대부분 관세에 의한 것이고, 수출입 금지를 비롯한 비관세 장벽은 예외적 내지 정치적이다. 세계 자유무역주의는 관세 장벽을 없애거나 낮추려는 시도를 거듭해 왔다. 전후 세계경제질서를 논의한 1944년의 브레턴우즈 협정에서 비롯된 관세와 무역에 관한 일반협정GATT에 따라 1947년부터 회원국들은 상호 간에 최혜국 대우를 원칙으로 하면서 꾸준히 관세 절감을 협의했다. 그 연장인 1994년의 우루과이라운드는 세계무역기구 WTO 창설로 이어졌고, 회원국들은 순차적으로 관세나 수입 상한·하한선을 '거의 영점까지' 철폐해 가기로 했다. 그리고 이를 위반하는 국가를 공동 제재하기로 했다.

하지만 실제로는 각국의 사정에 따른 예외 조항이 많다. 또한 미국이나 중국처럼 '덩치가 큰' 나라의 위반은 위반인 줄 알면서도 딱히 제재가 어렵다. 그래서 이러한 범세계 자유무역 체제의 한편에서 독일 관세동맹처럼 특정국끼리만 무역 혜택을 주는 '내적으로 자유무역, 외적으로 보호무역' 체제도 꾸준히 발전했다. 1944년 체결된 베네룩스 관세 동맹, 그것을 모델로 수립된 유럽공동시장EC, 한미자유무역협정KORUS FTA이나 북미자유무역협정NAFTA 같은 FTA 체제 등이 그렇다.

무역 장벽에 대해서는 국민의 태도가 일관적이지 않다. 가령 우리나라에서 1966년부터 실행된, 외국 영화 수입과 상영을 제한하는 스크린쿼터제는 '약자에 대한 정의로운 보호', '당연한 애국 행동' 등으로 두루 지지받아 왔으며, 지금은 국내 영화의 경쟁력이 뛰어나고 전 세계적으로 스크린쿼터를 유지하는 나라가 거의 없는데도 여전히 '신성불가침'이다. 반면 2019년 일본이 특정 상품에 관해 대한 수출을 제한하고 한국을 수출 절차 우대국인 화이트리스트에서 제외하자, 반일 감정은 해방 이후 최고조일 정도로 끓어올랐다. 여기에는 단지 무역에 따른 이해관계만이 아니라 역사, 문화, 교육 등 여러 요소가 작용하기 때문이다.

과거에 무역 장벽은 전쟁을 불러오기도 했다. 오늘날에도 그럴까? 그럴지도 모른다. 2018년부터 매섭게 전개되고 있는 '미-중 무역 전쟁'은 매우 긴밀하게 경제적으로 연결되어 있는 나라 사이에서도, 또한 WTO 체제에서도 상호 보복적인 무역 장벽 신설이 가능함을 보여주었다(한-일 사이에도!). 이는 결국 북핵 문제, 홍콩 사태 등과 얽히며 총성 없는 전쟁이 아닌 실제 전쟁으로 넘어갈지 모른다. 이는 우리가 지금 익숙해진 세계는 끝장날지도 모른다는 두려움을 불러일으킨다.

무역 장벽을 포함하여, 장벽은 이중적이다. 적들로부터 우리를 보호해 주며, 동시에 이웃들로부터 우리를 격리한다. 오늘날 더 이상 의미 있는 공동체가 국가만이 아니라는 점에서, 또한 환경 문제, 난민 문제 등 전 지구적으로 숙의해야 할 과제가 적지 않다는 점에서, '우리'의 경계를 국경에 한정 짓고, 그 경계에 보이든 보이지 않든 두터운 장벽을 둘러치는 일은 꼭 좋다고, 정의롭다고 볼 수는 없다.

지금은 고인이 된 세계적 천문학자이자 문명비평가, 칼 세이건Carl Sagan도 말하지 않았던가. "충성심의 범위를 넓혀 가자!" 오직 하나뿐인 지구에서, 지구를 토막토막 갈라놓는 장벽은 가능한 한 최소화하는 것이 '우리 모두'의 궁극적 목표여야 할 것이다.

장벽은 최선의 해법인가?

물론 군사적인 또는 공공 영역에서의 사이버 공격도 많다. 이미 1980년에 소련 KGB가 미국의 국방 정보를 해킹하다가 적발된 사례가 있고, 1983년에는 미국 UCLA의 한 대학생이 똑같은 일을 했다. 러시아는 2007년 에스토니아의, 2008년 조지아의, 2015년 우크라이나의 국방 시스템을 해킹하여 자국과의 분쟁을 유리하게 이끌었다. 1999년에는 조녀선 제임스Jonathan James라는 천재 해커가 미항공우주국NASA을 해킹했는데, 그가 빼낸 정보는 기본적으로 상업적 의미가 짙었지만 다른 식으로 활용된다면 군사 안보적 의미도 중대한 것이었다. 역시 한 사람의 영국 해커가 2001년과 2002년에 미국 국방부를 해킹하여 70만 달러의 피해를 입혔다. 2010년에는 미국과 이스라엘에서 만들어진 스턱스넷 바이러스에 이란의 다섯 개 시설이 감염되었는데, 그 목적은 이란의 핵개발에 차질을 주는 것이었다. 2013년에는 국제 해커 조직인 '어나니머스'가 이스라엘 첩보 기관 모사드를 해킹했다. 그들은 2015년에는 세계무역기구까지 희생물로 삼았다. 2018년에는 중국계 해커 조직 '로밍타이거'가 벨라루스, 우크라이나, 몰도바 등의 국가 안보 기구 전산망을 해킹해 외교 안보 기밀을 빼돌렸다. 2019년에는 악명 높은 국제 해킹그룹 '라자루스'를 비롯한 여러 해킹 그룹들의 배후에 북한이 있다는 보고가 나오며, '북한 핵은 어떻게 마무리될지 몰라도, 북한의 사이버 테러 위협은 여전하다'는 인식이 불거졌다.

2006년 만들어진 위키리크스는 미국이 대테러 전쟁에서 벌인 만행을 폭로하고, 이집트와 튀니지 정부의 부패와 인권유린을 고발하여 이들 나라에서 '자스민 혁명'이 일어나는 촉매를 제공하는 등 세계 각국의 수치스럽고 비열한 비밀들을 빼내 터뜨려 왔다. 그러나 이는 곧 외국의 민간 조직에 국가 안보의 중차대한 기밀이 쥐어져 있다는 의미도 되기에, 국가 안보 차원에서는 중대한 위협이라고 하지 않을 수 없다. 2015년 발견된 스테이지프라이트는 안드로이드 핸드폰에 악성코드를 심어 원격 조종하는 소프트웨어인데, 아직 완벽한 대처 방법은 나와 있지 않다. 그것은 도널드 트럼프나 문재인이 중요한 국가 기밀에 대해 대화하거나 군사적 지시를 내리는 내용도 해킹이 가능하다는 뜻이다. 그렇다 보니 스플린터넷splinternet이라는 개념이 현실화될 날도 머지않았다는 주장도 나온다. 사이버 보안과 무역 장벽 때문에 언젠가는 각국이 저마다 사이버 장벽을 쌓고 외국과의 연결을 극도로 제한할 것이며, 따라서 '월드 와이드 웹'이라는 개념은 역사 속으로 사라지리라는 주장이다.

아무튼 국가 안보 차원의 공격에 대해서는 자유민주주의 국가라도 방어의 명분이 있고, 미국을 비롯해서 여러 국가가 사이버 안보팀을 구성해 대처하고 있다. 우리나라에서도 명문 대학에 사이버안보학과가 설치되고, '해커 10만 양병설'이 나올 정도로 이 문제를 인지하고 있다. 하지만 미흡할 수밖에 없는데, 이미 말했듯 '군사 목적과 민간 목적을 구분할 수 없기 때문'이 큰 이유다. 그러면 결국 중국의 사이버 만리장성을 따라하는 수밖에 없는 것일까? (물론 라우터를 통제하는 것만으로 전문 해커들의 집요한 공격을 차단할 수는 없다. 그러나 적어도 시간이 오래 걸리게 만들 수는 있다. 그리고 여기에 여러 기술적, 제도적 장벽이 덧대어진다면!) 사상 최초의 장벽은 아니지만 국가적 규모의 거대 장벽으로는 가장 오래된 만리장성의 나라는 오늘날 사이버 세계에서도 똑같은 교훈을 남기고 있는가?

그렇기도 하고 아니기도 하다. 인간은 '너'와 '나'를 구분하기 위해 장벽을 쌓았고, 장벽으로 '나'를 '너'에게서 지키려 했다. 그러나 이는 '우리'를 형성하는 데 때로는 성공했고, 때로는 실패했다. 테오도시우스 장벽은 황제에서 어린아이에 이르는 모든 장벽 안쪽의 사람들을 하나로 뭉치도록 했다. 코뮌 전사들의 장벽은 '우리가 왜 너와 나로 나뉘어 이렇게 잔혹하게 싸워야 하는가?'라는 숙제를 모든 정치 세력과 계급들에게 남겼다. 게토 장벽에서 유대인을 가둔 독일인들이 베를린 장벽에 갇히고, 게토 장벽에서 풀려난 유대인들이 서안 지구 분리 장벽으로 팔레스타인인들을 가둔, 돌고 도는 장벽의 역사는 '우리'를 한사코 '너'와 '나'로 나누려 한 인간의 어리석음과 비극을 보여 준다.

현실적으로 튼튼한 사이버 장벽은 필요하다(라우터를 통제하는 '사이버 만리장성'만이 아니라, 해킹 공격을 차단하고 반격하는 여러 가지 기술적 수단과 법제를 포함하는 의미). 9·11 테러가 대테러 전쟁으로, 다시 연쇄적인 서방 국가 도심 테러로 이어진 사례, 또는 한 나라의 일부 금융 사고가 연쇄반응을 일으켜 전 세계를 금융위기로 몰아간 서브프라임 사태에서 볼 수 있듯이 세계화-정보화 시대에 귀중한 인명과 재산을 지키기 위해서다. 그리고 그뿐이 아니라, 국가권력이나 민족문화를 우습게 여기며 온 세상을 소비주의로 뒤덮고 있는 천박한 자본주의의 해일에서 '종족적 인권'을 지키기 위해서이기도 하다. 그러나 그런 장벽이 되도록 필요 없어지는 사회, 인류애라는 이상을 품으며 손에 손잡고 벽을 넘는 일이 순진하다는 놀림을 받지 않는 사회 또한 지향해야 한다. 그런 사회가 아니기 때문에 테러리스트나 불량 국가들, 해커들이 날뛰고 있기 때문이다. 소외가 없고 불평등이 적으며 정의가 강물처럼 흐르는 사회라면 그런 날뜀은 어느새 사그라든다. 그러려면 정의의 강물을 막고 있는 장벽을 없애야 한다. 국민 모두, 인류 전원이 장벽의 문제를 인식하고 그 필요성을 숙고하며 그 구축 또는 파괴에 참여해야 한다. 그것이 국가권력과 소수 엘리트들에게 안보를 빌미로 유린될 위험에 처한 민주주의를 지키는 길이다.

찾아보기

찾아보기

이미지 출처

19쪽	ⓒ Severin.stalder / Wikimedia Commons
35쪽 위	ⓒ BenBenW / Flickr
35쪽 아래	ⓒ Doron / Wikimedia Commons
69쪽 아래	ⓒ Glz19 / Wikimedia Commons
97쪽 위	ⓒ 함규진
111쪽 위	ⓒ Roguengineer / Wikimedia Commons
111쪽 아래	ⓒ Jason Ruck / Wikimedia Commons
157쪽 위	ⓒ morten812 / Flickr
157쪽 아래	ⓒ morten812 / Flickr
199쪽 위	ⓒ Bundesarchiv(Thomas Lehmann) / Wikimedia Commons
251쪽	ⓒ Kyle Taylor / Wikimedia Commons
257쪽	ⓒ Al Jazeera English / Wikimedia Commons
273쪽	ⓒ Syria-Frames-Of-Freedom / Wikimedia Commons
275쪽	ⓒ Bör Benedek / Wikimedia Commons
279쪽	ⓒ Toksave / Wikimedia Commons